Lynn Grabhorn

Aufwachen, dein Leben wartet!

Lynn Grabhorn

Aufwachen, dein Leben wartet!

Von der erstaunlichen Kraft der Gefühle

Ein 30-Tage-Programm

Verlag Hermann Bauer
Freiburg im Breisgau

Die Deutsche Bibliothek – CIP-Einheitsaufnahme

Ein Titeldatensatz für diese Publikation ist bei
Der Deutschen Bibliothek erhältlich.

Die amerikanische Originalausgabe erschien 2000 bei
Hampton Roads Publishing Co., Inc.,
Charlottesville, VA 22902, USA,
unter dem Titel *Excuse Me, Your Life is Waiting.*
The Astonishing Power of Feelings
© 2000 by Lynn Grabhorn

Diese Buch wurde vermittelt durch die Literarische Agentur
Thomas Schlück GmbH, 30827 Garbsen

Aus dem Amerikanischen von Yutta Klingbeil

2. Auflage 2002
ISBN 3-7626-0817-2
© für die deutsche Ausgabe 2001 by
Verlag Hermann Bauer GmbH & Co. KG, Freiburg i. Br.
www.hermann-bauer.de
Umschlag: Marketing Design Service GmbH, Hamburg
Satz: DTP + Printmediengestaltung Manfred Raufer, Emmendingen
Druck und Bindung: fgb · freiburger graphische betriebe
www.fgb.de
Printed in Germany

Widmung

An alle von uns,
die endlich – unter Umständen – möglicherweise
daran glauben, dass sie
ein Recht auf immer während es Glück haben,
und zwar ab sofort.

Inhalt

Einleitung

Schon seit mehr als zehn Jahren habe ich mich mit aller Leidenschaft einer spirituellen Reise in die »Physik der Gedanken«, wie ich es nenne, verschrieben. Dahinter steht der Wunsch, durch die Beschäftigung mit diesem etwas ausgefallenen Thema für uns alle – und vor allem für mich – herauszufinden, wie man mehr aus seinem Leben herausholen kann.

Meine Studien führten mich von Professoren der Physik über die Wissenschaft der Esoterik und alle Ebenen dazwischen bis hin zur guten alten Schulmedizin. Schließlich kam ich an den Punkt, an dem ich mich selbst als eine Art »autodidaktische Expertin« bezeichnen konnte. Das einzige Problem lag darin, dass ich trotz meines ganzen Wissens anscheinend noch immer nicht mehr aus dem Leben herausholen konnte. Das brachte mich langsam auf die Palme. Irgendetwas fehlte, aber ich konnte beim besten Willen nicht den Finger darauf legen.

Aufgrund des umfassenden Wissens, das ich mir zu diesem Thema inzwischen angeeignet hatte, konnte ich natürlich nicht umhin, die unwissenschaftlichen Aussagen einer Lehrerfamilie aus der Provinz als unerheblich abzutun, als ich zum ersten Mal davon hörte. Schließlich stellten sie ein recht umfangreiches Thema unglaublich vereinfacht dar. Nur äußerst widerwillig ließ ich mich darauf ein, mir diesen Quatsch einmal auf einer Kassette anzuhören, die mir ein wohlmeinender Freund schon fast gewaltsam aufgedrängt hatte.

Ich konnte es nicht fassen! Da stand ich nun, eine Studentin des Geistes – seines Magnetismus, seiner treibenden Kraft, seiner Frequenzen, seiner Beziehung zu Emotionen, seiner Auswirkungen auf unsere Erfahrungen etc. –, und diese Burschen kommen einfach daher und liefern ganz lässig – und in simpelster Form – die fehlenden Bausteine zu einem glücklichen Leben. Und ich hatte schon angefangen zu glauben, dass es sie gar nicht gäbe. So nach dem Motto: »Oh, Verzeihung, Madam, ist es vielleicht das, wonach Sie suchen?«

Ich tauchte also ganz in diese Lehren ein (die im Grunde Hunderte von Stunden wert sind). Nach zwei Wochen war ich erst einmal sprachlos, nach einem Monat überwältigt und nach drei Monaten hatte sich mein Leben um hundertachtzig Grad gewendet. Also dachte ich mir: »Ich hab's! Jetzt muss ich das unbedingt zu Papier bringen, damit auch der Rest der Welt mit mir abheben kann.«

Ich gebe ja zu, dass das Thema, wie man mehr aus seinem Leben herausholen kann, sicherlich bereits bis zur Erschöpfung in achteinhalb Millionen Büchern abgehandelt wurde. Aber das absolut Merkwürdige an diesen bisher noch recht wenig bekannten Prinzipien ist, dass sie zum einen völlig unkompliziert sind, zum anderen schnell und dann auch noch garantiert wirken.

Ich habe die denkbar einfachen Lehren der Familie Hicks aus Texas* hier mit meinen eigenen prosaischen Worten wiedergegeben – aus meinem Blickwinkel heraus betrachtet, gespickt mit Lebensweisheiten, Beobachtungen und Erfahrungen der letzten Jahre. Dieses Buch gibt nun jedem Einzelnen die Mittel in die Hand, mit denen er die Lücke in seinem Leben schließen kann. Das heißt: Ich habe alles selbst ausprobiert, tue es immer noch und werde auch nie damit aufhören, weil es – verflixt noch mal – einfach funktioniert!

Lynn Grabhorn

---

*PO Box 690070, San Antonio, TX 78269, USA

1

Wie es zu diesem Chaos kam

Wie kommt es, dass wir das Leben entweder so oder so erleben? Warum haben die einen alles und andere nichts? Warum ist dieser Idiot auf der Autobahn in Ihren Wagen gefahren? Wieso wurde dieser Typ befördert und nicht Sie? Warum können wir nicht alle in Wohlstand, Freude und Sicherheit leben?

Auf unserer lebenslänglichen Suche nach dem Glück verschlingen wir unendlich viele Bücher über positives Denken. Wenn diese Bücher jedoch auch nur ansatzweise die Geheimnisse zu einem erfüllten Leben enthielten, warum kaufen wir uns dann andauernd neue? Na ja, einige davon haben uns diesem undefinierbaren Begriff »erfülltes Leben« vielleicht etwas näher gebracht, aber der Hit waren sie auch nicht; viel verändert hat sich in unserem Leben nicht. »Möglicherweise war es doch nicht das richtige Buch«, versuchen wir uns zu rechtfertigen. »Probieren wir es doch mit einem anderen.« Oder mit einer anderen religiösen Weltanschauung. Einer anderen Meditationsform. Einem anderen Lehrer, einem anderen Therapeuten, einem anderen Arzt oder einer anderen Beziehung.

Wir greifen nach allem Möglichen, um uns von dem mühsamen täglichen Lebenskampf zu befreien, und trotzdem sind die meisten von uns immer noch auf der Suche. Wie kommt das? Warum haben wir das Geheimnis eines erfüllten Lebens – was auch immer das für uns bedeuten mag – nie entschlüsseln können? Warum führen wir uns auf wie wild gewordene Hunde, um das zu bekommen, was wir wollen, wenn doch die Erfüllung unserer tiefsten Sehnsüchte elementar wie das Leben selbst ist?

Wenn Sie tatsächlich davon überzeugt sind, dass Ihr Leben durch Glück oder Pech, durch puren Zufall oder dadurch bestimmt wird, dass Sie mit dem Kopf gegen irgendwelche Wände rennen, dann fragen Sie sich mal warum. Dieses Buch könnte Ihre Unzufriedenheit bedrohlich ins Wanken bringen.

Schläger Jessie

Vor Jahren, als ich noch nichts von dem Gesetz der Anziehung gehört hatte, überredete mich meine Freundin Mindy, mir mit ihr zusammen ein Baseball-Spiel anzusehen. Ihr Sohn spielte mit, aber das war nicht der Grund, warum ich dabei sein sollte.

Die Menschenmenge an diesem Wochenende überraschte mich. Man hätte meinen können, ein längst verstorbener Superstar hätte sich extra reinkarniert, um heute ein Gastspiel zu geben. Ich konnte Mindy noch so viel löchern, sie verriet mir nichts über ihr geheimnisvolles Vorhaben. Also dachte ich, was soll's, und machte einfach mit.

Ihr Sohn war an der Reihe, den Ball zu schlagen. Unsere Seite schaffte zwei Treffer, aber keinen erfolgreichen Lauf. Dann war die Gegenseite dran; man konnte die Erregung der Menge schon deutlich spüren. Ein paar junge Burschen liefen zur nächsten Base; sie hatten jedoch keine Chance dank unserer ausgezeichneten Feldverteidigung. Jetzt war Jessie an der Reihe, und beide Seiten fingen an, ihm zuzujubeln.

Jessie war sehr klein, richtig winzig im Vergleich zu dem langen Schläger. Ganz locker und selbstbewusst nahm er seinen Platz ein und traf den allerersten Ball, der so weit über die Büsche flog, dass er gar nicht mehr zu finden war. Ich war völlig platt, die Menge flippte aus, und Mindy zwinkerte mir zu.

Diese unglaubliche Szene wiederholte sich vier weitere Male. Der kleine Schläger Jessie war eine Sensation, ein lebendes Phänomen. Und da ich mich gerade mit den physikalischen Gesetzen der Manifestation auseinander setzte, wollte ich natürlich wissen, was diesen Dreikäsehoch antrieb – genau, wie Mindy es sich gedacht hatte.

Als das große Schulterklopfen vorbei war, kämpfte ich mich durch die Masse zu ihm durch und fragte ihn, ob wir uns kurz in Ruhe unterhalten könnten. Als wir oben an der Tribüne angelangt waren, wollte ich es wissen: »Jessie, wie machst du das? Wie schaffst du so viele Homeruns?«

»Keine Ahnung«, kommentierte er schüchtern und winkte dabei einigen aus seinem Team zu. »Jedes Mal, wenn ich den Schläger in der Hand halte, versuche ich einfach zu fühlen, wie ich mich verbinden kann und tue es.«

Damals wusste ich es noch nicht, aber Jessie hatte mir gerade das Prinzip der Manifestation erklärt, auch bekannt als das Gesetz der Anziehung, die physikalische Gesetzmäßigkeit, die in jedem Augenblick unseres Lebens wirkt.

Heute lebt Jessie in großem Stil. Er hat eine wundervolle Frau und zwei Kinder, das Haus voller Andenken aus fernen Ländern und einen Computer, mit dem er sein Anlagekapital verwaltet und dabei unzählige Dollars verdient. Er gab seine Karriere im Baseball auf, weil er sein eigener Boss sein wollte. Wie wurde er so erfolgreich? Auf die gleiche Weise, wie er den Ball schlug: mit seinem Gefühl. Nicht nur mit seinem Denken, sondern mit seinem *Gefüüüühl!*

»Menschliche Veranlagung« – ach, du lieber Himmel

Haben Sie sich noch nie die Frage gestellt, wieso unser Leben so mühsam ist, obwohl wir doch alle so unerhört brillant sind? Hier stehen wir nun, diese ungeheuerlich intelligente Spezies, die Atome spalten, zum Mond fliegen und Comichelden wie Fred Feuerstein erschaffen kann. Dennoch jagen Menschen sich gegenseitig in die Luft, bekommen einen Herzinfarkt oder sterben vor Hunger. Das ergibt doch keinen Sinn. Woher kommt dieses Chaos? Oder gehört es schlicht und einfach zur menschlichen Veranlagung?

Es begann bereits vor ewigen Zeiten, als diejenigen, die die Macht an sich reißen wollten, fälschlicherweise verkündeten, dass unser Leben von äußeren Umständen bestimmt werde, die wir nicht beeinflussen könnten. Dazu gehörte auch, dass andere Menschen über uns herrschen. Da die Menschheit seit Äonen daran geglaubt hat, glauben wir es auch heute noch.

Wie vor uns unsere Eltern und deren Eltern – bis weiß Gott wie viele Tausende von Jahren zurück – haben wir gekämpft, geackert, gemacht und getan, immer getrieben von der Angst. Um schließlich viel zu früh zu sterben aus lauter unnötiger Sorge, die Erfordernisse des Lebens nicht erfüllen zu können. Wir dachten, das gehöre einfach zur menschlichen Veranlagung und sei ein Teil dieses unglücklichen Umstands, den wir gemeinhin Realität nennen.

Aber das mit der menschlichen Veranlagung ist ein reiner Mythos. Und somit auch das, was wir als Realität bezeichnen.

In Wahrheit verfügen wir ganz gewöhnlichen Menschen über die große Gabe, dieses Etwas, was wir »unser Leben« nennen, tatsächlich genauso hinbiegen zu können, wie wir es uns wünschen. *In jede Richtung!* Ohne Ausnahme! Von einem glücklichen Familienleben bis hin zu einer Ozonschicht ohne Löcher.

Warum haben uns die Milliarden von Büchern, die uns sagen, wie man ein erfülltes Leben führt, reich wird, sich zum Erfolg visualisiert und wie man durch positives Denken an seine Kraft kommt, nicht aus diesem Chaos befreit? Ganz einfach! Keines dieser Bücher erwähnt, was das Entscheidende für das Leben überhaupt ist:

Unsere Schöpferkraft liegt in unseren Gefühlen, nicht in unseren Gedanken!

Genau – wir erfüllen uns unsere Wünsche dadurch, dass wir sie mit Empfindungen aufladen, und nicht, indem wir sie mit Gewalt zu verwirklichen versuchen oder unseren Verstand dafür einsetzen. Jeder Verkehrsunfall, jede Beförderung, jeder gute oder schlechte Lover, jedes wohlgefüllte oder leere Bankkonto findet den Weg zu uns durch das fundamentale physikalische Gesetz: Gleiches zieht Gleiches an. Da die meisten von uns nicht gerade begeistert sind von dem, was ihnen im Leben bisher widerfahren ist, haben wir das Talent, immer wieder Situationen anzuziehen, die uns überhaupt nicht behagen, entsprechend gut entwickelt.

Sie wollen ein neues Auto? Es ist bereits unterwegs zu Ihnen! Sie wollen erfolgreich für sich selbst arbeiten? Sie haben es bereits geschafft! Sie wollen diesen guten Vertrag abschließen? Mehr Geld? Eine wunderbare Partnerschaft? Ohne Angst leben? Ein spirituell erfüllendes Leben führen? Sich bester Gesundheit, Freiheit, Unabhängigkeit erfreuen? Das alles können Sie haben, *wenn* Sie wissen, wie Sie es in Ihr Leben *hineinfüüüühlen* können.

Das Gesetz der Anziehung – Gleiches zieht Gleiches an – ist absolut (und hat nichts mit der Persönlichkeit des einzelnen Menschen zu tun). Keiner lebt außerhalb dieses Gesetzes, da es das Gesetz des Universums ist. Wir haben allerdings erst vor kurzem erkannt, dass es auch auf uns zutrifft. Erfolg oder Misserfolg wird von diesem Gesetz bestimmt. Es kann nur einen kleinen Blechschaden oder auch einen tödlichen Unfall verursachen. Es ist – kurz gesagt – das, was jeden Augenblick unseres Lebens bestimmt.

Wenn wir unser Leben also umkrempeln oder mehr Fülle, Gesundheit, Geborgenheit oder Freude jeder Art erfahren möchten, müssen wir uns nur Schritt für Schritt die simple Methode aneignen, wie wir unsere »Gefühle« beeinflussen können. Dann wird sich eine völlig neue Welt der Fülle vor unseren Augen auftun.

Mit angezogener Handbremse leben

Viele von uns haben keinen blassen Schimmer, warum ihnen das Leben dieses oder jenes beschert. Zunächst gibt es da die lange Liste von Dingen, die wir gern hätten, aber nie bekommen haben und auf die wir uns auch gar keine Hoffnungen mehr machen.

Dann gibt es die noch längere Liste all jener Dinge, die wir nicht haben wollen, die sich aber mit geradezu frustrierender Regelmäßkeit in unserem Leben zu vermehren scheinen. Wir können keinem die Schuld dafür in die Schuhe schieben, dass unsere Träume ständig scheitern. Wir wurden einfach dazu erzogen mit angezogener Handbremse durchs Leben zu gehen.

Das wohl Schlimmste, was uns beigebracht wurde, ist die Annahme, dass unser Leben von gewissen Umständen bestimmt wird, die uns auf diesem riesigen Tablett – genannt Zufall oder Schicksal – serviert wurden. Wobei am Anfang immer unsere Eltern und die äußeren Bedingungen, in die wir hineingeboren wurden, stehen. Wenn wir reich geboren werden, haben wir eben Glück gehabt. Wenn wir in Armut hineingeboren werden, gehört der Kampf ums Überleben zu unserem Schicksal. Wenn wir Erfüllung im Leben finden, haben wir einfach Glück gehabt. Wenn irgendein betrunkener Knallkopf auf der Autobahn von hinten auf uns drauf fährt, hat uns das verflixte Schicksal eben übel mitgespielt.

Uns wurde beigebracht, dass wir nur gewinnen können, wenn wir schuften. Handeln ist das Zauberwort. Arbeiten, arbeiten, arbeiten, machen, machen, machen, ackern im Schweiße unseres Angesichts, und wenn wir dann auch noch Glück haben, kommen wir vorwärts.

Wir sind von liebevollen, aber unwissenden Eltern dazu erzogen worden, immer vorsichtig und auf der Hut zu sein. »Klettere nicht auf den Baum, sonst fällst du herunter.« »Zieh dieses lächerliche Ding aus, was werden die Leute sonst von dir denken?« »Schließ die Türen gut ab, sonst wird eingebrochen.« So sind wir schließlich zu einer derart defensiven Spezies geworden, dass sich unser ganzes Leben nur um irgendwelche angstbesetzten Kredos wie »sei vorsichtig», »pass auf«, »vergewissere dich erst« kreist. Gott bewahre, dass wir unsere Vorsicht jemals aufgeben.

Was uns heute am meisten blockiert, stammt jedoch noch aus unserer Kindheit. Damals wurden wir regelrecht dazu trainiert, überall Unvollkommenheiten zu entdecken – wirklich an allem! An der Arbeit, an Autos, Beziehungen, Kleidern, an unserer Figur, unserer Gesundheit, den Autobahnen, dem ganzen Planeten, an unserem Glauben, unseren Vergnügen, unseren Kindern, der Regierung, ja sogar an unseren Freunden. Da sich ein Großteil der Menschheit noch nicht einmal darüber einigen kann, was richtig oder falsch ist, führen wir Krieg, streiken, demonstrieren, erfinden neue Gesetze und konsultieren Psychiater.

»So ist das Leben eben«, sagen Sie jetzt. »Wir müssen das Gute wie das Schlechte ertragen, die Höhen und die Tiefen. Wir müssen auf der Hut sein, hart arbeiten, alles richtig machen, vorsichtig sein und auf eine Verschnaufpause hoffen. Ja, so ist das Leben.«

Nein, nein und nochmals NEIN! So ist das wirkliche Leben einfach nicht. Es wird Zeit für uns, endlich zu erkennen, dass wir alles in unserem Leben selbst erschaffen: unsere leeren oder gefüllten Konten, unsere großartige oder langweilige Arbeit, Glück oder Pech und auch alles andere, was sich auf unserer Lebensbühne abspielt und was wir so lässig einfach Realität nennen.

Wie fangen wir also an? Ohne Witz: Alles hängt damit zusammen, *welche Energie wir ausstrahlen!*

Schau, Mami, ich schwinge

Alles in dieser Welt besteht aus Energie: Sie, ich, ein Fels, ein Tisch, ein Grashalm. Da Energie nichts anderes als Schwingung ist, schwingt also alles, was existiert. Alles! Auch Sie und ich.

Heutige Physiker geben mittlerweile zu, dass Energie und Materie ein und dasselbe sind, was uns wieder an unseren Ausgangspunkt zurückführt: Alles schwingt, da alles – ob sichtbar oder unsichtbar – aus Energie besteht. Aus reiner pulsierender, ständig fließender Energie.

Obwohl es nur eine Energie gibt, schwingt sie doch unterschiedlich. Wie die Töne eines Musikinstruments schwingt die Energie manchmal schnell (bei hohen Tönen) und manchmal langsam (bei tiefen Tönen). Im Gegensatz zu den Tönen eines

Instruments stammt die Energie, die wir ausstrahlen, jedoch von unseren stark aufgeladenen Gefühlen. Sie schafft ein *hoch elektromagnetisches* Energiefeld, womit wir sozusagen zu zwar starken – aber unruhigen – wandelnden Magneten werden.

Na toll, aber wen interessiert das? Wenn Sie wissen wollen, warum Sie so heftig mit Ihrem Leben zu kämpfen haben, dann passen Sie jetzt auf! Denn wenn Sie Ihr Leben so verändern wollen, dass es genau Ihren Vorstellungen entspricht, dann sollte es Sie schon interessieren: Durch die elektromagnetischen Wellen, die Sie jede Sekunde des Tages aussenden, ziehen Sie alles in Ihrem Leben an – Wichtiges und Unwichtiges, Schönes und Schlimmes. Einfach alles! *Ohne Ausnahme.*

Die Sache mit der Provision

Zentralkalifornien gilt als Mekka für diejenigen, die gern Land verkaufen: Rinderfarmen, Weinberge, Urlaubsdomizile, Wohnanlagen, Bauernhöfe. Wenn man mit dem richtigen Know-how und der nötigen Geduld ausgestattet ist, einen Vertrag unter Dach und Fach zu bringen, nach dem sich alle Parteien die Finger lecken, kann man allein durch die monströse Maklergebühr ein Vermögen verdienen.

Tom, einem guten Bekannten von mir, gelang genau das mit unglaublicher Regelmäßigkeit. Er war Immobilienmakler, Mitte vierzig (wir waren etwa gleichaltrig) und ein anerkannter Profi für kommerzielle Landverkäufe.

Ich hatte gerade mein Geschäft in Los Angeles aufgelöst und wollte an die Küste ziehen, hatte aber noch keine Ahnung, was ich als Nächstes tun würde. Bis ich dann Tom kennen lernte. Innerhalb von wenigen Monaten erwarb ich meine Maklerlizenz und ging bei Tom in die Lehre – in seiner renommierten Immobilienfirma. Da nicht nur ich, sondern auch er durch meine Verkäufe Geld scheffeln würde, nahm er sich die Zeit, mich gründlich einzuarbeiten. Wir verbrachten unzählige Stunden mit dem Vergleich von Unterlagen über Weinernten, Bodenproben und mögliche Futtererträge verschiedener Ländereien, die eine bestimmte Anzahl von Rindern ernähren konnten. Obwohl sich mein Wissen über Rindvieh auf das Einkaufen von Milch und Steaks beschränkte und meine Weinkenntnisse – auch wenn ich früher mal gern einen herzhaften Schluck genommen habe – auf einen Stecknadelkopf passten, fand ich diese Lehrzeit äußerst interessant.

Tom wies mich über Monate hinweg ein, bevor er mich schließlich an die Front schickte. Während ich mich in diese neue Welt einarbeitete, entwickelte ich gleichzeitig ein Konzept für die Vermarktung von Ländereien in Zentralkalifornien. Am Ende meiner ersten Lehrzeit hatte ich eine Immobilienfirma aufgebaut, die auf den Verkauf von Grundstücken im Westen der USA spezialisiert war. Noch dazu hatte ich ein Marketingkonzept entwickelt, das so hieb- und stichfest war, dass ich mich fragte, warum vor mir noch keiner auf diese Idee gekommen war.

Dann machte ich meinen ersten Fehler. Mein Konzept war so simpel, so idiotensicher, so umsatzträchtig, dass einfach irgendetwas schief gehen musste. Es war zu gut. Alles würde viel zu schnell gehen. Irgendjemand würde es mir klauen. Dieses Konzept war so gut, dass ich regelrecht Schiss davor hatte.

Schließlich kam mein großer Tag. Ich sollte ein großes Stück Land mit einer Ranch verkaufen, von der aus man einen wunderbaren Ausblick auf den fantastischen Küstenabschnitt von Big Sur in Kalifornien hatte. Nicht nur der Verkaufspreis betrug viele Millionen Dollar, sondern auch meine Provision sollte mir weitaus mehr Geld einbringen, als ich in meinem ganzen Arbeitsleben bisher verdient hatte. Es dauerte nur ein paar Wochen, bis Käufer und Verkäufer sich einigten. Ich hatte einen Verkauf erfolgreich vermittelt und geriet prompt in die größte Panik.

Tom war sehr zufrieden; alle waren sehr zufrieden, nur ich reagierte völlig entsetzt. Je näher der Übergabetermin rückte, desto paranoider wurde ich. Das alles war zu schön, um wahr zu sein, zu einfach, zu unglaublich. Mein Magen fühlte sich an wie eine vollgestopfte Waschmaschine.

Tom wollte mir die Angst nehmen, indem er mir erzählte, wie stolz er auf mich sei und dass er noch nie einen so reibungslosen, unkomplizierten Handel erlebt hätte. Ich war jedoch nur noch ein Nervenbündel. Es war zu irreal, es konnte einfach nicht klappen. Und so kam es auch! Genau an jenem Tag – *dem* Tag also –, an dem die Übergabe stattfinden sollte, fand der Käufer einen rechtlichen Grund, um aus dem Vertrag auszusteigen. Meine schlimmsten Befürchtungen hatten sich bewahrheitet.

Das passierte noch zweimal, bevor ich Tom schließlich sagte, ich könnte mit dem Druck und Stress dieser Vertragsabschlüsse und der riesigen Provisionen, die so gut wie geritzt schienen, dann aber doch platzten, nicht mehr länger fertig werden. Alles, was er darauf antwortete, war: »Meine Liebe, du hast sie mit deinen Ängsten einfach verjagt. Du musst es regelrecht fühlen, wie diese Leutchen zu einem Abschluss kommen, du musst es fühlen, wie du allen die Hand schüttelst und das Ganze richtig feierst. Du musst einfach vollkommen davon überzeugt sein, dass es klappt, meine Liebe, glaub mir, sonst wird es nie etwas. Wenn du es nicht spüren kannst, dass alles gut geht, passiert es auch nicht.«

Ich hatte keine Ahnung, wovon er sprach. Nachdem der erste Verkauf geplatzt war, hatte ich mich auf sämtliche Bestseller über positives Denken und schnellen Reichtum gestürzt. Als dann noch zwei weitere Verträge innerhalb weniger Tage und sogar Stunden einfach platzten, kam ich zum Schluss, dass dieses potentielle Fantasialand eben nichts für mich war. Ich entschied mich dafür, eine Firma für Grundstücksverwaltung zu gründen, bei der ich weitaus weniger Ängste durchstehen musste.

Erst viele Jahre später, nachdem ich mich mit dem Gesetz der Anziehung auseinander gesetzt hatte, begriff ich, was Tom damals gemeint hatte. Ohne sich dessen überhaupt bewusst zu sein, hatte Tom gelernt, Energie zu seinem Nutzen einzusetzen. Instinktiv wusste er, dass Geschäftsabschlüsse mehr beinhalten als nur in großem Maßstab zu planen, positiv zu denken oder einen guten Vertrag zu machen. Tom wusste einfach, ebenso wie Jessie, dass man seine Wünsche auch *spüren* muss, damit sie sich verwirklichen.

Stimmgabeln und das Gesetz der Anziehung

In den dreißiger Jahren versuchten ein paar Typen aus Asien zu beweisen, dass Gedanken etwas Reales sind und dass unterschiedliche Arten von Gedanken auch unterschiedliche Schwingungen hervorbringen. Sie probierten sogar, die Schwingungen von Gedanken tatsächlich zu fotografieren. Und es klappte – sogar durch Stahlwände hindurch. Dieses Experiment wurde seitdem oft wiederholt.

Sie bewiesen aber noch etwas anderes, das vielleicht viel entscheidender war. Sie entdeckten nämlich, dass das Bild umso klarer wurde, je mehr Emotion der Denkende/der Sender in seine Gedanken hineinlegte. Möglicherweise waren diese Leute die Ersten, die beweisen konnten, dass unsere Gedanken doch eine magnetische Energie ausstrahlen und von Gefühlen angetrieben werden. Was sie jedoch nicht erwähnten, ist, dass wir alle buchstäblich wandelnde Magnete sind. Denn die Energiewellen (Emotionen), die wir aussenden, sind magnetisch aufgeladen und ziehen deshalb ständig das an, was die entsprechende Wellenlänge oder Frequenz hat.

Wenn wir uns beispielsweise gut fühlen, von Freude und Dankbarkeit erfüllt sind, senden unsere Gefühle hohe Schwingungen aus, die wiederum nur Gutes anziehen, das heißt Dinge, die entsprechend hohe Schwingungen haben. Gleiches zieht Gleiches an.

Andrerseits senden Gefühle, die *alles andere* als Freude beinhalten, nämlich Angst, Sorge, Schuldgefühle oder auch nur leichte Beunruhigung, niedrige Schwingungen aus. Da diese keinen Deut weniger magnetisch wirken als hohe Schwingungen, ziehen sie eben nur verkorkste Dinge an. Also alles, was auch niedrig schwingt und dazu führt, dass wir uns genauso mies fühlen (und schwingen) wie das, was wir sowieso ausstrahlen. Wie innen, so außen; es ist immer ein Spiel mit den passenden Schwingungen.

Ob hoch schwingende Freude oder niedrig schwingende Angst: Das, was wir jeden Augenblick aussenden, kommt auch wieder zu uns zurück. Wir strahlen die Schwingungen aus, sind also die Magneten, die Ursache. Ob es Ihnen gefällt oder nicht, wir erschaffen alles und haben alles selbst erschaffen. Wir haben zwar einen Körper aus Fleisch und Blut, aber zuallererst sind wir Energie – magnetische Energie! Das macht uns sozusagen zu lebenden, atmenden Magneten. (Ist das nicht eine wundervolle Vorstellung? Sie *denken* vielleicht, dass Sie Aufsichtsratsvorsitzender einer großen Firma, Mutter und Ehefrau oder Flugzeugmechaniker sind, aber im Grunde sind Sie ein lebendiger Magnet! Hätten Sie wohl nicht gedacht, oder?)

So verrückt es sich auch anhören mag, es wird höchste Zeit zu erkennen, dass wir alle elektromagnetische Wesen sind. Wir laufen also mit der umwerfenden Fähigkeit herum, alles, was wir uns auf dieser Welt wünschen, anziehen zu können. Dazu müssen wir nur lernen, unsere *Gefühle* zu kontrollieren, die ihren Ursprung in unseren Gedanken haben.

Da wir nun einmal auf diesem Planeten und damit in einem Energiefeld leben, das hauptsächlich aus den niedrigen Schwingungen von über sechs Milliarden Menschen besteht, die alle mehr Stress- und Angstgefühle als Freude aussenden, werden wir von diesen Schwingungen auch unweigerlich beeinflusst und reagieren darauf. Solange wir nicht gelernt haben, uns diesen vorherrschenden niedrigen Schwingungen bewusst zu entziehen, wird es in unserem Leben Tag für Tag immer wieder zu unangenehmen Ereignissen kommen. Es ist genauso wie beim Schwimmen im Meer: Wenn wir uns danach das Salz nicht abwaschen, fühlen wir uns ziemlich schnell unbehaglich.

Wir kommen nicht drum herum; das, was wir fühlen, ziehen wir auch an. Und sehr oft entstammen diese Empfindungen unseren Gedanken und setzen sofort eine elektromagnetische Kettenreaktion in Gang, die letztendlich dazu führt, dass etwas in unserem Leben passiert; Möglichkeiten werden geschaffen, vorenthalten oder untergraben (wie meine große Provision).

Deshalb noch einmal: Wir senden Gefühle in Form von elektromagnetischen Wellen aus. Diese Schwingungen suchen automatisch identische Schwingungen in der Außenwelt, die dann das Geschehen verursachen – ob gut oder schlecht.

Freudige, also hohe Schwingungen ziehen Umstände an, die ebenfalls eine fröhliche, hohe Schwingung haben. Miese, niedrige Schwingungen ziehen auch miese Bedingungen mit einer niedrigen Frequenz an. In beiden Fällen macht uns das, was zu uns zurückkommt, entweder glücklich oder unglücklich, je nachdem, welche Gefühle wir ausgestrahlt haben; es entspricht genau unseren eigenen Schwingungen.

Nach dem gleichen Prinzip funktionieren Stimmgabeln. Bringt man eine Stimmgabel in einem Raum zum Tönen, in dem sich Stimmgabeln in unterschiedlicher Tonlage befinden, werden nur diejenigen in der *gleichen Tonlage* mitschwingen, auch wenn sie in der hintersten Ecke stehen. Gleiches zieht Gleiches an; das ist das grundlegende Gesetz der Physik.

Im Gegensatz zu Stimmgabeln, die ihre Tonlage nie ändern, sind wir Menschen den Wechselbädern unserer Gefühle ständig ausgeliefert. Da werden unsere Schwingungen wie die Kugel in einem Flipperautomaten pausenlos rauf- und runtergeschleudert. In einem Augenblick fühlen wir uns so energiegeladen und strahlend wie die Sonne, im nächsten Moment können wir energetisch schon wieder völlig abstürzen. Diese Wechselbäder hängen mit der Art und der Intensität unserer *Gefüüüüühle* zusammen: von lauwarm bis überglücklich oder von gelangweilt bis tief betrübt.

Anstatt wie eine Stimmgabel in einem einzigen gleich bleibenden Ton zu schwingen, sind wir mit unserem Auf und Ab an Emotionen eher mit einem ganzen Haufen davon zu vergleichen. Jede sendet eine andere Schwingung aus, und alle zusammen produzieren ein heilloses Durcheinander an Tönen. Wenn wir erst hoch schwingen, in der nächsten Minute wieder tief, wird die eine Schwingung durch die andere aufgehoben. So wird sich nicht viel in unserem Leben verändern – oder zumindest nicht sehr schnell.

Leider sind wir aber keine Stimmgabeln. Was wir aufgrund der chaotischen, unkonzentrierten Energie (Schwingung) zurückbekommen, die wir jede Minute auf die Welt loslassen, ist selten ein Wohlklang. Damit handeln wir uns schon eher eine endlose Reihe von verworrenen, ziellosen, unüberschaubaren Ereignissen ein.

Es ist wohl klar, dass dieser völlig ungelenkte Energiefluss uns schlimmstenfalls die reine Hölle erleben lässt und bestenfalls ein Leben zweiter Wahl ermöglicht. Wir werden weiterhin diejenigen Erfahrungen, Menschen, Spiele, Ereignisse, Begegnungen, Vorfälle, Risiken, Gelegenheiten oder Dramen anziehen, *die den Schwingungen entsprechen, die wir zufällig gerade wieder aussenden.* Oder besser gesagt: unserer momentanen Gefühlslage.

Rechnungen über Rechnungen

Nehmen wir ein weniger angenehmes Thema als Beispiel: Rechnungen. Wenn Sie nicht gerade in finanziellem Überfluss leben, wie fühlen Sie sich denn, sobald Sie irgendwelche Rechnungen bezahlen müssen? Begeistert? In Höchstform? Euphorisch? Wohl eher nicht. Wie wär's mit verängstigt, besorgt oder einfach nur deprimiert? Dann willkommen im Club!

Der Witz an der ganzen Sache ist, dass gerade dieses Gefühl der Verzweiflung uns die Probleme mit unseren Rechnungen beschert! Wieso? *Weil wir genau das ausstrahlen, was wir fühlen, und was wir ausstrahlen, ziehen wir wiederum an.* Universelle Gesetzmäßigkeit. So einfach ist das.

Tony, seine Frau Ginger und ich trafen uns regelmäßig, um miteinander über unsere Fortschritte mit dem Gesetz der Anziehung zu sprechen. Ein Glück, dass es sie gab. Sie waren nämlich die einzigen, die in meiner Nähe wohnten und mit denen ich ganz offen reden konnte.

Eines Abends bei mir zu Hause fingen wir nach dem Essen an, Erinnerungen an alte Zeiten hervorzukramen, als wir noch nicht bewusst mit unserer Energie umgehen konnten. Die Unterhaltung war leicht und heiter, bis Tony davon anfing, wie unglaublich schwierig es war, Rechnungen zu bezahlen, wenn man kein Geld hatte. Ich genoss die Gesellschaft der beiden immer sehr, aber dieses Thema ließ äußerst unangenehme Gefühle in mir hochsteigen. Schließlich hatte ich selbst erst vor kurzem eine absolute finanzielle Dürreperiode überlebt. Ich hätte gern das Thema gewechselt. Es klappte aber nicht.

Tony hatte immer ganz gut verdient, und da die Kinder inzwischen erwachsen und aus dem Haus waren, hätten die beiden gut von seinem Einkommen leben können. Aber Ginger wollte sich wieder ins Berufsleben stürzen. Also ging sie zurück in die Immobilienbranche, die sie vor Jahren verlassen hatte. Das geschah viele Jahre, bevor das Gesetz der Anziehung in ihr Leben trat, aber sie war trotzdem recht erfolgreich. »Warum«, sinnierten die beiden, als ich ihnen Kaffee einschenkte, »hatten wir denn nie genügend Geld, um unsere Rechnungen zu bezahlen?«

»Ich vermute, dass ihr euch finanziell übernommen habt, sobald Ginger einen Volltreffer landete«, sagte ich und hoffte damit, die sich anbahnende emotionale Abhandlung über das frustrierende Gefühl, nicht genug Geld auf dem Konto zu haben, abzuwenden.

»Klar haben wir das getan«, lachte Tony. »Wir haben jede Menge Geld ausgegeben, bis wir plötzlich merkten, in was für ein Schlamassel wir da hineingeraten waren. Unser Haus hatten wir schon finanziert, also fiel diese Option flach. Wir hatten nie richtig etwas zur Seite gelegt, also waren auch keine Reserven da. Und plötzlich verfügten wir über neue Einnahmen, wobei es uns aber schlechter ging als vorher, weil sich die unbezahlten Rechnungen stapelten. Wenn Ginger einen guten Vertrag in der Tasche hatte, kamen wir einigermaßen zurecht. Wenn sie aber nichts zuwege brachte, ging es uns sehr schlecht und wir brauchten Monate, um wieder Oberwasser zu bekommen.«

»Ach ja, das Gefühl kenne ich. Aber ist es nicht fantastisch, dass das jetzt alles der Vergangenheit angehört?« Ich wollte das Gespräch in eine andere Richtung lenken, aber Ginger dachte gar nicht daran. Aus irgendeinem Grund wollte sie diese schmerzliche Zeit noch einmal aufleben lassen.

»Ich kann's beschwören«, fuhr sie fort, »es wurde jeden Monat schlimmer. Wenn diese blöden Rechnungen fällig wurden – auch wenn ich es solange wie möglich hinauszögerte –, bekam ich entweder einen Ausschlag oder Migräne. Ich holte den ganzen Stapel heraus, legte ihn auf meinen Schreibtisch und schaute ihn einfach ein oder zwei Tage lang an. Dann rutschte mir das Herz in die Hose, weil ich genau wusste, dass die fälligen Beträge einfach nicht zu unserem Kontostand passen würden. Also zog ich eine Rechnung aus dem Stapel und überlegte, wie viel ich davon erst mal anzahlen könnte. Es war einfach grauenhaft. Du weißt, wie das ist, Lynn, du warst auch schon in dieser Situation.«

»Viel zu oft«, sinnierte ich.

»Zum Glück hat sich das alles geändert«, seufzte Tony und blickte Ginger liebevoll an. »Noch so ein Jahr, und du hättest meine Lebensversicherung kassieren können.« Er streckte seine Hand nach ihr aus, und mir wurde warm ums Herz, als ich sah, wie ihr vor lauter Glück die Tränen kamen. Finanziell waren sie seit einigen Jahren über den Berg und lebten jetzt in Fülle und großer Freude. Sie hatten gelernt, mit ihren Energien umzugehen. Beide strahlten tiefe Zufriedenheit aus. Sie hatten zusammen einen weiten Weg zurückgelegt. Wir alle waren einen langen, steinigen Weg gegangen!

Tony, Ginger und ich hatten Jahre in einem mehr oder minder unterschiedlich dramatischen finanziellen Chaos verbracht, weil wir keine Ahnung vom Umgang mit unserem Energiepotential hatten. Jeder ist auf seine Art in eine Krise geraten, wenn die Rechnungen fällig wurden und wir das Geld dafür nicht hatten. Je mehr wir uns jedoch darauf konzentrierten, was wir nicht hatten, desto intensiver wurden unsere negativen Energien und desto mehr Schulden und Einkommensverluste zogen wir dadurch an.

Durch unsere emotionale Konzentration auf den Mangel in unserem Leben zogen wir immer mehr davon an, wobei unsere Lage mit jedem Monat noch aussichtsloser und schlimmer wurde.

Der ganze Prozess erinnert an einen Bumerang – diese Dinger, die man in irgendeine Richtung wirft und die im Kreis dann wieder zu einem zurückfliegen; man fängt sie auf oder wird von ihnen erschlagen, wenn man nicht aufpasst. Was wir schwingungsmäßig aussenden, kommt zu uns zurück. Solange wir unsere Schwingungen nicht ändern, ziehen wir immer nur das an, was wir ausstrahlen.

Oder anders gesagt: Wenn wir nicht aufhören, niedrige Schwingungen zu fühlen – und damit auch auszustrahlen –, dann werden wir auch nichts anderes als deprimierende Umstände ernten!

Wir bekommen das, worauf wir uns emotional konzentrieren! Konzentrieren Sie sich mit Begeisterung und Leidenschaft auf das, was Sie sich wünschen, und schon ist es unterwegs zu Ihnen! Konzentrieren Sie sich mit der gleichen Leidenschaft (die dann aber »Leiden schafft«) auf das, was Sie nicht haben wollen (wie Kummer oder Sorgen), und – schwupp – schon ist es da!

Das Universum kümmert sich keinen Deut darum, ob wir etwas haben oder eben nicht haben wollen; es funktioniert strickt nach dem physikalischen Prinzip, das wir Gesetz der Anziehung nennen. Wir senden unsere magnetisch aufgeladenen Gefühle hinaus, das Universum liefert getreulich. Es reagiert nicht auf unsere Bitten; es reagiert nur auf unsere Schwingungen, die aus nichts anderem als aus unseren Gefühlen bestehen.

Spielt es eine Rolle, wodurch diese Empfindungen ursprünglich ausgelöst wurden? Nein. Sie können durch einen Gedanken, ein Ereignis oder einfach durch eine bestimmte Stimmungslage hervorgerufen worden sein. Aber ganz unabhängig vom Ursprung unserer Empfindungen sind die Ereignisse in unserem Leben immer das Ergebnis der Gefühle, die wir jeden Augenblick – tagein, tagaus und Jahr für Jahr – ausstrahlen.

Richten Sie Ihren Geist neu aus

Lassen Sie uns mal Klartext reden. Es geht nicht darum, dass wir die ganze Zeit über nur noch eitel Sonnenschein sein und uns über unsere Entlassung, einen verpassten Zug oder den verlegten Autoschlüssel freuen sollen.

Aber Fakten sind Fakten. Wir bekommen das zurück, was wir ausstrahlen, und unsere Ausstrahlung wird von dem bestimmt, worauf wir unseren Geist ausrichten. Also müssten wir uns eigentlich verpflichtet fühlen, um einiges achtsamer mit unseren Gedanken *und den Gefüüühlen, die sie in uns auslösen*, umzugehen.

Konzentrieren Sie sich auf das, was Sie sich wünschen, und es wird sich manifestieren – wenn Sie es nicht selbst sabotieren. Konzentrieren Sie sich auf das, was Sie nicht haben wollen, und es wird ebenfalls eintreten, und zwar zumeist noch mit größerer Schlagkraft als zuvor!

Zurück zu den Rechnungen. Nehmen wir mal an, dass in Ihrem Kopf eine Unmenge an Gedanken darüber herumspuken, wie ungern Sie diese Rechnungen bezahlen wollen. Ein jeder dieser Gedanken (die sehr lebendig sind) enthält von Anfang an eine emotionale Schwingung und sucht sich die Gedanken im Außen, die eine identische Schwingung haben, um sich mit ihnen zu verbinden. Wenn zwei Gedanken mit der gleichen emotionalen Intensität aufeinander treffen, schwingen sie zusammen noch stärker und schneller als allein.

Somit haben Sie nicht nur einen kleinen, unbedeutenden Gedanken in Bezug auf Ihre Rechnungen kreiert, sondern einen viel umfangreicheren, mächtigeren. Denn jedes Mal, wenn Sie wieder daran denken, verbindet sich dieser Gedanke mit den vorherigen, die Sie bereits ausgesendet haben. Aber es geht noch weiter.

Nicht nur Ihre *eigenen* niederschmetternden Gedanken über Ihre Rechnungen rotten sich im Außen zusammen und werden immer umfangreicher und intensiver, je mehr Sie sie mit weiteren Frustgefühlen füttern. Hinzu kommen auch noch die entmutigenden Gedanken anderer Menschen, die auf der gleichen Frequenz schwingen. Das gilt für jeden Bereich. Ich nenne das, was sich da zusammenbraut, »Junk-Bomben«. Sie ballen sich auf der gleichen Schwingungsebene von Angst und Sorge zusammen und können leicht auf Sie zurückfallen – es sei denn, Sie ändern Ihre emotionale Einstellung. Das heißt, dass eine oder gar mehrere dieser »Junk-Bomben«, die noch dazu mit den ungebetenen Ängsten anderer Menschen aufgeladen sind, wohl früher oder später direkt vor Ihren Augen explodieren werden, *wenn* Sie immer noch auf der gleichen Wellenlänge sind, die gleichen Schwingungen aussenden.

Jetzt ist das Chaos also komplett: noch mehr Rechnungen als anfangs und dazu noch jede Menge mehr widrige Umstände, die etwas mit den unbezahlten Rechnungen zu tun haben oder auch nicht. Das Auto geht kaputt und Sie haben kein Geld, um es in die Werkstatt zu bringen. Ihre Waschmaschine gibt den Geist auf. Ihre Kinder schlagen ein Fenster bei den Nachbarn ein. Ihr Hund fällt einen friedlichen Spaziergänger an. Und ausgerechnet an dem Sonntag, an dem das spannendste Spiel des Jahres übertragen wird und Sie das Haus voller Fans haben, streikt Ihr Fernseher.

Ihre »magnetische Anziehungskraft« ist dermaßen mit negativen Schwingungen aufgeladen, dass Sie zwangsläufig immer mehr Müll anziehen werden, bis Sie etwas an diesen Schwingungen verändern. Haben Sie das erst einmal geschafft, kommt der Bumerang nicht mehr zurück; dann sind Sie ihn los. Zumindest für den Moment.

Nehmen wir ein schöneres Beispiel: ein neues Auto. Wenn Sie sich voll auf das Auto konzentrieren, das Sie haben wollen, und sich immer weiter darauf konzentrieren, dann bekommen Sie es auch. Wenn Sie sich jedoch auf die Tatsache konzentrieren, dass es noch nicht da ist, also auf den Mangel, *oder darauf, dass Sie es sich nicht leisten können*, dann werden Sie genau das anziehen: Sie werden also noch eine ganze Weile »ohne Auto« leben müssen.

Sie sagen jetzt vielleicht: »Zum Teufel, das beweist, dass dieses ganze Zeug nicht funktioniert; ich konzentriere mich schon seit Jahren darauf, dass ich mehr Geld haben will, und ich habe es immer noch nicht.«

Klar! Weil es zum einem um das Thema Geld geht, zum anderen aber um das Thema Geld*mangel!* Raten Sie mal, worauf sich 99,9 Prozent der Menschen die meiste Zeit ihres Lebens konzentrieren? Genau.

Wir ziehen das an, worauf wir unseren Geist lenken. Richten Sie Ihre Aufmerksamkeit auf den Mangel, und Sie werden garantiert mehr davon bekommen, da Sie durch Ihre Energie *die entsprechenden Schwingungen anziehen*. So funktioniert das Gesetz der Anziehung – nicht mehr, nicht weniger.

Vier Schritte zum Durchbruch

Noch einmal: Wenn wir ständig an etwas denken, auch wenn wenig Gefühl involviert ist, wird es immer größer und mächtiger, unabhängig davon, ob es um das Nicht-vorhanden-Sein der Sache oder um die Sache an sich geht.

Wenn ich sage: »Ich will vollkommene Gesundheit« und denke die ganze Zeit an Gesundheit, wird sie sich entweder gleich oder später einstellen. Wenn ich aber sage: »Ich will keine Krankheit« und denke darüber andauernd nach, werde ich sicherlich Krankheit anziehen, allein weil ich mich darauf konzentriere.

Wenn wir uns emotional lange genug mit etwas beschäftigen, egal, ob wir es haben wollen oder eben gerade nicht, wird es sich in unserem Leben niederschlagen, ob es uns gefällt oder nicht.

Was uns im Leben begegnet, hat nichts mit unseren Handlungen zu tun oder damit, wie wertvoll oder wie gut wir sind oder was das Schicksal für uns bereit hält. Es hat nur damit etwas zu tun, was für Schwingungen wir aussenden, welche Gefühle wir ausstrahlen und was wir dadurch wiederum anziehen. Punkt!

Das haben uns unsere Mama und unser Papa nie gesagt, weil sie es selbst nicht wussten. Jedes Buch über positives Denken oder jeder Motivationstrainer schwärmt zwar davon, aber keiner hat es je auf den Punkt gebracht, weil eben keiner es so genau wusste.

Hier sind nun die vier Schritte, mit denen man bewusst etwas erschaffen kann, vier Schritte, die garantiert wirken – ja, tatsächlich *garantiert* –, um genau das im Leben zu erreichen, was wir uns leidenschaftlich wünschen, und noch viel, viel mehr. Diese Schritte wirken deshalb unter Garantie, weil sie dem universellen

Gesetz entsprechen, den Grundsätzen, nach denen die Schöpfung entstanden ist. Jetzt liegt es bei Ihnen, ob Sie sie wollen.

1. Schritt: Stellen Sie fest, was Sie NICHT wollen.
2. Schritt: Stellen Sie fest, was Sie WIRKLICH wollen.
3. Schritt: Fühlen Sie sich in diesen Wunsch richtig hinein.
4. Schritt: Öffnen Sie sich dafür, seien Sie aufmerksam und lassen Sie es geschehen.

Das wär's. Das ist schon die ganze Geschichte. Wenn man sich erst einmal auf diesen ungewöhnlichen Prozess eingelassen hat, verändern sich die Dinge auf magische Weise in allen Lebensbereichen. Ängste, Sorgen und Zweifel, die uns normalerweise ständig durch den Kopf schwirren, werden innerhalb weniger Wochen zu einer eher seltenen Erscheinung. Man kann die Veränderungen tatsächlich Tag für Tag miterleben.

Sie werden immer gesünder. Ihr Konto füllt sich. Ihre Beziehungen entwickeln sich genau so, wie Sie es sich wünschen. Umsätze steigen. Beförderungen werden möglich. Das Leben wird zu einer täglichen Wonne. Es ist ganz real. Sie sehen, dass es funktioniert. Dann wissen Sie tief in Ihrem Herzen, dass der einzige, der Ihr Leben in der Hand hat, Sie selbst sind. Einzig und allein Sie!

Nie wieder Opfer

Während wir uns in das Abenteuer stürzen, das Gesetz der Anziehung zu erleben, stoßen wir sehr bald auf die beunruhigende Erkenntnis, dass es tatsächlich keine Opfer gibt. Weiter das Opfer zu spielen beschert uns durch die anhaltende Ausstrahlung niedriger Schwingungen nichts als ständige Unzufriedenheit.

Natürlich spielt der Rest der Welt auch weiterhin dieses Spiel, schiebt »den anderen« für irgendwelche Geschehnisse die Schuld in die Schuhe, anstatt die Verantwortung für die eigenen Gefühle zu übernehmen. Die »Umstände« sind Schuld daran, wenn es nicht gut läuft, die Besoffenen auf der Autobahn, der miese Boss, die Wirtschaft oder der liebe Gott persönlich, der eben alles verpfuscht hat – jedenfalls nicht die eigenen Gefühle.

Wir sind möglicherweise so erzogen worden und glauben deshalb auch daran, dass wir anderen Menschen, dem Schicksal, dem Glück oder dem Zufall ausgeliefert sind; nach diesem Muster leben sicherlich die meisten Menschen auf diesem Planeten. Aber wenn Sie erst einmal erleben, wie das Gesetz der Anziehung wirkt, werden Sie schließlich verstehen, dass es so etwas wie ein Opfer nicht gibt; dass es das nie gegeben hat und nie geben wird. Es gibt kein Glück, Pech oder Schicksal, keinen Zufall und keine Fügung. Es gibt keinen Richter im Himmel, der Punkte dafür verteilt, wie oft Sie sich richtig oder falsch verhalten haben. Weder gibt es ein Karma aus vergangenen Leben noch Strafe. Das sind alles Opfergeschichten. Es gibt kein einziges Opfer unter uns, nur »Mitschöpfer« für Gefühle und Gedanken, starke Magneten, die wie der Honig die Bienen die passenden Frequenzen anziehen, die wir selbst ständig aussenden.

Sie brauchen nicht mehr daran zu glauben, dass es die Umstände sind, die Ihr Leben beeinflussen. Sie brauchen auch nicht zu befürchten, dass es falsch ist, etwas haben zu wollen. Sie brauchen nicht mehr daran zu glauben, dass es eine höhere Macht gibt, die die Fäden in der Hand hält, oder dass jemand oder etwas außer Ihnen selbst über Ihr Leben bestimmt. Sie brauchen nie wieder Angst vor »irgendjemandem« oder »irgendetwas« zu haben – es sei denn, Sie entscheiden sich dafür.

Wie sind wir also in dieses Chaos hineingeraten? Sie haben's erfasst. Dadurch, dass mehr als sechs Milliarden Menschen (ganz zu schweigen von denen, die vor uns gelebt haben) seit ihrer Geburt den angstbesetzten, auf Mangel ausgerichteten Schwingungen unserer Umwelt ausgesetzt sind und sich nur auf das konzentrieren, was sie nicht haben wollen – und damit nur noch mehr davon bekommen.

So war das Leben eigentlich gar nicht gedacht. Aber da wir immer verzweifelt nach Gründen gesucht haben, warum unser

Leben nicht so verläuft, wie wir es gern hätten, haben wir schließlich angenommen, dass die Schuld bei irgendeiner äußeren Instanz zu suchen sei: der Regierung, der Wirtschaft, unserem Boss, unserer Ehe, unserem Werdegang, unserer Erziehung, unserem Pech und sogar bei Gott.

Vielleicht waren wir aber auch nicht gut genug, haben gewissen Maßstäben nicht genügt oder zu viele Sünden auf uns geladen. Vielleicht würden wir nicht ausreichend auf die Probe gestellt oder haben uns auf die eine oder andere Weise ungebührlich verhalten.

In Wirklichkeit – der *tatsächlichen* Wirklichkeit – haben wir alle ein Recht auf ein erfülltes Leben. Da gibt es keine Prüfung, die bestanden werden muss, und die Sünde ist nichts anderes als ein von Menschen geschaffenes Druckmittel, um Macht über andere zu bekommen.

Die *tatsächliche* Wirklichkeit besagt, dass wir hierher gekommen sind, um zu blühen und zu gedeihen und diese außergewöhnliche menschliche Erfahrung in Heiterkeit und Freude zu leben und nicht in Kampf und Schmerz. Wir sind hier, um Spaß am Lernen zu haben, um uns frei von Leid zu entfalten und unsere Wünsche zu verwirklichen. Immer in dem absoluten Wissen, dass wir alles erreichen können, wenn wir nur mit unseren Energien – also mit unseren Emotionen – richtig umgehen lernen.

Wir sind hierher gekommen mit der Garantie auf Entscheidungsfreiheit, allein bedingt durch die Natur unserer Existenz. Es ist jetzt an der Zeit, dass wir dieses Geburtsrecht für uns in Anspruch nehmen. Wir sind nicht in irgendeinem Netz gefangen. Wir sind nicht durch Umstände gebunden. Wir sind auch nicht deren Opfer. Vielmehr sind wir Wesen mit der unschätzbaren Gabe, uns jeden noch so exotischen Wunsch, den sich unser grenzenloser Geist ausdenken kann, zu erfüllen. Denn wir verfügen über eine unbegrenzte, unbestrittene Entscheidungsfreiheit.

Es ist Zeit aufzuwachen. Es ist Zeit, dass wir uns daran erinnern, wie wir unsere Entscheidungen umsetzen können. Wir sollten nicht länger den Kopf in den Sand stecken, sondern erkennen, dass die Dinge in unserem Leben nicht zufällig geschehen. Wir sollten jetzt aufhören, mit unserer längst überholten Standardprogrammierung Dinge zu erschaffen. Wir sollten uns an das Wissen unserer Vorväter erinnern, zu dem wir Zugang hatten, lange bevor es die Geschichtsschreibung gab; ein Wissen, das uns erlaubte, unsere Sehnsüchte allein durch die pure Absicht zu erfüllen. Es wird höchste Zeit.

Sie verdienen es alle. Sie verdienen es, all Ihre Wünsche zu verwirklichen. Sie brauchen es nur zu wollen und zu *spüren*, und Sie werden ein ganz neues Leben in freudiger Erfüllung beginnen. Nicht nur vielleicht, sondern *ganz bestimmt*! Das garantiert Ihnen das Universum.

2

Die Schöpferkraft unserer Gefühle

Der Schöpfungsprozess ist überall der gleiche, ob es sich um die Milchstraße handelt oder eine Designer-Jeans. Denk dir etwas aus, das du mit der entsprechenden Emotion auflädst, was wiederum die entsprechende Schwingung freisetzt – und schon ist es unterwegs zu dir.

Wir können noch so viele positive Gedanken hegen oder die Güte in Person sein, von morgens bis abends beten, visualisieren und meditieren oder auch mit dem Kopf gegen die Wand rennen in dem fieberhaften Versuch, unsere Lebensträume zu verwirklichen. Nichts davon wird etwas bewirken, solange wir nicht unsere magischen Schwingungen einsetzen, die unsere Träume durch unseren unfehlbaren Genius – nämlich Gefühl – Realität werden lassen.

Nur zwei Arten von Gefühlen

Wir können jedes Buch nehmen, was jemals zum Thema Emotionen erschienen ist, alles, was jemals über die dunklen Freudschen Geheimnisse des Geistes gelehrt wurde, jede Therapiegruppe, die uns unserem inneren Kind näher bringen soll. Das und alles andere, was uns helfen soll, diese Dämonen, die wir Gefühle nennen, zu befreien, all diese ausgeklügelten Methoden lassen sich auf ein einfaches Heilmittel reduzieren, das uns ein Leben in Fülle und Zufriedenheit verschafft:

Lernen Sie eine gutes Gefühl von einem schlechten Gefühl zu unterscheiden.

Das ist alles. Wenn Sie das beherrschen, haben Sie es geschafft. Dann können Sie alles erreichen, was Ihr Herz begehrt.

Darin liegt das Geheimnis, das uns zu selbstbestimmten anstatt fremdbestimmten Schöpfern macht. Das ist die Kraft, mit der wir unser Wunschdenken in Tatsachen verwandeln können: die einfache Kunst, eine angenehme Empfindung von einer unangenehmen zu unterscheiden. Ende der Lektion.

Keine Sorge, diese Art von »Gefühlsarbeit« hat nichts damit zu tun, den Müll aus der Vergangenheit wieder auszugraben oder sich mit dem Schreckgespenst, das in den dunkelsten Ecken Ihres Gefühlslebens herumgeistert, auseinander zu setzen. Es geht nur um unsere ganz alltäglichen Empfindungen. Wenn wir lernen, die guten von den weniger guten zu unterscheiden, haben wir schon viel gewonnen.

Es geht ums Eingemachte. Und genau das macht das »Glück« im Leben aus. Es sorgt dafür, dass wir großartige Umsätze machen, uns das Haus am Meer schaffen können, gesund werden, uns spirituell erfüllt fühlen und ein fettes Bankkonto haben! Wir brauchen nur herauszufinden, wann wir uns blendend fühlen und wann wir wieder eins von diesen altbekannten Tiefs haben; dann kann das Wunder geschehen.

Scherben verschluckt?

Gefühle, diese mächtigen Kräfte, die uns so ungeheure Angst einjagen, wenn sie negativ sind, sind nichts anderes als elektromagnetisch aufgeladene Energien, die durch unseren Körper rasen. Ausgelöst werden sie durch unsere Gedanken. Der einzige Grund, warum wir krampfhaft versuchen, sie zu vermeiden, liegt darin, dass diese negativen Gefühle sich nicht gerade angenehm äußern. Sie schlagen uns aufs Gemüt. Also vergraben wir sie tief in unserem Inneren, um sie aus dem Weg zu schaffen. Dort machen sie jedoch – offen gesagt – unseren energetischen Schwingungen ganz schön die Hölle heiß.

Betrachten wir zunächst die Gefühle, die wir nicht verbannen, die uns also bewusst sind. Da gibt es die alltägliche Gewohnheit des Sich-schlecht-Fühlens. Das kann alles heißen – vom Leerlauf (einfach nur so dahinleben, was der Normalzustand ist) über ein leichtes Tief bis hin zum ausgewachsenen Frust.

Wir fühlen uns *schlecht*, wenn wir irgendwelchen Gedanken nachhängen, die nichts mit Freude zu tun haben, wie etwa ein schlechtes Gewissen, Einsamkeit, Ärger, Neid, Sorgen, Zweifel, Stress, Enttäuschung oder einfach nur leichte Beunruhigung. All diesen Gedanken liegt Angst zugrunde, die eine extrem niedrige Schwingung aussendet; deshalb tun sie uns auch nicht gut. Sie stehen im direkten Gegensatz zu unserem natürlichen Zustand der hohen Schwingungen.

Wir fühlen uns dagegen *gut*, wenn wir an etwas Erfreuliches denken, wie etwa Anerkennung, Freude, Spaß, Heiterkeit, Enthusiasmus, Verehrung, Bewunderung, Dankbarkeit, Liebe, an all die Dinge also, bei denen es uns warm ums Herz wird. Denn diese Gedanken senden hohe Schwingungen aus, was zweifellos unserem natürlichen Zustand *entspricht*.

Keiner kann Scherben hinunterschlucken und sich dabei auch noch wohl fühlen, obwohl wir die ganze Zeit nichts anderes machen, wenn wir unsere düsteren Gedanken und Empfindungen sozusagen kultivieren. Wir baden buchstäblich in dieser unbewussten negativen Energie (die sowohl von unseren eigenen Gedanken als auch von denen der anderen ausgeht) – was in totalem Widerspruch zu unserem natürlichen Zustand der Freude steht –, weshalb wir nur so selten in Hochstimmung sind. Das geht auch gar nicht. Zumindest so lange nicht, wie wir noch in diesen niedrigen Schwingungen, die uns vollkommen normal vorkommen, herumsumpfen.

So entsteht ein Teufelskreis: Unsere bewussten wie auch unsere Alltagsgefühle, die uns ganz normal vorkommen, senden unnatürliche negative Energiewellen durch unseren ganzen Körper. Dadurch fühlen wir uns down, leer, vollkommen gleichgültig, als ob wir einfach nur so dahinvegetieren. Alle diese Gefühle sind jedoch mit mehr oder minder niedrigen Schwingungen verbunden. Da wir natürlich auch nichts anderes ausstrahlen können, ziehen wir wiederum nur mittelmäßige, niedrig schwingende Ereignisse an. Dadurch fühlen wir uns deprimiert – was noch mehr niedrige Schwingungen produziert – was dann noch mehr Situationen von dieser Sorte anzieht – wodurch wir schließlich noch unglücklicher werden. So drehen wir uns unablässig im Kreis.

Pats ewiges Lächeln

An einem meiner Wochenendseminare über das Gesetz der Anziehung nahm vor ein paar Jahren eine sehr gutaussehende Frau so um die fünfunddreißig (ich werde sie Pat nennen) teil. Sie konnte einfach nicht aufhören, nett zu sein. Die reinste Unschuld vom Lande.

Sie machte mir Komplimente wegen meiner Kleidung (ich trage ein Sweatshirt und Jeans mit Löchern in diesen Seminaren). Sie überhäufte den Koch mit Aufmerksamkeiten. Sie lobte die anderen Teilnehmer überschwänglich für die Aufrichtigkeit, mit der sie über ihre vergangenen Probleme sprachen und sie in Beziehung zu ihren derzeitigen ernüchternden Gefühlen setzten. Sie war dermaßen fröhlich und freundlich, dass sie mir allmählich gewaltig auf die Nerven ging.

Nachdem der erste Abend um war und wir unser Abendessen beendet hatten, verließ Pat das Esszimmer. Danach stolperte sie direkt über einen großen Aschenbecher, der draußen neben der Tür stand, und fiel der Länge nach in den Matsch. Vollkommen fröhlich, als ob nichts passiert wäre, stand sie wieder auf. Irgendetwas stimmte hier ganz und gar nicht.

Am nächsten Tag war Pat wieder die Gleiche: jede Menge Komplimente, Lob, ein ständiges Lächeln und noch mehr Unfälle. Sie stolperte über einen Stuhl im Esszimmer, wobei der Inhalt ihrer Kaffeetasse im Teller eines Teilnehmers landete. Sie verschluckte sich an einem Bonbon, während jemand seine schmerzliche Geschichte erzählte, so dass ihr jemand heftig auf den Rücken klopfen musste. Dem kräftigen Mann gegenüber, der ihr sozusagen das Leben gerettet hatte, überschlug sie sich fast vor Dankbarkeit. Pats Thema war nicht, dass sie ständig auf einen Unglücksfall wartete, sie war selbst eine Art »wandelnder Unglücksfall«.

Nachdem die Teilnehmer anfingen, sie auszufragen, kam schließlich ihre Geschichte zu Tage. Sie stammte aus einer zutiefst religiösen Familie, in der nichts anderes als »gut sein« galt. Über die Einhaltung dieses strengen Lebensstils wachte ihr Vater, der gleichzeitig Pfarrer war, noch dazu in der dritten Generation! Pat hatte das Muster »Sei immer gütig zu anderen, egal wie du dich fühlst« dermaßen verinnerlicht, dass sie felsenfest davon überzeugt war, es müsse so sein. Das wäre auch durchaus plausibel gewesen, hätten sich hinter ihrem Lächeln nicht immer starke Gefühle der Feindseligkeit verborgen.

»Ich hasste es, mich immer so korrekt und einschmeichelnd verhalten zu müssen, besonders Älteren gegenüber«, erzählte sie ganz ruhig in einer Sitzung. »Den Erwachsenen Komplimente zu machen war grauenhaft für mich, aber ich musste es tun. Und zwar ständig.«

So erklärte sich also das Chaos in Pats Leben. Trotz ihres Universitätsabschlusses hatte ihr noch kein Arbeitgeber je die Chance geboten, über die Einstiegsposition hinauszukommen. Sie war bereits dreimal geschieden und hatte genügend Unfälle gebaut, um bei ihrer Kfz-Versicherung den höchsten Prämiensatz zu bezahlen. Ihr Leben spielte sich zwischen Extremen ab, trotzdem konnten die meisten von uns einiges davon nachvollziehen. Mit ihrem Einverständnis fingen wir an, einen Zusammenhang zwischen ihrem Leben und ihren Gefühlen zu suchen.

Die Einsichten waren erstaunlich. Schon bald konnten alle erkennen, wie Pats lang gehegte, aber verdrängte Gefühle der Verwirrung, Feindseligkeit und Minderwertigkeit dazu führten, dass sie mit jedem Kompliment oder Lächeln zugleich niedrige Schwingungen aussendete. Auch sie selbst begriff es sofort. Sie erkannte den direkten Zusammenhang zwischen dem, was sie ausstrahlte, und dem, was sie dadurch wie ein Magnet wiederum in ihr Leben zog. »Mist raus, Mist zurück«, sagte jemand. Es war ihr vollkommen klar.

Pat blieb in Kontakt mit mir und erzählte mir von einer aufregenden Wandlung in ihrem Leben und von mehr Fülle, als sie sich je hätte träumen lassen. Sie hörte auf, es jedem außer sich selbst recht machen zu wollen, und wagte sich sogar mit gelegentlicher Kritik hervor. Jetzt lächelte sie nur noch, wenn ihr wirklich danach zumute war, und verteilte nur noch aufrichtig gemeinte Komplimente.

Heute ist Pat Leiterin eines eigenen Heims für Suchtkranke. Sie lebt seit zwei Jahren mit ein und demselben Partner zusammen und hat nicht einmal mehr den kleinsten Blechschaden verursacht.

Was wir aussenden, kommt zu uns zurück. Pat hat schwer daran gearbeitet, ihre negative Ausstrahlung zu verändern. Negative Gefühle werden zwar nie ganz verschwinden (das gilt für uns alle), aber die Dankbarkeit und Wertschätzung (im Gegensatz zu Aussichtslosigkeit und Frustration), die Pat heute empfindet, haben ihr Leben entscheidend verwandelt.

Die Gefühle, die wir aussenden, liefern uns genau ihre Entsprechungen. So einfach ist das.

Was Gefühle ausmacht

Die meisten von uns haben die verrückte Vorstellung, dass wir ganz zufällig in dieser Welt gelandet sind. Wohl kaum. Wir haben alle einen Partner mitgebracht, einen außerordentlich liebevollen, einzigartigen Begleiter, der über uns wacht, den wir im Großen und Ganzen aber einfach ignorieren. Sie können es nennen, wie Sie wollen: Innerstes Wesen, Erweitertes Selbst, Göttliches Selbst, Höheres Selbst (dieser Ausdruck gefällt mir überhaupt nicht, ist aber wohl der geläufigste – also lassen wir es dabei) oder von mir aus auch Mickymaus. Jedenfalls ist diese höhere Macht ein Teil von uns, der unabdingbar zur physischen Existenz gehört. Ohne diese Macht können wir gar nicht existieren, denn sie ist die Quelle, die uns am Leben erhält. Sie ist die reine positive Energie von Allem-Was-Ist, von dem wir Menschen ein Teil sind; die reine positive Energie des Lebens, die wir alle in uns tragen und damit letztlich sind.

Haben Sie niemals das Gefühl gehabt, dass es einen versteckten Teil in Ihnen gibt, der alles weiß, sich jedoch nicht bemerkbar macht? Er existiert. Es ist dieser umfassendere, größere, ältere, weisere Teil, der uns alle umschließt und mit uns auf die einzige ihm mögliche Art kommuniziert – nämlich durch die Gefühle!

Dieser umfassendere Teil unseres Selbst, mit dem wir hierher gekommen sind, schwingt nur an einem Ort, der sich für uns wie das Nirwana anfühlen würde, *gaaaanz* oben auf der Frequenzskala. Tatsächlich könnte dieser Teil in uns eine Schwingung des Mangels oder der Anspannung gar nicht erkennen, selbst wenn er sozusagen darüber stolpern würde. Wenn *wir* jedoch so schnell schwingen würden, könnten wir nicht auf der physischen Ebene bleiben. Also versuchen wir, so nah wie möglich an diese hohen Schwingungen heranzukommen, und zwar mit Gefühlen wie Heiterkeit, Begeisterung, Dankbarkeit und Freude, all diese erlesenen Empfindungen also, die gleichgesetzt werden mit Glück und Zufriedenheit. Deshalb fühlt es sich auch so gut an, sich gut zu fühlen. *Diese Schwingungen sind nämlich näher an Ihrem wahren Selbst.* Sie und Ihr nichtphysisches Selbst schwingen dann auf einer ähnlichen Wellenlänge, sie sind sozusagen angeschlossen an diese wundervolle hohe Frequenz und damit an alles, was sie zu bieten hat.

Wenn es uns gut geht, schwingen wir schneller, wie es ja unserem ursprünglichen Wesen entspricht. Dann kreisen keine niedrig schwingenden, angstbesetzten Gefühle in unserem Körper, die uns im Grunde sehr fremd sind. Wir bewegen uns auf einer Ebene, die uns Antworten und Führung gewährt, weil wir schwingungsmäßig Hand in Hand mit unserem wahren Selbst durchs Leben gehen.

Wenn wir jedoch sorgenvolle, angstbesetzte Schwingungen aussenden, die uns alles andere als glücklich machen, haben wir uns von diesem unsichtbaren Partner abgekoppelt. Dann scheint alles verkehrt zu laufen, und so fühlt es sich auch an. Wie wenn man einem Kind einen wunderschönen Plüsch-Teddybär schenkt, ihn ihm dann aber wieder wegnimmt. Das Kind wird sicherlich nicht gerade beglückt darüber sein, von dem getrennt zu werden, was ihm die größte Freude macht.

Wenn wir uns gut fühlen, schwingen wir näher an den höheren Frequenzen unseres Höheren Selbst und wir sind mit ihm verbunden. Wenn es uns schlecht geht, wenn wir uns down fühlen oder *leer*, haben wir uns von ihm getrennt und schwingen in diesen fremdartigen, niedrigen Frequenzen, die negative Energie durch unseren Körper fließen lassen. Mit anderen Worten, wenn wir keine Freude empfinden, fühlen wir *immer* etwas Negatives. Gerade so, als ob wir Scherben verschluckt hätten.

Die gute Nachricht ist, dass wir unsere Gedanken nicht andauernd überwachen müssen, um unser Leben wieder positiv auszurichten. Oh je, dann würden wir ja verrückt! Wir müssen lediglich bewusst registrieren, wie wir uns fühlen: gut oder schlecht, fröhlich oder frustriert.

Das gute Gefühl im Bauch

Ein etwas extremes, aber lustiges Beispiel dafür, wie man sich mit seinen Gefühlen verbinden kann, kam von einer Sängerin. Ich habe ihren Namen vergessen und weiß nur noch, dass sie aussah, als ob sie schon einiges hinter sich hätte.

Wir wollten ein paar Lieder aufnehmen, die ein Bekannter von mir für ein pädagogisches Lehrprogramm, das meine Firma produzieren wollte, geschrieben hatte. Ich war noch nie in einem richtigen Aufnahmestudio gewesen, also fand ich alles total neu und aufregend.

Unser Arrangeur hatte vorgeschlagen, ein paar Background-sängerinnen für ein bestimmtes Musikstück zu organisieren. Da ich keine Ahnung hatte, wovon er sprach, erklärte er mir, dass es dabei um Sängerinnen ging, die im Hintergrund mitsangen und das Stück mitgestalteten. So würde jedes beliebige Musikstück harmonischer, voller und professioneller klingen.

Erstaunlich! Wie konnte denn eine Gruppe von Sängern – die nicht einmal das Stück kannten und schon gar nicht das Pro-gramm – gemeinsam eine Melodie produzieren, die genau zum Thema des Songs passte? Ich war sehr gespannt.

Als die kleine Truppe aus drei Sängerinnen ankam, hatte ich so meine Bedenken. Sie waren zu schnell. Sie schauten sich das Musikstück alle an, sprachen ein wenig darüber, nickten sich zu und sagten dann: »Okay, Sam, wir sind so weit.«

Wie bitte? So schnell? Ohne Vorbereitung? Kein Wort zum Arrangeur? Und ohne auch nur ein Wort mit mir, der Chefin, zu reden?

Das Vorspiel begann, die Solistin stand am Mikro, dahinter die Sängerinnen mit ihren eigenen Mikros und diesem ganz gewissen Selbstbewusstsein.

Nachdem unsere Solistin ihren ersten Part gesungen hatte, übernahm sofort eine der Hintergrundsängerinnen die nächste Strophe. Wir waren völlig überrascht, aber es klang unverschämt gut. Dann summten alle drei zusammen, sangen Aaaah, Ooooh, Mmmm und gaben den Songtext in vollkommener Harmonie mit der Solistin wieder.

Ich war sprachlos. Unser Arrangeur grinste. Unser Freund, der den Text geschrieben hatte, bekam den Mund gar nicht mehr zu. Unsere Solistin war begeistert. Die beiden Techniker in ihrer Kabine schüttelten die Köpfe vor lauter freudiger Verwunderung. Die eine Sängerin, die mir anfangs ziemlich alt vorgekommen war, sah jetzt zwanzig Jahre jünger aus. Eine einzige Probe – und das war's! Nur eine Probe! Unglaublich! Fantastisch!

Beim Abschied fragte ich die ältere Sängerin, die offensichtlich das Sagen hatte, wie sie das denn gemacht hätten. Wie konnten sie wissen, wann sie einsetzen sollten, ohne die Musik zu kennen, und dabei etwas noch Besseres produzieren, als wir uns erhofft hatten? Und das alles mit einer einzigen Aufnahme?

»Ach, das ist keine große Sache, meine Liebe«, sagte sie mit ihrer tiefen Stimme. »Wir machen das schon so lange, wir wissen einfach, welche Oooohhhs wohin gehören. Und die Harmonien sind für uns kein Problem. Das einzige, was zum Problem werden kann, ist mein Bauch.«

»Wie bitte?«

»Na ja, wenn alles zusammenpasst, fühle ich mich wie im siebten Himmel. Ich habe das Gefühl im Bauch, als ob ich Achterbahn fahre. Wenn dieses Gefühl aber nicht da ist, können wir hundert Aufnahmen machen, und keine einzige davon wird wirklich gut sein, auch wenn sie der Produzent ganz in Ordnung findet. Dann wird's einfach nichts. Die Freude muss richtig spürbar sein, das ist alles; die Begeisterung muss aus dem Bauch kommen. Dann weiß ich, dass wir richtig liegen. In diesem Fall passierte das gleich beim ersten Mal, und da wusste ich, dass wir's geschafft hatten. Alle anderen auch. Es war die reinste Freude, die ich in jeder Zelle meines Körpers spüren konnte. Das geht mir immer so. Wissen Sie, was ich meine?«

Nein, ich hatte keinen blassen Schimmer davon, was sie meinte. Erst jetzt weiß ich es. Und diese vor kurzem noch so verhärmte Frau, hatte ebenfalls keine Ahnung davon, dass sie soeben die Umwandlung von niedrigen in höhere Schwingungen am eigenen Leib erfahren hatte. Sie hatte es auch nicht absichtlich getan, was wir später noch lernen werden. Sie wusste nur, dass etwas ganz Besonderes in ihr geschah, als die Gruppe zusammen sang, und mit Recht bezeichnete sie diese Empfindung als »reine Freude«.

Zugegeben, die Wahrnehmung guter und schlechter Gefühle, über die ich bisher gesprochen habe, läuft wohl zumeist weitaus subtiler ab, als es bei dieser Sängerin der Fall war. Außerdem werden wir noch lernen, Freude willentlich hervorzurufen und nicht nur dadurch zu erleben, dass sich – wie bei ihr – im Außen alles stimmig anfühlt.

Die ursprüngliche Absicht, die Goldgrube unserer Wünsche

Es mag egoistisch klingen, aber wir sind nur aus einem einzigen Grund in diese gesegnete Welt hineingeboren worden: damit wir lernen, uns die meiste Zeit über gut zu fühlen, und nicht nur ab und zu.

Diese Absicht – sich gut zu fühlen – ist in jedem von uns angelegt, und wenn wir uns wirklich damit auseinander setzen, entdecken wir eine innere Goldgrube, die uns zum Glück führt. Ich will Ihnen erklären, warum:

Wenn wir uns wegen irgendetwas gut fühlen, bedeutet das, dass wir in Einklang mit unserer ursprünglichen Absicht sind – nämlich zufrieden und glücklich zu sein und höher zu schwingen. Wir verwirklichen das, wonach wir uns schon immer oder auch erst seit kurzem gesehnt haben. Jedenfalls sind wir glücklich, wenn es sich erfüllt. Wir versuchen das zu erlangen, was unser Leben bereichert. Das, wodurch wir uns besser fühlen, wodurch sich unsere Schwingungen erhöhen, wodurch wir uns unserem natürlichen Zustand nähern. Und genau das ist die eigentliche Herausforderung unseres Lebens hier auf dieser Erde.

Hierin liegt also der Schlüssel: Die Ursprüngliche Absicht schlägt sich immer als Wunsch nieder. Als Wunsch nach irgendetwas, was die Begeisterung in uns entflammt, ob das nun ein roter Ferrari ist oder die Sehnsucht, in Harmonie mit allem und jedem zu leben. Es kann auch einfach der Wunsch nach einer sauberen Garage sein, der Wunsch, tanzen zu lernen oder einen altmodischen Haushaltswarenladen zu besitzen. Oder ein lang gehegter Wunsch nach einem Haus am Meer oder einem Klavier. Auf jeden Fall ein Wunsch, also etwas, das wir haben möchten.

Je nachdem, um welche Art Wünsche es geht, geraten wir damit jedoch leicht in Schwierigkeiten, weil die Gesellschaft uns als egoistisch abstempelt, wenn wir es wagen, sie zu verwirklichen. Wenn wir dennoch unserem inneren Drang folgen – der uns glücklich macht, weil wir einfach daran glauben –, sind wir in Einklang mit unserer Ursprünglichen Absicht. Denn dann ist unsere menschliche Erfahrung auf dieser Erde mit Freude verbunden, mit Schwingungen der Heiterkeit und nicht des Kampfes. Das kann man wohl kaum egoistisch nennen.

Aber der gesellschaftliche Druck ist unerbittlich, was allzu oft dazu führt, dass wir uns dem »Sollte« unterwerfen, uns von unseren glückverprechenden Wünschen abwenden und die Gegenrichtung anpeilen. Dann sind wir auf der falschen Fährte, wie leider die meisten von uns den Großteil ihres Lebens. Wir haben uns von der Ursprünglichen Absicht abbringen lassen, weil wir uns auf die niedrigen Schwingungen der angstbesetzten gesellschaftlichen Regeln eingelassen haben. Durch diese Schwingungen fühlen wir uns vielleicht nicht unbedingt mies, aber wir sprudeln sicherlich nicht über vor Elan. Das könnten wir auch gar nicht, denn die eine Schwingung zieht uns herunter (das soziale Bewusstsein), die andere gibt uns Auftrieb (die Ursprüngliche Absicht). Sie werden sich nie vermischen.

Wenn wir auf dieser falschen Fährte bleiben, uns unserer Freude gegenüber verschließen, um jeden Preis altruistisch sein wollen und unsere ursprüngliche Absicht aus den Augen verlieren, schwimmen wir mit dem Strom. Und der folgt dem verhassten, niedrig schwingenden »Sollte« anstatt der hoch schwingenden Freude. Kein Wunder, dass bei diesem anhaltenden niedrigen Energiefluss die Stimmung auf unserem Planeten alles andere als rosig ist.

Alarmsignale

Kommen wir noch mal auf den Wunsch nach einem neuen Auto zurück. Nehmen wir an, Ihr jetziges Auto ist in gutem Zustand, Sie brauchen also nicht unbedingt ein neues, wünschen es sich aber sehr. Eigentlich hegen Sie schon seit ewigen Zeiten den Wunsch nach einem kleinen roten Flitzer mit Sportfelgen. (Sollten Sie in Alaska wohnen und die Farbe Rot nicht ausstehen können, spielen Sie gedanklich trotzdem einfach mit.)

Wo bleibt denn nun dieser Wagen? Sie haben diese Sehnsucht doch schon so lange. Sie gingen jahrein, jahraus damit schwanger, er steht aber immer noch nicht vor Ihrer Haustür. Warum wohl nicht?

Eines Tages düsen Sie über die Autobahn, und vor Ihnen taucht plötzlich Ihr Traumauto auf. Sie stöhnen vor Neid, weil Sie daran denken, dass Sie sich so was nicht leisten können. Die Sehnsucht packt Sie. Sie betrachten das Auto mit großem Verlangen und schütteln enttäuscht den Kopf, als ob Sie sagen wollten: »Mensch, das wäre fantastisch, aber es wird sowieso nie was.« Anstatt in helle Begeisterung auszubrechen über Ihr Traumauto, sind Sie frustriert und denken automatisch: »Verdammt, vergiss es einfach.«

Genau deshalb steht es nicht vor Ihrer Haustür.

Sie richten Ihre ganze Aufmerksamkeit auf den *Mangel*, also darauf, dass Sie das Auto eben nicht besitzen, anstatt auf die Freude, es zu bekommen. Sie senden eine solche Ladung negativer Schwingungen aus, dass Ihr Höheres Selbst ein Alarmsignal hochhält und ruft: »He, Freundchen, du sitzt in der Falle, weil du dich auf das konzentrierst, was du nicht hast. Denk ruhig weiter so, und du kriegst noch mehr von dem Zustand ›Ohne Auto‹. Wenn du es wirklich haben willst, freu dich drauf und schau, was dann passiert.«

Sie haben gerade ein Alarmsignal in Form eines traurigen Gefühls, genannt negative Emotion, wahrgenommen. Es will Sie davor warnen, sich gerade auf das zu konzentrieren, was Sie nicht haben wollen – nämlich *den Mangel* in Bezug auf dieses Auto –, nur weil Sie meinen, dass Sie es sich nicht leisten können.

Dieses entmutigende Gefühl ist ein Alarmsignal. Ein Hinweis darauf, dass die Energie, die Sie gerade aussenden (durch Ihre Gefühle und Gedanken), Ihr geliebtes Auto sicherlich nicht anziehen wird. Sie brauchen also nur das, was Sie in Bezug auf das Auto denken und fühlen – nämlich Ihre Art zu wünschen –, zu verändern, und schon haben Sie es.

Wir strahlen die Energie deprimierender Gefühle tagtäglich aus, und genau deshalb sind auch so wenige von unseren eigentlichen Wünschen Wirklichkeit geworden. Wir betrachten das, was wir gern hätten (ob wir nun einen teuren roten Schlitten oder die Quantenphysik verstehen wollen) von einer Position des Mangels aus. Wir sehen also nur, dass wir es nicht haben, und sind uns auch nicht sicher, ob wir es je bekommen werden. Damit sind unsere Gefühle und unsere Aufmerksamkeit jedoch genau auf das gerichtet, was wir eben *nicht haben*. Damit ziehen wir dann auch nichts anderes an – nur noch mehr vom Zustand des Nicht-Habens. Das physikalische Gesetz bleibt immer das gleiche: Wir bekommen das, worauf wir uns konzentrieren.

Mit unserer Sehnsucht, unserem Wunschdenken, Verlangen und sogar Hoffen auf etwas konzentrieren wir uns nicht wirklich auf das, was wir haben möchten. Das alles sind nur negative Gedanken, die auf einem Gefühl der Entmutigung und des Mangels gründen. Das hängt mit unserer pessimistischen Überzeugung zusammen, dass wir doch nie das bekommen werden, was wir uns wünschen. Wenn wir diese Art von Energie aussenden, kann es auch gar nicht anders sein.

Wir bekommen genau das, worauf wir uns konzentrieren; richten wir unsere Aufmerksamkeit auf den Mangel, bleibt er garantiert bestehen. Denn was uns das Universum liefert, entspricht genau dem, was wir gewohnheitsmäßig aussenden.

Kurz gesagt: Wenn wir uns bei irgendetwas nicht gut fühlen, senden wir Schwingungen negativer Gefühle aus, ein Alarmsignal, das uns warnen sollte.

Wenn wir z. B. beim Anblick des roten Flitzers kein Hochgefühl bekommen, keine Gänsehaut, keinen Rausch, kein Kribbeln im Bauch, keine Aufregung, kein bisschen Freude in *irgendeiner* Form spüren, dann fühlen wir genau das Gegenteil und strahlen es auch aus: negative Schwingungen aus Frust über das nichtvorhandene Auto.

Wenn wir uns auf den Mangel konzentrieren, werden wir niemals das Gegenteil anziehen. Um das in unser Leben einzuladen, was wir uns wünschen, müssen wir unseren Fokus verändern. Das verändert unsere Gefühle, die wiederum unsere Schwingungen verändern.

Das Traumauto wird Wirklichkeit

Okay, wir wollen diesem Schlamassel jetzt ein Ende setzten, damit Sie Ihr rotes Auto endlich bekommen. Zurück zu unserer ursprünglichen Formel:

1. Sie stellen fest, was Sie NICHT wollen. (Sie möchten nicht mehr ohne das rote Auto leben.)
2. Sie stellen fest, was Sie WIRKLICH wollen. (Das ist einfach.)
3. Sie fühlen sich in diesen Wunsch richtig hinein. (An dem Punkt sind wir jetzt.)
4. Sie öffnen sich dafür, sind aufmerksam und lassen es geschehen.

Anstatt jedes Mal vor Sehnsucht zu vergehen, wenn Sie den Wagen sehen oder daran denken – wobei Sie sich sowieso nur mies fühlen –, fangen Sie damit an, dieses Prachtstück zu bewundern. Bewundern Sie seine Form, die Reifen, die Innenausstattung, die Geschwindigkeit und freuen Sie sich über seinen Reiz. Dann werden Sie sich bestimmt gleich wesentlich besser fühlen und viel höher und schneller schwingen, als wenn Sie sich nur auf den Mangel konzentrieren. Es sind nur die hohen Schwingungen, die Ihnen etwas einbringen, nicht die niedrigen.

Machen wir weiter.

Während Sie ganz eintauchen in das Gefühl des Stolzes über Ihre Neuerwerbung, sich von den neuen Gerüchen des Autos umschmeicheln lassen, den spiegelglatten Lack bewundern, die sagenhafte Stereoanlage ausprobieren, laden sich Ihre Schwingungen magnetisch auf und werden vollkommen positiv. Dadurch senden Sie wiederum ein starkes Signal aus, das den Weg dafür frei macht, dass sich Ihr Wunsch in Ihrem Leben manifestieren kann.

Diese äußerst hohen Schwingungen, die Sie jetzt aussenden, machen Sie zu einem regelrechten wandelnden, hoch schwingenden Magneten, und Ihre guten Gefühle lassen Sie entsprechende Signale ausstrahlen. Ihre Gefühle stimmen vollkommen überein mit Ihrer Ursprünglichen Absicht, Freude zu erleben. Dadurch hören Sie auf, das anzuziehen, was Sie *nicht* wollen, und öffnen sich für das, was Sie *eigentlich* wollen. (Machen Sie sich keine Sorgen darüber, wie Sie das Geld aufbringen werden, das ist nicht Ihre Angelegenheit.) Sobald Sie sich nicht mehr auf die Tatsache konzentrieren, dass der kleine rote Flitzer eben nicht vor Ihrem Haus steht, ist er bereits unterwegs zu Ihnen.

Negative Gefühle, hinter denen Gedanken wie »Ich habe es nicht«, »Ich kann es nicht haben« oder »Ich werde es nie bekommen« stecken, sind einfach nicht im Einklang mit Ihrer Ursprünglichen Absicht. (Genauso wenig wie die »Sollte«-Motivation.) Es ist ganz einfach: Wenn Sie trübsinnige Gefühle aussenden, ziehen Sie trübsinnige Umstände an.

Wenn Sie die Begeisterung über Ihr Traumauto in Gedanken jedoch zulassen und davon überzeugt sind, dass sich die Dinge jetzt wandeln werden – *auch wenn Sie momentan nur das Gegenteil in Ihrem Leben wahrnehmen* –, werden diese positiven Gedanken schließlich Ihre Wünsche anziehen. Sie müssen es, denn so funktioniert das physikalische Gesetz des Universums.

Wohlgemerkt, es sind die *Gefüüüühle*, nicht allein die Gedanken, die etwas bewirken. Gefühle bestimmen die magnetische Anziehungskraft, die wir ausstrahlen. Die Gefühle, die Gefühle, die Gefühle … die von unseren Gedanken herrühren!

Die guten alten Massenmedien

Vor einigen Tagen sah ich mir die lokalen Nachrichten im Fernsehen an, während ich das Abendessen vorbereitete, und musste mich dabei fast übergeben, noch bevor ich überhaupt einen Bissen heruntergebracht hatte.

Zunächst wurde über eine unheimliche Grippewelle berichtet. Da es sich um einen sehr exotischen Virus handelte, bestanden

Zweifel, ob man ihn überhaupt in irgendeiner Form bekämpfen könne.

Originalton: »Aus dieser 2400 km entfernt liegenden Stadt wurde berichtet, dass bereits drei von fünf Einwohnern an diesem unkontrollierbaren Virus ernsthaft erkrankt sind.«

Fantastisch! Vier von fünf Zuschauern, die diese Nachrichten gehört haben, werden jetzt vermutlich all ihre Ängste und Gefühle des Mangels ganz auf diesen winzigen Virus projizieren. Das wird mit Sicherheit dafür sorgen, dass er sich noch mehr ausbreitet und erst recht jeden erwischt, der die entsprechend angstbesetzten Schwingungen ausstrahlt. Was ohne diesen Fernsehbericht vielleicht nur einen Schnupfen bei ein paar Bewohnern ausgelöst hätte, artet jetzt in ein Chaos aus.

Das war aber nur der erste Teil der Hiobsbotschaften via Fernseher. Beim nächsten Bericht (er ist leider wahr) ging es um eine weitere Nahrungsmittelvergiftung durch Hamburger, die sich außerhalb der Stadt ereignet hatte. Man machte sich große Sorgen um die betroffenen Kinder, die sofort ins Krankenhaus gebracht werden mussten, da beim letzten Mal einige daran gestorben waren.

Hervorragend! Bei Tausenden von Eltern blinkt jetzt das Alarmsignal und sie senden angstbesetzte, negative Schwingungen aus, die das arme kleine Bakterium und all die traurigen Umstände, die damit zusammenhängen, betreffen. Genau das, was alle vermeiden wollten, wird plötzlich zur harten Wirklichkeit. Und so geschah es auch. Ein halbes Dutzend Todesfälle innerhalb eines Monats wurden diesem Bakterium zugeschrieben.)

Mittlerweile ärgerte ich mich richtig über diese Nachrichten und merkte, dass ich überhaupt keine Freude mehr empfand. Ich schrie also: »Okay, okay, Erweitertes Selbst, ich höre dich; das hier tut mir überhaupt nicht gut. Ich schalte den blöden Kasten einfach ab.« Den letzten Bericht musste ich mir aber noch anhören: Es ging um eine ältere Frau, die vergewaltigt und ermordet worden war. Inzwischen raste ich vor Wut und fühlte mich hundsmiserabel. Ich fragte mich, wie vielen älteren Frauen wohl noch dasselbe passieren würde, weil sie sich ganz auf ihre wahnsinnige Angst vor einem solchen Überfall konzentrierten und damit genau das anzogen, was sie um jeden Preis vermeiden wollten.

Wir hören es unentwegt in den Medien: eine weitere Bombardierung, noch eine Brandstiftung, schon wieder ein neuer Virus. Unweigerlich konzentriert sich jeder auf diese schrecklichen Ereignisse, was dazu führt, dass es immer neue Katastrophen gibt.

Gab es im Jahr 1865 Waffen an den Schulen, Vergewaltigungsserien, Brandstiftung oder wurden Gebäude in die Luft gesprengt? Nein, denn es gab keine Medien, die sich darauf fixierten und so die entsprechenden Schwingungen hervorbrachten, dass diese Ereignisse massenhaft auftreten konnten. Stattdessen gab es Zeitungen und Steckbriefe von Eisenbahn- und Bankräubern, so dass es zu immer mehr Überfällen dieser Art kam.

Glauben Sie mir, das Gesetz der Anziehung war zu Zeiten von Billy the Kid genauso wirksam wie heute, denn es ist Grundlage der Schöpfung im gesamten Universum. Konzentrieren Sie sich nur eine Weile ganz intensiv auf das, was Sie nicht haben wollen (oder auch wollen), und bald wird es Ihnen direkt in den Schoß fallen.

Das Schwertransporter-Syndrom

Natürlich gibt es keine zwei Arten von Energie: eine, die uns herunterzieht, und eine andere, die uns in Hochstimmung versetzt. Es gibt aber wohl verschiedene Grade positiver und negativer Schwingungen, die unseren Gedanken anhaften. Wir nennen sie hier positive und negative Energie, obwohl es natürlich die gleiche Energie ist, nur die Schwingungen unterscheiden sich voneinander.

Wenn wir an etwas denken, senden wir über unsere Gedanken entweder positive oder negative Energie (Gefühle) aus. Die Litanei ist immer die gleiche: Wenn wir denken, fühlen wir; was wir fühlen, senden wir aus; was wir aussenden, ziehen wir an. Dann müssen wir mit dem Ergebnis leben.

Aber wie kommen diese sogenannten Ergebnisse in unserem Leben zustande? Was steckt dahinter, dass wir tatsächlich das erleben, woran wir gedacht haben?

Haben Sie sich in Ihrer Sturm- und Drangzeit mal den dummen Spaß erlaubt, ganz dicht hinter einem Schwertransporter mit 18 Reifen herzufahren? Stellen Sie sich vor, wie Sie Stoßstange an Stoßstange mit dem LKW fahren, und Sie wissen sofort, was ich meine! Sie können Ihren Fuß vom Gaspedal nehmen, sich zurücklehnen und entspannen und werden dabei durch den Sog des LKWs regelrecht mitgezogen. Ich plädiere hier keinesfalls für so ein schwachsinniges Verhalten, aber das Gesetz der Anziehung ist hier genauso wirksam.

Jedes Mal, wenn wir ernsthaft über etwas nachdenken, laufen zweierlei Dinge ab. Zuerst entsteht eine Schwingung aufgrund eines Gefühls, das von einem Gedanken ausgelöst wird (zufrieden, traurig etc.). Als Zweites werden durch die Gefühle kleine Gedankenfetzen aktiviert, die ich »Gedankenteilchen« nenne. Werden diese Gedankenfetzen von unseren Gefühlen aufgeladen, sind sie sofort darauf programmiert, das anzuziehen, was wir aussenden.

Wir denken über etwas nach, denken noch mehr darüber nach, reden darüber, grübeln am nächsten Tag weiter darüber und am übernächsten und überübernächsten Tag ebenfalls. Das führt dazu, dass sich all diese vielen Gedanken mit der gleichen Wellenlänge langsam zusammenballen und so zu einer Art Hefeteig werden. Je mehr Gedanken von dieser Sorte wir aussenden, desto mehr geht der Teig auf, bis er zu einem sich immer weiter ausbreitenden Energiefeld von beachtlicher magnetischer Kraft heranwächst. Diese Kraft ist groß genug, um starke Wirbel von positiver (beglückender) oder negativer (niederdrückender) magnetischer Energie entstehen zu lassen.

Diese Kraftzentralen mit ihrer enormen magnetischen Energie ziehen wie ein Strudel alles in ihr wirbelndes Zentrum, was auch nur im Entferntesten eine ähnliche Schwingung hat – Sie selbst mit eingeschlossen –, und lassen dann die Ereignisse über Sie hereinbrechen. Bevor Sie es überhaupt richtig merken, stecken

Sie schon mitten in einer Situation, die Sie mit Ihren Gedanken und Gefühlen selbst herbeigeführt haben. Vielleicht entspricht das Geschehen dem, worauf Sie sich konzentriert haben, vielleicht sieht es aber auch *völlig anders aus, hat jedoch die gleichen Schwingungen.* Obwohl wir auch Schwingungen ohne spezielle Gedanken aussenden, haben in unserem Beispiel doch die sich ständig wiederholenden Gedanken, die immer die gleichen Gefühle hervorriefen, diesen Magnetismus ausgelöst.

Eines sollten wir also nie vergessen: Je mehr wir an etwas denken – ob wir es uns wünschen oder nicht –, desto schneller wird es sich in unserem Leben niederschlagen. So lautet nämlich das kosmische Gesetz der Anziehung: »Gleiches zieht Gleiches an.«

Die Macht des Selbst

Wir sind in einer Gesellschaft groß geworden, die seit undenklichen Zeiten einen völligen Wirrwarr an Energien aussendet. So haben wir uns unbewusst vom Sog zahlloser Schwertransporter, deren Ziel keineswegs mit dem unsrigen übereinstimmte, mitreißen lassen.

Es geht hier nicht um die Opferrolle, sondern um das Aussenden von Energie; wir haben einfach vergessen, dass wir schon immer die Macht hatten, unser Leben nach unseren ureigensten Vorstellungen zu gestalten. Da wir aber vom Prinzip des Energieaustausches so gut wie nichts wissen, sind wir wahre Meister darin geworden, unser Leben in einer Standardprogrammierung zu verbringen.

Obwohl der Prozess des bewussten Erschaffens unglaublich einfach abläuft, fällt es uns nicht immer leicht, diese Vorstellung zu akzeptieren – dazu ist sie uns viel zu fremd. Denn die Annahme, dass wir unsere Realität allein durch unsere Gefühle erschaffen könnten – ob diese nun von Gedanken ausgelöst werden oder nicht –, erscheint uns wahrscheinlich zunächst einmal höchst verdächtig. Die Erkenntnis, dass wir über diese schöpferischen

Fähigkeiten schon immer verfügt haben und sie jederzeit für uns hätten nutzen können, kann uns am Anfang ziemlich verunsichern. Dann sind wir vielleicht – wenn auch nur für kurze Zeit – nicht bereit, diese Vorstellung zu akzeptieren.

Trotz alledem: Gesetz ist Gesetz, Magnetismus ist Magnetismus, und beide vermitteln uns, dass »Gleiches Gleiches anzieht«. Ob es sich dabei um eine Wolke, ein schwarzes Loch oder einen Menschen handelt, der sich durchs Leben kämpft: So läuft es eben.

Wir müssen uns mit diesem neuen Wissen aber nicht allein herumschlagen, da wir auch nicht allein auf diese Welt gekommen sind. Uns allen steht ein liebevoller Partner voller unendlicher Weisheit, Schönheit und Kraft zur Seite, unser Höheres Selbst, das uns durchs ganze Leben begleitet. Ein Wesen, das immer bereit ist, uns zu dienen, und dessen Führung wir so deutlich wahrnehmen können wie unsere momentane Stimmungslage, also unsere *Gefühle, Gefühle, Gefühle*, jene Juwelen, die den magischen Genius der gesamten Schöpfung ausmachen.

3

Nein, nein! Bloß das nicht!
(Erster Schritt)

Eines Tages fuhr ich die Autobahn entlang und hörte dabei meine Lieblingskassette von Neil Diamond. Ich war eigentlich ganz entspannt, als ich merkte, dass ich ein komisches Gefühl im Magen hatte. Es fühlte sich an wie ein Loch im Bauch, durch das eine recht unangenehme kühle Brise pfiff. Irgendetwas stimmte nicht, und mein getreues Höheres Selbst wollte mich ganz eindeutig auf meine Gefühle aufmerksam machen. Da mir aber nichts dazu einfiel, entschloss ich mich, es zu ignorieren.

Was für ein Fehler!

Ich ließ meinen Gedanken freien Lauf und kümmerte mich nicht weiter um das Warnsignal, das ich so deutlich spürte. Schon bald wanderten meine Gedanken zu einem Darlehensvertrag, der kurz vor dem Abschluss stand. Zu dem Zeitpunkt arbeitete ich als Kreditberaterin, vermittelte möglichst günstig Darlehen an Kunden, die Häuser kaufen oder refinanzieren wollten, und kümmerte mich um die Finanzierung und die Kredite.

Ich stand kurz vor dem Abschluss eines Darlehensvertrages für ein junges Paar, als einige unangenehme Probleme auftauchten, die ich nicht mit Sicherheit lösen konnte. Das war allein schon beunruhigend genug. Dass die beiden aber wirklich auf das Darlehen angewiesen waren, um aus ihrem bedrohlichen finanziellen Engpass herauszukommen, machte die Lage allerdings noch schlimmer. Prompt konzentriere ich mich hundertprozentig auf genau das, was ich nicht erleben wollte (nämlich, dass der Kredit ins Wasser fällt), meine negativen Gefühle sendeten permanent Alarmsignale aus – ein bisschen Furcht, ein bisschen schlechtes Gewissen, eine große Portion Trübsinn – und ich ignorierte einfach alles! Das Ergebnis dieses negativen Energieflusses wurde mir postwendend präsentiert.

Ich konnte noch etwa zwei Kilometer lang meine Lieblingsmusik hören, bevor der Kassettenrekorder endgültig den Geist aufgab. Nach vier Kilometern steckte ich plötzlich im Stau wegen einer Baustelle. Nach etwa zwanzig Minuten und einem weiteren Kilometer fuhr mir irgend so ein Penner hinten rein (er erwischte nur meine Stoßstange). Zehn Minuten später schüttete ich den Rest meines Kaffees über die Original-Darlehenspapiere. Als ich dieses Schlamassel endlich hinter mir hatte und telefonieren konnte, teilte mir der Darlehensgeber mit, dass der erhoffte Kredit abgelehnt worden war. Ich wunderte mich kaum darüber, wenn ich an meinen negativen Energiepegel dachte. Schließlich wusste ich ja genau, was passiert war, was für eine dumme Nuss ich gewesen war und was ich jetzt tun musste – und zwar schnellstens!

Was war also passiert? Wie kam es zu dieser vertrackten Kettenreaktion? Steckte nur der Zufall dahinter, eine unerfreuliche Verkettung unglücklicher Umstände? Nichts dergleichen! Es lag und liegt allein daran, dass wir alle von klein auf unsere Realität selbst erschaffen, indem wir uns auf all das konzentrieren, was wir nicht wollen. Und dann fühlen wir uns auch noch völlig hilflos, wenn es immer schlimmer wird.

Wir gehen durchs Leben mit der Einstellung, dass wir von Kräften abhängig sind, die außerhalb unserer Reichweite liegen und die wir nicht beeinflussen können. Wer will denn schon die Verantwortung dafür übernehmen, dass er einen miesen Chef hat, womöglich sogar entlassen oder ausgeraubt wurde oder sich einfach einen Schnupfen eingefangen hat? Wie viele von uns würden nicht am liebsten der Regierung, der Wirtschaft, ihrer Familie oder dem »System« die Schuld dafür in die Schuhe schieben, dass so vieles in ihrem Leben schief läuft? Klar, wir übernehmen schon die Verantwortung für einen Teil davon, nämlich für die Dinge, die wir erreichen wollten und auch erreicht haben. Aber sind wir wirklich bereit, uns für alles und jedes, was uns jemals widerfahren ist, verantwortlich zu fühlen? Wohl kaum!

Das Problem ist das Problem

Es gibt unendlich viele Menschen, die zwar heimlich leiden, Ihnen aber hoch und heilig bei ihrem neuen Toyota schwören würden, dass sie so gut wie nie negative Gedanken hegen.

Sie erzählen Ihnen, dass ihr Leben wunderbar läuft und sie ganz glücklich sind. Genau die gleichen Leute erzählen Ihnen jedoch auch, dass das Leben ungerecht und voller Widrigkeiten sei und dass wir alle eben lernen müssten, auch mal etwas einzustecken. Aber ansonsten ginge es ihnen gut, danke. Sie hätten zwar nicht alles bekommen, was sie sich wirklich gewünscht hätten, aber man müsse das Leben eben nehmen, wie es nun einmal sei. Also seien sie ganz zufrieden.

Dazu kann ich nur sagen: »Was für ein Schwachsinn!«

Wir können uns nicht glücklich fühlen, wenn wir negative Energie aussenden, egal welcher Art oder wie viel. Von leichter Verärgerung über Gleichgültigkeit bis hin zu allgegenwärtigen Ängsten. Schon rein physiologisch ist es unmöglich, sich glücklich zu fühlen, wenn man negative Energie ausstrahlt, weil es sich dabei um zwei völlig verschiedene Schwingungen handelt, die völlig unterschiedliche äußere (und innere) Auswirkungen haben.

Die Menschen, die heimlich vor sich hin leiden, haben schlicht und einfach die Opferrolle übernommen. Wir alle haben schon einmal diese Rolle gespielt, als wir dachten, wir hätten keine Macht über unsere Lebensumstände. Das hat jeder bereits erlebt oder erlebt es immer noch. Es geht nur um die Frage, in welchem Maß wir diesen Opfermythos übernehmen und leben wollen.

Wir müssen nicht in der Opferrolle verharren. Im Gegenteil: Wenn Sie die Sache mit dem Magnetismus erst einmal am eigenen Leib gespürt haben, wird es Ihnen ziemlich schwer fallen, die Tatsache zu ignorieren, dass unser Leben von unserem Energiefluss bestimmt wird. Und eben nicht von Glück, Pech, Schicksal, Zufall oder von irgendeinem reichen Onkel.

Jahrzehnte lang waren wir damit beschäftigt, überall Probleme zu sehen, und haben uns dadurch immer auf das konzentriert, was wir nicht gut fanden, nicht haben oder verändern wollten. Da ist es doch kein Wunder, dass wir mit so vielen Widrigkeiten zu kämpfen hatten. Kein Mensch kann jemals das erreichen, was er sich wirklich wünscht, wenn er ständig von seiner höchsten Energiequelle abgeschnitten ist.

Also noch einmal: Wenn Sie weiterhin als Opfer der Umstände durchs Leben gehen und sich immer wieder auf Probleme aller Art stürzen, werden Sie niemals Erfüllung im Leben finden. Diese Haltung wird Ihnen nur eines einbringen: noch mehr von dem, was Sie so dringend ändern möchten.

Ein Rezept für das Erschaffen

Das Rezept, um etwas ins Leben zu rufen, ist eigentlich ganz einfach. Man nehme gute oder schlechte Gefühle (d. h. positive oder negative Schwingungen), verarbeite sie mit unterschiedlichen Mengen an Emotionen, damit der Magnetismus besser zum Tragen kommt, und schon hat man, was man wollte – ob erwünscht oder unerwünscht. Worauf wir unseren Geist lenken und mit welchen Schwingungen wir das Ganze aufladen, entspricht genau dem, was wir zurückbekommen – und das von Geburt an.

Wenn wir also ständig versucht haben, alles um uns herum zu verändern, was uns nicht gefällt, oder selbst dann wenn wir es schließlich akzeptiert haben, aber trotzdem nicht gut fanden, haben wir uns permanent auf etwas konzentriert, was uns im Grunde missfiel. Und das seit Jahren!

Es dauert nur sechzehn Sekunden, sich schwingungsmäßig mit dem zu verbinden, woran man denkt. Ja, nur sechzehn Sekunden reiner, auf ein bestimmtes Ziel ausgerichteter Gedanken – gut oder schlecht, positiv oder negativ. In dieser kurzen Zeit fangen wir an auf der Frequenz zu schwingen, die diese Gedanken und die damit verbundenen Gefühle auslösen, und ziehen dadurch die entsprechende Angelegenheit an, wenn wir uns weiter damit beschäftigen. Wir kennen es alle: Wie oft haben wir über eine Million Dinge nachgedacht in einer endlosen Folge von Sechzehn-Sekunden-Intervallen und dabei Schwingungen der Frustration produziert, der Anspannung, der Sorge über etwas, das wir nicht haben wollten, nicht gut fanden, mit dem wir nicht umgehen konnten, das wir sinnlos fanden oder einfach akzeptieren mussten. Genau deshalb haben wir über die Jahre hinweg automatisch immer mehr von diesen Dingen angezogen. Wie reizend!

So haben wir unser Leben bis heute grundlegend gestaltet: durch die ständige Konzentration auf Dinge, die uns keine Zufriedenheit bescherten, und uns in einen anhaltenden Sog negativer Spannung brachten.

Ich spreche jetzt gar nicht von täglichen Wutausbrüchen, sondern von diesem ewigen Gemurmel im Hintergrund: »Ich muss es hinkriegen, muss es besser machen, muss es richtig machen, muss eine Lösung finden.« Wir können es auch »sich Sorgen machen« oder »schwer im Magen liegen« nennen.

Die andere Seite der Medaille heißt dann: »Ich muss es akzeptieren, muss damit leben, kann nichts dagegen tun, ob es mir gefällt oder nicht.« Die gleiche Sache, die gleichen Schwingungen.

Deshalb ist es so wichtig für uns, zu verstehen, was negative Emotionen eigentlich sind: Wie verdeckt sie wirken können, wie man sie aufspüren kann, warum sie immer wieder auftauchen und – seltsam genug – welch lebenswichtige Rolle sie bei dem Prozess spielen, Gefühle beherrschen zu lernen.

Bitte betrachten Sie dieses Kapitel über das »Negative« nicht als negativ. Denn es ist ein wesentlicher Aspekt des Geheimnisses wie wir schließlich dahin kommen können, wo wir hin wollen.

Ein Spielzeugparadies für Sie

Stellen Sie sich vor, Sie dürften sich als Kind im größten und buntesten Spielzeuggeschäft der Welt austoben und könnten alles haben, was Ihr Herz begehrt. Fantastisch! Kaum auszudenken, genau das ist das Universum wirklich: ein riesiger Spielzeugladen, in dem alles, was wir uns je gewünscht haben, entweder schon für uns bereit steht oder nur darauf wartet, von uns erschaffen zu werden. Wir müssen nur *füüüühlen*, was wir uns wünschen, und schon ziehen wir es an.

Nehmen wir mal an, dass in diesem aufregenden Spielzeugladen ein interessanter neuer Job auf Sie wartet. Oder Ihr neues Haus, das mit allem nur erdenklichen Luxus und jeder Menge Kinkerlitzchen. Vielleicht auch eine inspirierende neue Beziehung (oder die aufpolierte alte Partnerschaft) – und ab geht's! Oder Ihr Körper mit perfekten Formen und allen Korrekturen, die Sie vielleicht gern vornehmen würden.

Es ist nicht zu glauben! Aber wo sollen all diese wunderbaren Dinge eigentlich herkommen? Fallen sie einfach vom Himmel herab, oder stecken unsere Schutzengel dahinter? Nein, sie kommen allein von Ihnen. Sie brauchen sich nur ganz tief aus dem Bauch und einem guten Gefühl heraus etwas zu wünschen, und schon wird es Wirklichkeit.

Verstaubte alte Glaubenssätze

Die Vorstellung, dass unser bisheriges Leben rein gar nichts mit dem zu tun hat, was hätte sein können, passt uns nicht in den Kram. Sie besagt ja das genaue Gegenteil von dem, was wir gewöhnlich denken. Dennoch ist unsere Vergangenheit – oder auch unsere gegenwärtige Situation – schlichtweg das Ergebnis der Energien, die wir über Jahre hinweg ausgestrahlt haben. Es sind eben nicht einfach nur »die Umstände«.

Was geschehen ist, können wir nicht auf irgendetwas oder irgendjemanden »da draußen« zurückführen; es hängt auch nicht vom Glück oder Pech oder davon ab, ob man ein guter und aufrichtiger Mensch ist oder ein scheinheiliger Trottel. Es hat auch nichts mit Familie, Regierung oder Bildung zu tun.

Was wir bisher erlebt haben, entspricht genau dem, worauf wir unsere Aufmerksamkeit gerichtet haben. Diese Ausrichtung hängt mit uralten Glaubenssätzen zusammen, mit antiquierten Weltanschauungen, die uns eingehämmert wurden oder die wir in blindem Vertrauen übernommen haben, als wir noch Kinder waren. Wir wurden regelrecht vollgestopft – und sind es immer noch – mit veralteten Denkmustern über die Wirklichkeit, mit Denkmustern, die ehrlich gesagt in den Müll gehören.

Wirbel um Pater Fred

Vor vielen Jahren hatte ich eine Beziehung zu einem Pater. Lange Zeit hielt ich ihn für die absolute Krönung der Spezies Mann. Er war groß, gutaussehend, charmant, etwa zehn Jahre älter als ich, geistreich, gebildet und stammte aus einer wunderbaren Familie in New England. Eben genau mein Typ.

Pater Fred war ein genialer Redner; seine Predigten befassten sich sowohl mit weltlichen als auch mit religiösen Themen. Aber die Kirche war oft leer. Um diesen peinlichen Umstand zu beheben, wechselte er seinen Stil, seine Tonlage, die Textstellen, ja sogar die Dekoration des Altars, aber nichts half. Keiner wollte ihm zuhören oder in seiner Nähe sein.

Ich führte zu dieser Zeit ein sehr unbekümmertes Leben. Ich war Anfang zwanzig, wusste noch nicht so recht, was ich mit meinem Leben anfangen sollte, und genoss das Trinken mehr und mehr. Da Pater Fred offensichtlich genau so gern trank, ging es uns beiden dabei sehr gut.

Aber Genuss oder nicht, irgendetwas ging mir bald gegen den Strich. Zwar nur ganz subtil, aber es hörte auch nicht auf. Egal, wo wir waren oder was wir taten – ob wir zusammen ausgingen, etwas tranken oder Partys besuchten –, er hatte immer etwas an der Kirche oder einem Geistlichen auszusetzen. Als ob er regelrecht davon besessen wäre. An einem Abend war es ein Bischof, am nächsten seine schlechte Ausbildung, das niedrige Budget oder irgendwelche Einschränkungen innerhalb der Diözese. Seine kritischen Äußerungen schienen kein Ende zu finden. Und mir gingen sie langsam auf den Geist.

Ich war zwar keine Psychologin, aber das hier kam mir absurd vor. Als ich ihn endlich daraufhin ansprach, antwortete er ganz sachlich: »So bin ich nun mal. Ich habe die Gabe, zu erkennen, wo etwas nicht stimmt. Die Kirche ist veraltet und muss reformiert werden, es liegt aber nicht an mir, das zu tun. Ich habe nur das Talent zu sehen, was alles verändert werden müsste.«

Bald erkannte ich, dass Fred alles im Leben, nicht nur die Kirche, mit einem gewissen Groll betrachtete. Die Welt war ein einziges Chaos, alles musste verändert werden, aber er war dafür eben nicht zuständig. Er fühlte sich eigentlich bei allem machtlos, weshalb ihm wohl auch so viel daran lag, dass die Gottesdienste so perfekt wie nur möglich abliefen. Dann hatte er wenigstens das Gefühl, etwas Hervorragendes zu leisten, auch wenn die Kirche leer blieb.

Fred hatte jedoch große Angst vor Autoritäten. Seine Litanei war immer die gleiche: »Ich kann das nicht, weil ...« Er bekam keine Gehaltserhöhung, keine Sekretärin, kein zusätzliches Geld für seine Gemeinde, nicht einmal einen Gastprediger als Urlaubsvertretung. Er konnte sich nur auf die Tatsache konzentrieren, dass es sowieso nie passieren würde. Natürlich passierte auch nichts.

Der arme Fred lebte in einer Welt voller Umstände, die er ablehnte, und war davon überzeugt, dass sie sich verändern würden, wenn er sich nur permanent damit beschäftigte. Er sah sich als hilfloses Opfer, das sich der höheren Gewalt, die seine Bemühungen schon im Keim ersticken wollte, fügen musste. Im Nachhinein betrachtet, verstehe ich durchaus, wieso keiner gern in seiner Gesellschaft war. Obwohl seine Negativität sich selten in seinen Predigten widerspiegelte, spürten die Menschen intuitiv, was er ausstrahlte, und hielten sich lieber fern.

Das ist nun wieder ein extremes Beispiel (an die erinnere ich mich eben besonders gut) dafür, wie die meisten von uns leben und dennoch … Merken Sie was?

Längst veraltete Glaubensvorstellungen, wie die von Fred in Bezug auf das Schicksal und Autoritäten, sind die größten Hindernisse, wenn wir bewusst unser Leben gestalten wollen. Sie verstellen uns den Weg, wann immer wir eine andere Richtung einschlagen wollen. Sie wissen, wovon ich spreche. Sie möchten die Arbeitsstelle wechseln, und sofort schießt der emotionsgeladene Einwand in Ihnen hoch: »Oh, das kann ich doch gar nicht, weil …«

Wenn Sie ein neues Auto wollen: »Oh, das geht doch nicht, weil …«

Oder eine neue Partnerschaft: »Oh, nein, nein, nein, das geht nun WIRKLICH nicht, weil …«

Das alles gehört zu den Wertvorstellungen unserer Vorfahren, wie alles »sein sollte«, was »richtig« und was »falsch« ist oder wie es wohl gekommen wäre, »wenn ich nur nicht … hätte«.

Hier geht es um altmodische religiöse Überzeugungen, hinter denen Botschaften stecken wie »Das Paradies kommt erst nach dem Tod« oder »Nur wenn wir leiden, können wir ins Himmelreich eingehen.«

All diese Glaubenssätze beziehen sich auf Leistung, Erfolg, Arbeit und Geld.

Diese Glaubenssätze bewirken, dass wir unseren Blickwinkel nur auf das Negative richten und meinen, wir müssten erst Lösungen für alles finden, bevor wir weiterkommen können: für die Arbeit, die Umwelt, unseren Partner, die Regierung, die Schule, die Kinder – und vor allem uns selbst.

»Ich muss es in Ordnung bringen, ich muss es endlich in Ordnung bringen; so gefällt es mir nicht, so aber auch nicht; ich muss es unbedingt in Ordnung bringen.«

Vielleicht sind die schädlichsten Glaubenssätze die, mit denen wir die Schuld immer bei anderen suchen: diesen Holzköpfen von Politikern, der alkoholabhängigen Familie, dem miesen Boss. Wir versuchen mit absoluter Regelmäßigkeit, den anderen Schuld in die Schuhe zu schieben; was soll daran schon verkehrt sein, denken wir, so funktioniert eben die Welt. Wir sind davon überzeugt, dass es uns besser geht, wenn wir andere beschuldigen, also tun wir es wieder und wieder und merken gar nicht, wie destruktiv sich diese negativen Schwingungen auf unser Leben auswirken.

Nun aber zur guten Nachricht: Auch wenn alle Psychologen und Therapeuten heutzutage das Gegenteil behaupten, wir brauchen das ganze unnütze Zeug aus unserer Vergangenheit *nicht* noch mal auszugraben, um unser Leben auf die Reihe zu kriegen. Mit einigen Tricks und mit etwas bewusster Achtsamkeit, was nicht mehr heißt als die eigenen *Gefüüüühle* wahrzunehmen, können wir uns über den alten Müllhaufen hinwegsetzen, der uns so lang beeinträchtigt und vermittelt hat, dass Leben eben immer Kampf bedeutet.

Das Nicht-haben-Wollen

Es gibt nur eine Quelle negativer Energie – *aller* negativen Energie –, und das ist unser Nicht-haben-Wollen. Manchmal nennen wir es schlechtes Gewissen, manchmal Angst, Vorwürfe, Sorge oder Zweifel. Aber für unsere Zwecke wollen wir hier alles einfach als »Nicht-haben-Wollen« bezeichnen, damit wir uns nicht in den abgedroschenen Phrasen der Psychotherapeuten verheddern.

Man glaubt es kaum, aber die meisten unserer täglichen Gedanken – und damit auch Gefühle – drehen sich um Dinge, die wir nicht haben wollen: große und kleine Angelegenheiten, dies und jenes, jetzt, damals und in Zukunft. Dieses Gedankenkarussell dreht sich unablässig, meistens ganz automatisch und unbewusst, und kostet uns unglaublich viel Kraft. Lassen Sie sich Folgendes mal durch den Kopf gehen:

Wir wollen bei schlechtem Wetter nicht zur Arbeit fahren.
Wir wollen nicht zu spät zur Arbeit kommen.
Wir wollen unseren Vorgesetzen nicht enttäuschen.
Wir wollen nicht, dass die Dürre noch länger anhält.
Wir wollen kein schlechtes Fleisch beim Metzger kaufen.
Wir wollen nicht schlecht aussehen.
Wir wollen nicht, dass sich unsere Kinder verletzen.
Wir wollen uns nicht erkälten.
Wir wollen nicht entlassen werden.
Wir wollen nicht Schlange stehen.
Wir wollen morgens nicht so früh aufstehen.
Wir wollen keine Rechnungen mehr bekommen.
Wir wollen nicht länger in diesem kalten Klima leben.
Wir wollen nicht, dass die Ampel auf Rot springt.
Wir wollen uns nicht scheiden lassen.
Wir wollen bei der Prüfung nicht durchfallen …
Und so geht es endlos weiter …

Nehmen wir an, dass ein oder zwei Punkte auf dieser Liste nichts anderes als momentane Entscheidungen sind, die uns gefühlsmäßig nicht sonderlich belasten und somit auch keinen großen Schaden anrichten. Aber so belanglos die restlichen Punkte auch klingen mögen, sie enthalten dennoch Zündstoff. Konzentrieren Sie sich doch mal länger auf irgendeinen davon, und Sie werden bald gar nicht mehr wissen, wie Ihnen geschieht.

Schlimmer noch, die geballte Kraft all des bewussten und unbewussten Nicht-haben-Wollens, die Sie energetisch ständig ausstrahlen, trägt entscheidend zu der Grundschwingung bei, die Ihr Leben ausmacht. Ob es Ihnen gefällt oder nicht: Diese Mixtur ist normalerweise ziemlich negativ.

Betrachten wir z. B. einmal die inzwischen reichlich verstaubten »Wenn-nur«-Sätze, die sich auf unsere Vergangenheit beziehen:

Wenn ich nur andere Eltern gehabt hätte …
Wenn ich nur studiert hätte …

Wenn ich den nur nicht geheiratet hätte …
Wenn ich doch nur den Job angenommen hätte …
Wenn ich doch nur nicht die Spur gewechselt hätte …
Wenn ich nur nicht, wenn ich nur nicht …

Dieses »Wenn nur« ist lediglich die Vergangenheitsform von dem Nicht-haben-Wollen. »Eigentlich wollte ich diese Eltern gar nicht.« »Ohne Universitätsabschluss wollte ich nicht arbeiten.« »Ich wollte keine unglückliche Ehe.« »Ich wollte keinen schlecht bezahlten Job.« »Ich wollte keinen Verkehrsunfall verursachen, aber ich habe die Spur gewechselt.«

Dann gibt es noch die heimtückischen negativen Wünsche, die nichts anderes als ein indirektes Nicht-haben-Wollen ausdrücken:

Ich will wieder gesund werden.
Ich will keine Schulden haben.
Ich will abnehmen.
Ich will aufhören zu rauchen.
Ich will, dass meine miese Ehe glücklicher wird.
Ich will, dass meine Frau einen besseren Job findet.

Sie meinen möglicherweise, dass Sie auf der positiven Seite sind, weil Sie keine Sätze mit »Ich will nicht« formulieren, aber worauf richten Sie denn Ihre Aufmerksamkeit wirklich? Direkt auf das, was Sie loswerden wollen. Und da wir das bekommen, worauf wir uns konzentrieren … Da ist es also schon wieder …

Wenn Sie jetzt protestieren würden, weil Sie sich *nicht* als negativ empfinden, wäre ich sicherlich die Erste, die Ihnen beipflichten würde. Die meisten von uns sind nicht so negativ – wie Pater Fred – Gott sei Dank. Wir genießen das Leben, so gut es geht. Wir sind begeistert von der Schönheit eines Sonnenuntergangs. Wir freuen uns, wenn ein Freund befördert wird. Wir lachen über die Witze unserer Kinder, die keine sind. Freitagabends gehen wir gern aus. Wir sind stolz auf unsere Leistungen. Wir ehren, wem Ehre gebührt. Wir tun unser Bestes, um anderen und uns selbst eine Freude zu machen.

Und dennoch haben wir unser Leben auf das Nicht-haben-Wollen aufgebaut. Wir wollen nicht so hart arbeiten müssen, wir wollen nicht, dass unser Auto kaputt geht; wir sind tagein, tagaus damit beschäftigt, dieses oder jenes nicht zu wollen, und ziehen es dadurch ständig an.

Nehmen wir mal an, Sie haben etwas an Ihrer Arbeit auszusetzen, fahren ein schrottreifes Auto oder sind mit einem Partner zusammen, der Sie schier zum Wahnsinn treibt. Nehmen wir weiterhin an, dass Sie ständig an all das denken, was Sie nicht wollen. Jedes Mal, wenn Sie wieder daran denken und damit diesem Thema weitere sechzehn Sekunden widmen – gewürzt mit einer Prise intensiver Gefühle –, wird das Ganze nicht nur noch größer und mächtiger, es fällt Ihnen auch immer leichter, daran zu denken. O je!

Es ist, als ob Sie sich mit der Machete einen Weg durch den Dschungel frei schlagen würden. Bald haben Sie einen schönen Durchgang geschaffen, auf dem Sie sich mühelos vor und zurück bewegen können. Was Sie auch tun. Und immer geht es um das gleiche Thema! Sie denken eine Weile darüber nach, und schon bald fällt es Ihnen so leicht, darüber nachzudenken, dass Ihnen dieser Gedanke gar nicht mehr aus dem Kopf geht. Bevor Sie sich's versehen, geschieht dann genau das, was Sie nicht haben wollten.

Wenn Sie – unbedingt – vermeiden wollen, dass Ihr nagelneues Auto geklaut wird, sind Sie der aussichtsreichste Kandidat für die entsprechende Schwingung und von all den Autos auf dem ganzen Parkplatz wird gerade Ihres verschwinden.

Wenn Sie – unbedingt – keine unangenehmen Nachbarn haben wollen, werden Sie sicherlich irgendwelche unausstehlichen Leute mit bellenden Hunden anziehen, die dann auch ewig bleiben.

Wenn Sie – unbedingt – keinen Ärger mehr mit Ihren Rechnungen haben wollen, werden Sie sich ganz bestimmt noch mehr Ärger einhandeln.

Wenn Sie – unbedingt – Ihre Ferien allein verbringen wollen … Sie verstehen schon, worauf ich hinaus will.

Was Sie auch immer für sechzehn Sekunden oder länger ausstrahlen, es ist bereits unterwegs zu Ihnen, ob es Ihnen passt oder nicht. Wenn Sie über die Dinge reden, die Sie nicht haben wollen, und dabei nur sechzehn Sekunden lang das entsprechende Gefühl in Ihnen aufsteigt, wird das, worüber Sie reden, ein Teil von Ihnen und ein Teil der Schwingungen, die Sie täglich aussenden. Bald leben Sie es, obwohl Sie es überhaupt nicht mögen: Sie strahlen es aus, reden darüber, lamentieren, wühlen darin herum und verstärken es damit ständig so, dass es immer mächtiger wird. Sie senden genau das aus, was Sie absolut nicht wollen.

Das, was Sie ablehnen, werden Sie nicht los. Es ist Teil von Ihnen. Egal, wie oft Sie darüber jammern, Sie können es nicht abschütteln. Es gehört bereits zu Ihren ganz persönlichen Schwingungen. Und je mehr Sie es leben, sich darauf konzentrieren, darüber nachgrübeln, desto stärker wird die Energie, die genau das anzieht, was Sie am dringendsten loswerden wollen.

Das war's aber noch nicht …

Es gibt noch ein Problem. Sie erinnern sich an die Stimmgabel, die alle anderen mit der gleichen Frequenz zum Schwingen bringt, wenn man sie anschlägt? Das Gleiche geschieht mit Ihren Gedanken. Wenn Sie unentwegt an etwas denken, handeln Sie sich nicht nur mehr davon ein, *sondern auch von allem anderen – wirklich allem anderen –, das zufällig die gleiche Schwingung hat.*

Die Ausmaße, die dieser Teufelskreis annehmen kann, reichen von einer schlimmen Grippe bis hin zur Kündigung, obwohl Sie ursprünglich vielleicht nur daran gedacht haben, dass Sie nicht das nötige Geld haben, um das Dach zu reparieren. Plötzlich schneien Ihnen diese süßen kleinen Überraschungspakete ins Haus, *die dieselben Schwingungen haben* – jedoch nicht denselben Inhalt – wie das, was Sie nicht haben wollen, und Ihnen genauso wenig in den

Kram passen. Wenn Sie an das denken, was Sie ablehnen, laden Sie sozusagen auch alles andere zu sich ein, was auf derselbe Frequenz schwingt. Wenn die Schwingungen übereinstimmen, ist das Spiel schon gelaufen, ob Sie sich nun darauf konzentriert haben oder nicht.

Ist Ihnen noch nicht aufgefallen, dass meistens alles andere auch nicht klappt, wenn erst einmal eine Sache schief läuft? Das liegt nur daran, dass die Schwingungen, die sie ausstrahlen alle möglichen anderen Dinge suchen, die die gleiche Wellenlänge haben. Wenn Ihre Gedanken ständig um ein bestimmtes Thema kreisen, entsteht eine Gedankenspirale, die immer größere Ausmaße annimmt, da sie Gott weiß was alles in ihr magnetisches Zentrum zieht, was dann wieder auf Sie zurückfällt.

Sie müssen beispielsweise nur lange genug darüber nachdenken, wie sehr Ihre Arbeit Sie anödet, und prompt haben Sie einen Blechschaden am Hals, Ihr Abfluss ist verstopft, Sie verlieren Ihre Schlüssel, Ihr Kühlschrank streikt und Sie hauen sich den großen Zeh an. Nur weil Sie andauernd an etwas denken, das Ihnen nicht passt – Ihre Arbeit –, die ihnen jetzt übrigens noch viel mehr gegen den Strich geht als vorher.

Ob das Nicht-haben-Wollen sich nun auf etwas Wichtiges oder auf etwas ganz Triviales bezieht, ob es uns dabei nur um eine oder um zig Sachen geht: Immer strahlen wir dabei negative Schwingungen aus, die nichts anziehen, was auch nur das Geringste mit Freude zu tun hat. Das können sie auch nicht, da sie auf einer völlig anderen Frequenz schwingen.

So drehen wir uns ständig im Kreis und leben vor uns hin; mehr aber auch nicht. Wir sind abgeschnitten von den höheren Energien jener übersprudelnden Lebensfreude, die unserem natürlichen Zustand *und* unserem unbestreitbaren Recht entspricht.

Zwei Dinge sind gewiss: Wenn Sie lange genug an etwas denken, das Sie ablehnen, ziehen Sie es entweder an oder es zieht Sie an. Wenn Sie an etwas denken, das Sie ablehnen, und dabei noch intensive Gefühle im Spiel sind, ziehen Sie automatisch ähnlich widrige Umstände der gleichen Schwingung an.

Synchron oder nicht synchron

Was machen wir nun damit? Wie können wir etwas an unserer Situation verändern? Wir können doch nicht den ganzen Tag lang auf jede Kleinigkeit achten, die wir denken, sagen oder tun.

Keine Sorge, so schwer ist es gar nicht. Wir müssen uns nur unserem intuitiven Genius – unseren Gefühlen – zuwenden und lernen, den einen Energiefluss vom anderen zu unterscheiden. Wir müssen herausfinden, ob wir uns nun großartig oder deprimiert fühlen, gut oder schlecht, ausgelaugt und gleichgültig oder *wirklich* zufrieden.

Noch ein paar Worte über Schwingungen. Alles im Universum reagiert auf Schwingungen; so ist das Gesetz. Auf unserem Planeten gehören dazu Berührung, Geruch, Geschmack, Gehör, Farbe – und eben Gefühle.

Wenn wir Freude, Leidenschaft, Liebe oder ein anderes überwältigendes Glücksgefühl empfinden, ist das nichts anderes als unsere Interpretation bestimmter Schwingungen. Aber auch wenn wir von Verzweiflung, Schuldgefühlen und Aggressionen geplagt werden, geht es um Schwingungen, die wir entsprechend interpretieren. Vergessen Sie nicht, warum sich die eine Form besser anfühlt als die andere: Die eine ist mit unserer höchsten Quelle verbunden, die andere nicht.

Wir alle sind sehr viel mehr als nur das, was wir wahrnehmen: die Ausdehnung einer viel umfassenderen nichtphysischen Existenz – unserer Energiequelle –, die sich jetzt einfach in einem menschlichen Körper ausdrücken will. Wenn wir synchron mit dieser Quelle schwingen, fühlen wir uns gut. Und umgekehrt: Wenn wir frustriert sind, schwingen wir eben nicht synchron mit dieser reinen, positiven Energie.

Unsere negativen Wünsche führen dazu, dass wir asynchron schwingen. Wenn wir sagen: »Das will ich nicht haben«, geschieht zweierlei.

Zum einen kann sich dieser negative Wunsch unmöglich auflösen, weil wir ihn in unserer Schwingung festhalten – allein dadurch, dass wir uns darauf konzentrieren. Zum anderen fühlen wir uns traurig, frustriert, leer oder wie auch immer, jedenfalls alles andere als glücklich.

Je mehr wir in Synchronizität mit unserer Energiequelle schwingen, desto besser fühlen wir uns. Stimmen wir nicht mit ihr überein, geht es uns schlecht. Anders ausgedrückt: Sich gut zu fühlen ist eigentlich etwas ganz Natürliches, für uns jedoch keineswegs der Normalzustand. Alles andere ist im Grunde unnatürlich, kommt uns aber leider ziemlich normal vor.

Vorsicht geboten!

Das Hauptproblem bei negativen Emotionen liegt darin, dass wir selten glauben, überhaupt welche zu haben. Aber wenn wir wirklich ständig die höheren Schwingungen der Freude ausstrahlen würden anstatt der niedrigeren, die nun einmal nichts mit Freude zu tun haben, würden wir alle in Wohlstand, Fülle und Erfolg schwelgen – ganz zu schweigen von Glückseligkeit und vollkommener Gesundheit. Dann würde uns das alles hier aber gar nicht interessieren.

Der Clou an diesem Normalzustand, der neunundneunzig Prozent der Zeit aus nichts anderem als negativen Schwingungen besteht, ist jedoch:

Negative Schwingungen, gleich welcher Art oder welcher Intensität, bedeuten, dass wir uns vom Leben abgeschnitten haben. Wir existieren zwar, leben aber nicht. Das ist ein gewaltiger Unterschied!

Negative Schwingungen besagen, dass wir uns von unserer Quelle entfernt haben.

Negative Schwingungen entstehen dann, wenn wir uns weigern, glücklich zu sein.

Negative Schwingungen entstehen durch das Nicht-haben-Wollen. Ausschließlich dadurch.

Negative Schwingungen bedeuten, dass wir die Tür zu unserem riesigen Spielzeugladen zugeschlagen haben. Unsere Herzenswünsche können sich aber niemals durch die langsamen Schwingungen negativer Wünsche verwirklichen. Herzenswünsche gehören einer anderen Energiefrequenz an, genannt »Freude«, also halten sie sich fern – sehr fern –, bis sie von höheren positiven Schwingungen eingeladen werden, sich in unserem Leben zu erfüllen.

So einfach ist das. Unsere Wünsche, das, was wir wirklich wollen, sind nur in Einklang mit den höheren Schwingungen unseres Inneren oder Höheren Selbst, nicht jedoch mit negativen Schwingungen. Da sie es sind, die in uns Lebensfreude (in jeglicher Form) hervorrufen, stimmen auch nur sie mit den Schwingungen der Ursprünglichen Absicht überein. Wir können nicht erwarten, das zu bekommen, was wir uns wirklich *wünschen*, wenn wir nur an das denken, was wir *nicht wollen*. Das entspricht dem Versuch, Öl mit Wasser zu vermischen; niedrige Frequenzen mit hohen zu vermengen ist einfach nicht möglich. Eine davon wird immer dominieren, je nachdem, welche stärker ist. Sogar leichter Kummer (der wohl zu unser aller Lebensgeschichte gehört) verschließt das Tor zu Fülle und Zufriedenheit, die nun einmal unser gottgegebenes Geburtsrecht sind.

Im Grund haben wir uns die ganze Zeit über selbst sabotiert. Wir dachten, es wäre wichtig, sich Sorgen zu machen über Rechnungen, die Kinder, die Großmutter oder die gesamte Weltlage. Dabei haben wir ständig niedrig schwingende Energie produziert, die uns daran gehindert hat, wirklich etwas für uns, für andere und auch für die Welt zu tun.

Ein Hoch auf das Negative

Man kann es auch so betrachten: Jedes Gefühl, das nichts mit Freude zu tun hat, ist schlicht und einfach negativ und auf eine Art Mangeldenken zurückzuführen.

Denken Sie mal darüber nach. Jede negative Empfindung, ganz egal, wie schwach oder verdeckt sie auch sein mag, hängt mit einem Mangel zusammen; etwas, was wir gern hätten, fehlt in unserem Leben. Wir schieben z. B. jemandem oder etwas die Schuld dafür in die Schuhe, dass wir das bekommen, was wir *nicht* haben wollen; es ist also nur der Mangel, den wir sehen.

Wir haben Angst, jemanden oder etwas zu verlieren, d. h. Angst vor dem Nicht-vorhanden-Sein einer Person oder Sache – also dem Mangel.

Wir haben Angst vor Dingen »im Außen«, weil es uns an Vertrauen mangelt.

Wir rechtfertigen uns und flüchten uns in Rationalisierungen, weil uns die Anerkennung eines anderen (uns selbst eingeschlossen!) fehlt.

Wir sind frustriert, weil wir etwas nicht haben, was wir uns wünschen, auch wenn es nur um ein Gefühl der Zufriedenheit geht.

Wir machen uns Sorgen, weil wir nicht die Zeit oder die Mittel haben, um etwas zu schaffen.

Jedes negative Gefühl, das im Wörterbuch aufgeführt ist, stammt sozusagen vom Mangeldenken ab. Ein Glück, dass dem so ist!

Wie bitte?

Ja, es klingt vielleicht verrückt. Aber wie können Sie herausfinden, was Sie WOLLEN, wenn Sie nicht zuerst wissen, was Sie NICHT wollen? Nur durch das Nicht-haben-Wollen erfahren Sie, was Sie wirklich wollen. Jede noch so lausige Erfahrung, jede schwierige Situation, jeder unglückliche Moment und jede noch so geringfügige Sorge bietet Ihnen die Gelegenheit Ihres Lebens.

Das Nicht-haben-Wollen ist eine Aufforderung, wach zu werden, ans Licht zu treten, umzuschalten und das wirkliche Leben am Schopf zu packen. Gesegnet seien also alle negativen Gefühle, die Sie bisher erlebt oder jetzt gerade haben, ganz egal wie erschreckend oder unbedeutend sie auch sein mögen. Sie sind Ihr größtes Kapital, Ihr Sprungbrett zu Glück und Zufriedenheit.

Es wird vielleicht ein Weilchen dauern, bis Sie sich an die Vorstellung gewöhnt haben, ein Gefühl wie z. B. Stress freudig zu begrüßen. Aber wenn Sie das erst einmal geschafft haben und es auch noch zugeben und zulassen können, dann haben Sie gerade den ersten und größten Schritt getan, um ein bewusster Schöpfer zu werden:

1. Schritt: Stellen Sie fest, was Sie NICHT WOLLEN.

Der Geschmack ist Nebensache

Es gibt zwei Arten des Nicht-haben-Wollens: ein allgemeines und ein persönliches, wobei das allgemeine sehr weit verbreitet und leicht zu erkennen ist.

Zum allgemeinen Nicht-haben-Wollen gehören die Dinge, die kein Mensch auf der Welt will, wie ein leeres Bankkonto, Krankheiten, unbefriedigende Beziehungen, ein langweiliger Job, eine Missbildung, Komplexe, ein undichtes Dach, ein reparaturbedürftiges Auto, Überfälle, Angriffe, furchtbare Verkehrsunfälle oder auch die globale Erwärmung der Erdatmosphäre. Für den Anfang dürften diese Beispiele reichen.

Zum persönlichen Nicht-haben-Wollen gehören lediglich die etwas unangenehmen Dinge, die uns selbst zwar lästig sind, andere aber nicht unbedingt stören. Dinge, die wir persönlich lieber vermeiden wollen, wie etwa uns auf einem Seminar zu Wort zu melden, eine Spinne aus dem Weg zu schaffen, die Strümpfe vom Sohn zu stopfen oder einen Gerichtstermin wahrnehmen zu müssen. Diese Dinge passieren nicht so häufig wie die, die zur Rubrik »allgemeines Nicht-haben-Wollen« gehören. Wir rechnen weniger damit, also kommt es auch seltener zu solchen Situationen.

Nehmen wir mal an, Sie haben eine Stinkwut auf Ihren Boss (ein persönliches Nicht-haben-Wollen). Auf dem Weg nach Hause müssen Sie noch zum Supermarkt. So geladen wie Sie sind, ist es kein Wunder, dass Sie gerade an der Kasse anstehen, an der Sie eine schnippische Kassiererin erwartet. Den anderen macht das überhaupt nichts aus, aber Sie regen sich heute maßlos darüber auf.

Auf dem Weg nach Hause ärgern Sie sich weiterhin über diese Unverschämtheit – für sicherlich mehr als sechzehn Sekunden –, bis schließlich die Gedanken, die Gefühle und letztendlich auch die dazugehörigen Schwingungen so richtig in Fahrt kommen.

Beim Abendessen beklagen Sie sich mehr als sechzehn Sekunden lang darüber und schaffen es so mit Bravour, diese Schwingung des Nicht-haben-Wollens ganz und gar in sich aufzunehmen. Bei der Arbeit reden Sie über diese unmögliche Person (ein gefundenes Fressen für die Kaffeepause), und beim Mittagessen erzählen Sie Ihrem besten Freund die ganze Geschichte. Jetzt sollten Sie besser erst mal in Deckung gehen. Denn die ganze negative Energie, die Sie durch das unablässige Kreisen um dieses Thema produziert haben, wird wie ein Bumerang sicherlich gleich wieder zu Ihnen zurückkehren.

Am nächsten Abend gehen Sie – aus Rache – zur Konkurrenz. Sie erledigen Ihre Einkäufe, laufen zur Kasse – und raten Sie mal, was jetzt passiert? Genau! Prompt sitzt eine andere schnippische Kassiererin direkt vor Ihrer Nase, die Sie durch Ihre ständige Konzentration auf das, was Sie vermeiden wollten, angezogen haben. Es überrascht Sie vielleicht, aber Sie wollten es nicht anders! Sie bekommen das, was Sie ausstrahlen; eine andere Regel gibt es nicht.

Skip, ein Bekannter von mir, ist ein richtiger Gourmet, kennt viele edle Restaurants und überrascht seine Frau Muriel gern mit ausgefallenen neuen Lokalen. Ich habe mich letztens halb tot gelacht (Skip befasst sich auch gerade mit der Kunst des bewussten Erschaffens), als er mir die Geschichte ihres Besuchs in einem kleinen, gemütlichen Restaurant direkt am Wasser erzählte. Alles war perfekt: Kerzenlicht, ein Geigenspieler und sogar die Ober trugen schwarze Krawatten.

Die beiden machten es sich gemütlich, bestellten ihren Wein und als sie gerade den wunderbaren Ausblick über das Wasser genossen, entbrannte hinter ihnen ein Streit. Zuerst war er kaum hörbar, eskalierte dann aber schnell, bis jedes Wort des streitenden Paars mitten über ihren gemütlichen Abend hereinbrach.

Skip und Muriel versuchten vergeblich, den Tumult zu ignorieren. Er nahm jedoch so schnell überhand, dass beide nicht mehr daran dachten, darauf zu achten, was auf der Energieebene geschah. Sie verließen das Lokal also nicht gleich, obwohl das sicher besser für sie gewesen wäre, denn ihre Energien begannen sich in rasantem Tempo mit denen der beiden Streithähne zu vermischen.

Skip fing an zu murren. Er bat den Oberkellner einzugreifen, was aber nichts nutzte. Für den Rest des Abends war er ungenießbar, und auch auf dem Heimweg schimpfte er weiter. Als sie endlich schlafen gingen, regten sich beide immer noch über den verdorbenen Abend auf. Dabei blieb es aber nicht.

Die nächsten drei Mal, als die beiden essen gingen, saßen in ihrer Nähe ein sich kabbelndes Paar, dann ein schreiendes Kind und zum Abschluss noch ein Betrunkener, der sich lautstark bemerkbar machte.

Endlich war der Groschen gefallen. Sie begriffen, dass sie sich ausschließlich auf das konzentriert hatten, was sie nicht erleben wollten. Dadurch hatten sie es mit dermaßen viel Energie aufgeladen, dass das Gesetz der Anziehung schon Überstunden machen musste, um ihnen die passenden Umstände mit ähnlichen Schwingungen überhaupt liefern zu können. Ohne im Geringsten auf ihre Gefühle zu achten, hatten sie es zugelassen, dass ein kleiner negativer Wunsch (kein Krawall während des Abendessens) zu einem regelrechten Krieg ausgeartet war.

Das persönliche Nicht-haben-Wollen ist normalerweise nicht so schwerwiegend, zumindest anfangs noch nicht. Es entspringt unserem inneren Bedürfnis, die Annehmlichkeiten des Lebens zu genießen, während das allgemeine Nicht-haben-Wollen mit tiefsitzenden menschlichen Ängsten und Zweifeln zusammenhängt.

Es ist im Grund jedoch völlig schnuppe, um welche Art des Nicht-haben-Wollens es sich handelt – allgemein oder persönlich, stark oder schwach, permanent oder nur vorübergehend. Es geht allein darum, es zu fassen zu kriegen, es wahrzunehmen, es zu spüren oder was auch immer man tun muss, um es zu identifizieren – *und es dann zu ändern.*

Das bedeutet, die Gefühle von schlechten in gute zu verwandeln. Und zwar jetzt gleich.

Seien Sie wachsam!

Es gibt einen ganz einfachen Trick, um Zugang zu der wundervollen Welt der guten Gefühle zu bekommen: Sie müssen nur an das denken, was Sie sich wirklich wünschen, anstatt daran, was Sie nicht wollen.

Das, was wir wollen, und das, was wir nicht wollen, wird oft miteinander verwechselt, wobei Nicht-haben-Wollen oft gewinnt; deshalb müssen wir ein bisschen aufpassen.

Nehmen wir als Beispiel einmal den Gedanken: »Ich will keine Grippe bekommen.« Sie sagen zwar, dass Sie gesund sein wollen, aber worauf liegt dabei Ihr Augenmerk? Auf dem, was Sie nicht wollen, und genau diese Schwingungen strahlen Sie aus. Nach dem Gesetz der Anziehung erwecken Sie mit Ihren Schwingungen das zum Leben, worauf Sie Ihre Aufmerksamkeit lenken – also die Grippe.

Oder wir nehmen den Satz: »Ich will dieses alte Auto nicht mehr fahren.« Gut, Sie *wollen* ein neues Auto, konzentrieren sich dabei aber auf das alte. Dann schwingen Sie nicht nur in Übereinstimmung mit dem, was Sie nicht haben wollen (das alte Auto), und verhindern dadurch, dass sich Ihr Wunsch nach einem neuen Auto erfüllen kann. Noch dazu kann es leicht passieren, dass Ihr armes altes Auto jetzt anfängt, Macken zu bekommen. Wenn Sie sich dann noch zufällig auf den Gedanken fixieren, dass Sie weder das Geld für ein neues Auto haben noch für die Reparatur des alten, können Sie mal beobachten, wie beides zusammenkommt und wie Honig die Bienen bestimmte Ereignisse anzieht: Das alte

Auto springt prompt nicht mehr an – und Sie haben kein Geld für die Reparatur!

Der intensive Wunsch, ja keinen Strafzettel wegen Geschwindigkeitsüberschreitung zu bekommen, ist auf der Ebene der Schwingungen eine regelrechte Einladung für den Bullen, der hinterm Gebüsch lauert und flucht: »Diesen verdammten Kerl schnapp ich mir jetzt.« Zwei gleiche negative Energien haben sich gefunden.

Den intensiven Wunsch »Ich will bei der Prüfung nicht durchfallen« sollten Sie besser nicht hegen, wenn Sie sie bestehen wollen.

Der intensive Wunsch »Mein Kind soll sich nicht verletzen« kann auf der Schwingungsebene regelrecht die passenden Voraussetzungen für einen Unfall schaffen.

»Ich will nicht betrogen werden.«
»Ich will nicht krank sein, wenn ich alt bin.«
»Ich will nicht, dass mein Auto kaputt geht.«
»Ich will so nicht leben.«
»Ich will nicht so viele Steuern zahlen.«
»Ich will keine Fehler machen.«
»Ich hasse den Krieg.«

Dies sind in der Tat alles Dinge, die Sie ändern möchten, nur haben Sie sie durch Ihre Konzentration darauf in Ihre Schwingungen integriert. Lenken Sie Ihre Aufmerksamkeit auf das, was Sie nicht wollen, und Sie können regelrecht zuschauen, wie es immer mehr Raum einnimmt.

Noch schlimmer wird es, wenn Sie zwar sagen, was Sie sich wünschen, aber das, was Sie nicht haben wollen, ausstrahlen, wie etwa:

»Ich *will* diese Beziehung beenden.«
»Ich *will* einen lukrativeren Job.«
»Ich *will* nicht vom Staat gemaßregelt werden.«
»Ich *will* meine Schulden loswerden.«
»Wir *müssen* die Zerstörung des Regenwaldes stoppen.«

Worauf liegt der Brennpunkt in jedem Satz? Auf dem, was Sie nicht wollen, und nicht auf dem, was Sie sich wünschen.

Wenn Sie nur flüchtig an etwas denken, was Sie nicht haben wollen – kein Problem. Wenn Sie sich jedoch leidenschaftlich darauf fixieren – und dabei meinen, dass es sich um einen positiven Wunsch handelt –, kann es Sie mit aller Wucht treffen.

Ein warmes, wohliges Gefühl

Selbstverständlich wird keiner von uns jeden einzelnen Gedanken genau daraufhin untersuchen, ob er ein Haben-Wollen oder ein Nicht-haben-Wollen enthält. Da würden wir ja innerhalb kürzester Zeit durchdrehen. Das müssen wir aber auch nicht. Wir müssen lediglich darauf achten, welche Gefühle ein Gedanke in uns auslöst.

Wenn Sie ein Gedanke in den siebten Himmel befördert, dann hat er die Qualität des Haben-Wollens (grünes Licht für Sie).

Wenn Sie bei einem Gedanken das Gefühl bekommen, dass Sie in dichtem, dunklem Nebel herumtappen, dann stecken Sie mitten in einem Nicht-haben-Wollen (Alarmsignal). Überhaupt ist bei allem, was kein wohliges Gefühl in Ihnen auslöst, ein Nicht-haben-Wollen am Werk. Dann müssen Sie umdenken, umformulieren, sich neu konzentrieren und in sich hineinspüren, bis Sie ein wohliges Gefühl gefunden haben, in das Sie sich einkuscheln und in aller Ruhe vor sich hin schwingen können.

Hier ein gutes Beispiel dazu. Sagen Sie sich einmal: »Ich will glücklich sein.« Sie formulieren den Satz zwar mit »ich will«, aber Ihr Wunsch basiert auf einem *Mangel* an dem, was Sie sich wünschen. Wenn Sie den Satz in dieser Form aussprechen, was löst er dann in Ihnen aus? Heiterkeit? (Sehr unwahrscheinlich!) Zufriedenheit? (Wohl kaum!)

Gut, jetzt sagen Sie sich: »Die Zufriedenheit, die ich jetzt in meinem Leben empfinde, möge sich zu sprudelnder, grenzenloser Freude ausdehnen.« Wie fühlen Sie sich jetzt? Viel besser, oder?

»Ich will keine Schulden mehr haben.« Es ist ziemlich klar, wie Sie sich dabei fühlen werden. Sagen Sie stattdessen: »Ich will meine Qualitäten so einsetzen, dass sie mir Spaß, Freude und Erfolg bringen. Ich weiß, dass ich es kann.« Oder: »Ich will mir mehr Zeit dafür nehmen, neue, spannende, lukrative Aufträge aufzutreiben.« Oder: »Ich fühle mich lebendig, wenn ich kreativ bin.« Welch ein Unterschied auf der Gefühlsebene zu Sätzen wie: »Ich will keine …«

Lassen Sie sich aber durch die Wortwahl nicht verrückt machen, sonst geraten Sie völlig durcheinander. Versuchen Sie nur herauszufinden, wie Sie sich bei dem *füüüühlen*, was Sie sagen oder denken. Experimentieren Sie dann mit den verschiedenen Aussagen. Wenn Sie eine finden, mit der Sie sich rundum glücklich und wohl fühlen, sind Sie mit der Kraft der Quelle in Ihnen verbunden.

Überprüfen Sie auch, was für Gefühle Dinge, die Sie täglich sagen, in Ihnen auslösen, wie beispielsweise:

»Ja, das hängt mir auch zum Hals raus.«
»Ich weiß, diese Situation ist einfach furchtbar.«
»Vergiss es, wir haben doch keine Chance.«
»Stimmt, er ist wirklich ein großes Problem.«

Wenn Sie dabei nicht schmunzeln müssen, wenn Ihnen nicht warm ums Herz wird, handelt es sich um eine negative Schwingung und ein Nicht-haben-Wollen. Wenn ein Satz kein warmes Gefühl in Ihnen auslöst, sollten Sie ihn gar nicht aussprechen oder nur in veränderter Form.

Sie haben die Wahl

Gesellschaftliches Denken, das Denken der Massen, dreht sich meistens um das Nicht-haben-Wollen. Die Schuld für das Meer an trüben Gedanken, in dem wir leben, wird jedoch immer bei den anderen gesucht. Aber wie oft haben Sie selbst darüber gejammert, wie schrecklich etwas ist? Oder wie viele Ihrer Arbeitskollegen beklagen sich über dieses und jenes? Auch das geht in dieses Gedankenmeer ein. »Verdammt, schon wieder Montag!« Noch mehr Stoff für das Gedankenmeer. Das alles ist regelrechter Müll mit sehr niedrigen Schwingungen. Wir alle strahlen sie aus und leben mittendrin.

Wir haben also die Wahl: Entweder lernen wir, eine positive Schwingung von einer negativen zu unterscheiden und bewusst die positiven Wünsche über die negativen zu stellen, oder wir treiben weiterhin mit allen anderen in diesem dunklen Meer aus Müll bis ans Ende unserer Tage. Kampf, Unstimmigkeiten, Konflikte, Krankheiten, aber nur wenig Freude werden unsere Ausbeute sein.

Das sind vielleicht harte Worte, aber die Lösung ist ganz einfach. Wir müssen zum *Generator* der Gedanken werden, anstatt nur Empfänger zu sein! Dann spielen wir ein neues Spiel und sind nicht länger den Launen anderer Menschen ausgeliefert. Wir sind nicht mehr der unglückliche, leicht verletzbare Beifahrer. Wir sitzen selbst am Steuer. Äußere Kräfte verlieren ihre Bedeutung. Die Vergangenheit wird unerheblich. Wir haben endlich unsere Grundeinstellung geändert. Wir haben unser Leben endgültig in die Hände genommen.

Das Ende der Geschichte

Was passierte denn nun mit meinem abgelehnten Kredit? Sobald ich erfahren hatte, dass er ins Wasser gefallen war, zählte ich zwei und zwei zusammen und erkannte natürlich sofort, dass ich einer ganzen Reihe negativer Wünsche auf den Leim gegangen war. Natürlich strahlte ich auch die entsprechende sorgenschwere Energie aus. Die brachte dann nicht nur den Kredit zum Scheitern, sondern setzte noch dazu die reizende Kettenreaktion in Gang, die ich dann auf meiner Fahrt erlebte.

Es dauerte nicht lange, bis ich von den schlechten wieder auf die guten Gefühle umschaltete, obwohl der Kredit ja bereits abgelehnt war. Die Lage schien zwar hoffnungslos, aber ich weigerte mich, es so zu sehen, und machte mich daran, meinen Blickwinkel zu verändern, meine Empfindungen, meine Schwingungen und sogar meine Kleidung – als ich nach Hause kam, zog ich gleich etwas anderes an (ich übertreibe jetzt ein wenig).

Am nächsten Morgen rief der Kreditgeber an und meinte, er habe ein Hintertürchen gefunden; der Kredit könne nun doch in einigen Tagen gewährt werden!

War das nun Glück? Keineswegs! Es war die bewusste, entschlossene Veränderung des Blickwinkels, der Gefühle, des Energieflusses. Was ich nicht haben wollte, hatte ich ja bereits bekommen. Also war es auch nicht schwer herauszufinden, was ich eigentlich wollte, das richtig intensiv zu spüren und dann diese Energie fließen, einfach fließen zu lassen. Es ist nicht immer so einfach, ein Nicht-haben-Wollen noch umzuwandeln, wenn man bereits ohne Fallschirm aus dem Flieger gesprungen ist, aber in diesem Fall kam es doch noch zu einer glücklichen Landung.

Der negative Schöpfungsprozess gehört zu unserem Repertoire. Wir haben unser Leben auf unendlich vielen Tonnen von negativen Wünschen aufgebaut, immer auf der Suche nach Antworten auf die immerwährende Frage nach dem Warum. »Warum müssen wir ein solches Leben führen?« »Warum sind wir nicht so glücklich, wie wir es gern sein möchten – sein könnten – sein sollten?« »Warum sind wir dort noch nie gewesen oder auf jenen Berg gestiegen?«

Das ist schon in Ordnung! Wirklich. Wir haben alles richtig gemacht. Ohne die negativen Wünsche hätten wir nie unsere eigentlichen, unsere positiven Wünsche entdecken können. Jetzt lernen wir lediglich, die negativen Wünsche bewusst umzuwandeln, anstatt sie dem Zufall zu überlassen.

Wenn Sie sich von einer dunklen, schweren Stimmung (oder auch nur einer leichten Verstimmung) heruntergezogen fühlen, vergessen Sie nicht, dass Sie dann negative Energie verströmen.

Machen Sie sich davon frei und holen Sie irgendein warmes, wohliges Gefühl aus dem Bauch. Dadurch öffnen Sie sich für die Verwirklichung Ihrer größten Herzenswünsche – und genau deshalb sind Sie hier auf Erden.

4

Ja, genau! Das, das und das!
(Zweiter Schritt)

Da wir jetzt ja begriffen haben, dass wir den Großteil unseres Lebens durch negative Wünsche selbst erschaffen haben, wollen wir herausfinden, was denn positive Wünsche eigentlich sind. Wir müssen auch überlegen, was wir nun um Himmels willen mit ihnen machen sollen, nachdem wir sie schon einmal entdeckt haben.

Klingt lächerlich, oder? Jeder weiß doch, was er im Leben will?

Falsch! Positive Wünsche sind so ziemlich das beängstigendste, missverstandenste und vernachlässigtste Thema auf der ganzen Welt. Und ich wette mit Ihnen, dass schon allein der Gedanke daran für die meisten Leute schlimmer ist als eine Behandlung beim Zahnarzt ohne Betäubungsspritze.

Bevor wir nun jedoch in das zauberhafte Reich der positiven Wünsche eintauchen, sollten wir uns unbedingt klar machen, was uns denn wirklich Freude und Lebenslust schenkt und unser Leben lebenswert macht. Witzigerweise ist genau das, was wir gern vermeiden möchten, auch das, was uns tatsächlich Freude beschert – nämlich der Kontrast: Neigungen und Abneigungen, positive und negative Wünsche. So seltsam es sich auch anhört, ohne Gegensätze würden wir wohl verrückt werden.

Um dieses bizarre Konzept ein wenig zu veranschaulichen, wollen wir uns jetzt zusammen auf eine Fantasiereise zu einem fiktiven Ort auf einem fiktiven Planeten begeben – genannt »Einheitsbrei«.

Nein danke zum »Einheitsbrei«

Da ist es schon, direkt unter uns. Das Gebiet sieht wie die Erde aus: die gleiche Landschaft, gleich aussehende Menschen – alles gleich. Das Bild entspricht genau der Erde, bis auf die Farben – denn hier ist alles grau: die Landschaft, die Gebäude, die Autos, die Tiere, die Menschen. Alles hat die gleiche Farbe, sogar exakt in der gleichen Schattierung! Die Menschen haben keinerlei Elan, weil alles gleich ist. Es gibt keine Herausforderungen, keine Hindernisse, *keinen Kontrast!*

Bemerken Sie die Trägheit der Leute? Es herrscht die pure Langeweile, und zwar in enormem Ausmaß. Kein Wunder. Denn keiner muss Entscheidungen treffen im »Einheitsbrei«, da ohnehin alle Entschlüsse die gleichen Auswirkungen haben. Die Partner unterscheiden sich überhaupt nicht voneinander, jede Arbeit bietet genau den gleichen Anreiz und so geht es endlos weiter. Reicht es Ihnen? Dieses Szenario könnte genauso gut aus der Hölle stammen.

Wer würde schon hier leben wollen? Was hätte das für einen Sinn? Keine Herausforderungen, keine Wünsche, keine reizvollen Unterschiede – rein gar nichts, das auch nur die geringste Begeisterung hervorrufen könnte. Ein unglaublich langweiliger Ort. Um genau das zu vermeiden, haben wir uns den Planeten Erde überhaupt ausgesucht. Wir sind hergekommen, um die Vielfalt und die Unterschiede zu entdecken. So seltsam es klingen mag, gerade wegen der Kontraste sind wir auf die Erde gekommen.

Denn genau das bietet uns der Planet Erde in der dritten Dimension: Alternativen und Möglichkeiten in Hülle und Fülle, ein Übungsfeld, auf dem wir herausfinden können, was wir nicht mögen, damit wir – besten Dank! – schließlich das erschaffen können, was wir uns wünschen. Wie jemand einmal so treffend sagte: »Wenn es nur Vanilleeis gäbe, wäre das Leben doch ziemlich trostlos.«

Wir haben also die Wahl. Eine unendliche Vielfalt an Möglichkeiten bietet uns nicht nur die Gelegenheit, unsere tiefsten Wünsche in dieser Welt der Fülle zu verwirklichen und zu genießen. Sie gibt uns auch die Chance herauszufinden, wie viel Leid und Entbehrung wir bereit sind auf uns zu nehmen, bevor wir uns erlauben, unsere Wünsche zu verwirklichen.

Wir müssen doch zugeben, dass wir wahre Meister darin sind, herauszubekommen, was uns nicht gefällt. Weit weniger leicht fällt es uns zu entdecken, was uns wirklich – *wiiirklich* – bewegt und mitreißt, damit wir es in unserem Leben verwirklichen können, ganz allein der Freude wegen.

Das Leben sollte eigentlich nach dem Motto gelebt werden: »Dies hier möchte ich nicht, aber *das* hier will ich.« Daraus ist inzwischen jedoch ein »Das gefällt mir zwar nicht, aber da muss ich wohl durch« geworden. Dann meckern wir herum und jammern, beklagen uns ständig und hadern mit allem, was wir am Hals haben. Womit wir uns natürlich noch tiefer in genau den Zustand verstricken, in dem wir überhaupt nicht sein wollen.

Was wollen Sie also? Wissen Sie es überhaupt? Lassen Sie Ihre Träume zu? Trauen Sie sich, Ihre Wünsche auszudrücken? Erlauben Sie Ihrer Fantasie (die mächtigste und himmlischste Gabe des Menschen), Kapriolen zu schlagen? Was wünschen Sie sich? Wonach sehnen Sie sich in Ihrem tiefsten Innern?

Die Tortur des Wünschens

Allmählich haben wir uns mit der mehr oder weniger erschreckenden Erkenntnis vertraut gemacht, dass wir alle Erfahrungen in unserem Leben durch den jeweiligen Blickwinkel darauf und die dazugehörigen Gefühle selbst hervorgerufen haben. Da ist es wohl eine ganz natürliche Reaktion zu denken: »Na ja, das mit dem Wünschen mag für andere vielleicht okay sein, aber ich fang jetzt nicht einfach mit solchen Tagträumen an. Mein Leben läuft ja einigermaßen, ich komm ganz gut über die Runden.

Warum sollte ich mich jetzt also noch mehr Enttäuschungen aussetzen?«

Wir sind uns all der Dinge bewusst, die wir gern hätten, aber nicht haben: der Orte, an denen wir gern wären, aber nicht sind, der Leitern, die wir gerne hochgestiegen wären, es aber nicht getan haben. Wenn nur wenig so gelaufen ist, wie wir es uns gewünscht hätten, warum sollten wir dann jetzt mit Wünschen anfangen? Ganz nach dem alten Motto: »Je mehr ich mir etwas wünsche, desto weniger bekomme ich es.« Die Kehrseite davon heißt dann: »Klar habe ich viele Wünsche und Hoffnungen, ich rechne aber gar nicht mehr damit, dass sie sich jemals erfüllen.«

Es ist traurig genug, aber wir haben eine Gehirnwäsche hinter uns, die uns glauben lässt, dass die meisten Wünsche nicht nur der reine Egoismus und schon deshalb zu verabscheuen sind, sondern dass sie noch dazu mehr als unmöglich sind.

Erinnern Sie sich noch daran, als Sie in der dritten oder vierten Klasse waren? Damals waren Sie einerseits bereits alt genug, um den Schmerz der Enttäuschung zu verstehen und andrerseits auch schon ein regelrechter Veteran im Vermeiden von Enttäuschungen. Sie machten bereits sehr früh die Erfahrung, dass Sie sich umso schmerzlicher nach etwas sehnten, je mehr Sie es sich wünschten. Also hörten Sie dann einfach auf, sich etwas zu wünschen, es sei denn, Sie hatten die hundertprozentige Garantie, dass sich Ihr Wunsch auch tatsächlich realisieren würde.

Aber sogar als Kleinkind, als Sie ständig auf Entdeckungsreise waren, bekamen Sie schon zu hören: »Nein, nein, nicht anfassen!«, als Sie ganz fasziniert auf die glitzernde Vase auf dem Fernseher zuwackelten. Nicht nur einmal oder hundertmal, nein, etwa sechzigtausendmal (laut Statistik) innerhalb von drei Jahren wurde Ihnen gesagt: »Nein, nicht, das darfst du nicht!« Als Sie dann Ihren vierten Geburtstag feierten, hatten Sie sich schon daran gewöhnt, sich genau zu überlegen, ob Sie sich irgendetwas überhaupt wünschen wollten. Denn Wünschen setzten Sie bereits gleich mit »schlecht«.

Das hört nach der frühen Kindheit jedoch keineswegs auf. »Nein« zu diesem, »Nein« zu jenem, »Kommt überhaupt nicht in Frage« zu fast allem, während Sie langsam heranwachsen. Wenn Sie dann aufs Gymnasium gehen, fällt es Ihnen noch schwerer, sich irgendetwas zu wünschen, was gesellschaftlich nicht anerkannt ist. Also bleibt es bei dem Wunsch nach dem eigenen Auto, dem Abitur und dem Uni-Abschluss. Bloß keine Auszeit nehmen und einfach durch die Welt bummeln, bis Sie wissen, was Sie als Nächstes tun wollen. Bloß nicht daran denken, bis zum nächsten Jahr Millionär zu werden. »Spinner! Hör auf, Luftschlösser zu bauen.« Bald motten wir unsere Träume dann ein und folgen dem Trampelpfad all der Dogmen von »Sollte« und »Müsste«, die das Erwachsenenleben so mit sich bringt.

Wir haben es ja schon erlebt: Je mehr wir uns etwas wünschen, was außerhalb der gesellschaftlichen Normen liegt, desto sicherer können wir sein, dass es sich nicht erfüllt. Wir träumen zwar davon, aber es wird nie wahr. Wir träumen ein bisschen mehr, doch nichts passiert. Bald beugen wir uns der Fiktion, dass es eigentlich überhaupt keinen Spaß macht, Wünsche und Träume weiter zu verfolgen, die außerhalb der gesellschaftlichen Norm liegen (und manchmal sogar solche, die da durchaus hineinpassen). Je mehr wir sie realisieren wollen, desto mieser fühlen wir uns, wenn es einfach nicht klappt.

Schließlich hören wir ganz auf zu träumen oder kümmern uns nur noch um die ganz winzigen Träume, die vernünftig und machbar sind. Dabei bleiben wir dann und suchen Zuflucht im trostlosen »Einheitsbrei«, geschützt durch den irrigen Glauben, dass wir – wenn wir nur unsere Träume klein halten und nichts Weltbewegendes passiert – auch keine großen Verletzungen werden einstecken müssen.

Oh Gott im Himmel, was haben wir uns da nur für ein Leben ausgesucht.

Der Durchbruch zu unseren Wünschen

Eine lebenslange Programmierung auf Entbehrungen aufzulösen kann zunächst einmal Angst einflößen, denn es bedeutet ja Veränderung. Wir kommen aber nicht drum herum, wenn wir wirklich selbstbestimmt anstatt fremdbestimmt unser Leben gestalten wollen. Und ehrlich gesagt: Das konstruktive Wünschen (und es sich zu erlauben) ist gar keine so große Sache. Wir müssen nur erst einmal lernen, *wie* wir uns etwas wünschen können, ohne wieder bei einem Nicht-haben-Wollen zu landen.

Es gibt drei verschiedene Arten von Wünschen, die alle ihre eigene Bedeutung haben.

Wirkliche Wünsche

Die wirklichen Wünsche lassen sich aus dem Nicht-haben-Wollen herausschälen. »Ich will meinen Urlaub nicht bei den Schwiegereltern verbringen, stattdessen will ich lieber …?« »Ich will hier nicht mehr leben, sondern …?«

Das sind die einfachsten. Sie brauchen nur die Kehrseite des Nicht-haben-Wollens zu betrachten, und schon haben Sie Ihren wirklichen Wunsch entdeckt.

Negative Wünsche

Die negativen Wünsche müssen erst einmal umgewandelt werden, bevor Sie sich davon lösen können. Sie erkennen sie daran, wie Sie sich fühlen; mit einem negativen Wunsch fühlen Sie sich nie wohl, bis Sie Ihren Blickwinkel verändern.

Bei »Ich will gesund werden« liegt der Schwerpunkt ganz klar auf der Tatsache, dass Sie krank sind. Das ist ein negativer Wunsch. »Ich will reich sein« stellt uns vor das gleiche Problem. Was dahinter steckt, ist in beiden Fällen ein Mangelzustand – wir fühlen uns nicht wohl, weil wir das, was wir uns wünschen, nicht haben. Negative Wünsche beinhalten immer ein Nicht-haben-Wollen und lassen sich manchmal erst richtig einordnen, wenn Sie Ihre Gefühle zulassen.

Wenn Sie Übergewicht haben und abnehmen wollen und in aller Unschuld sagen: »Ich möchte dünner werden«, ist das ein negativer Wunsch, der niemals ein warmes, wohliges Gefühl in Ihnen auslösen wird. Er entspringt der Sehnsucht, dem Verlangen oder einem nichtssagenden Wunsch – alles negative Energien. Er basiert auf Bedürftigkeit, hinter der Angst steckt, und nicht auf dem wirklichen Wunsch, der Begeisterung mit sich bringt.

Natürlich würden Sie sich nichts wünschen, was Sie schon haben. Wenn der Schwerpunkt aber nur auf der Tatsache liegt, dass Sie etwas nicht haben, werden Sie es auch nie bekommen. Das geht schon deshalb nicht, weil Sie dann nur die Tatsache sehen, dass etwas eben nicht vorhanden ist.

Wenn das, was Sie sich wünschen – und in Worte fassen – kein Wohlgefühl in Ihnen auslöst, dann handelt es sich um negatives Wünschen, das umgewandelt werden muss in eine positive Absicht, einen inspirierenden Wunsch.

Berechtigte Wünsche
Die berechtigten Wünsche nenne ich deshalb so, weil wir einfach ein Recht auf unsere Sehnsüchte haben, ganz unabhängig davon, was unser Glaube, unsere Eltern, unsere Freunde oder Kollegen behaupten. Wir haben allein durch unsere Existenz das Recht, unsere kreativen Fähigkeiten in der Form einzusetzen, wie wir es für richtig halten. Wir haben das Recht, jedes Nicht-haben-Wollen – *wirklich jedes Nicht-haben-Wollen* – jederzeit durch einen Wunsch zu ersetzen. Wenn wir dann zufrieden sind, werden die anderen sicherlich auch davon profitieren. Wenn nicht, dann soll es eben so sein.

Durch die berechtigten Wünsche lösen wir uns von der Enge der »Sollte-« und »Müsste-«Einstellungen und fangen an, unser eigenes Leben zu leben!

Durch berechtigte Wünsche akzeptieren wir die Tatsache, dass es nicht nur angemessen und stimmig, sondern auch von entscheidender Bedeutung für uns ist zu wünschen: alles, überall, auf jede Art, so viel wir wollen – und jederzeit. Einfach alles! *Alles* auf dieser Welt, wenn diese Wünsche unser Leben wieder in Bewegung bringen, uns aus dem »Einheitsbrei« herausheben und uns höher schwingen lassen – in Verbindung mit der Freude unseres Wahren Selbst. Das ist der einzige Grund, Wünsche zu haben: damit wir uns glücklich fühlen.

Ja, ich weiß, das mag alles etwas hart, rücksichtslos und sehr egoistisch klingen. Aber lesen Sie bitte noch etwas weiter, bevor Sie irgendwelche Schlüsse ziehen. Dann werden Sie sehen, dass auch all die Menschen, mit denen Sie zu tun haben, von dieser unerhörten Art, mit dem Leben umzugehen, außerordentlich profitieren werden.

Wünschen – eine Lebensnotwendigkeit

Ich frage Sie jetzt mal: »Was wünschen Sie sich?« Und Sie antworten: »Oh, ganz einfach. Ich will genügend Geld haben, um meine Rechnungen zu bezahlen, meine Kinder zu versorgen, ein wunderschönes Haus zu kaufen, eine Arbeit, die mich befriedigt, einen liebevollen Partner, mit dem ich alles teilen kann, und vollkommene Gesundheit. Ein neues Auto wäre auch nicht schlecht.«

Das ist schon mal ein Anfang, noch dazu ein guter. Aber es ist eben nur der Anfang! In der Tat: Die meisten von uns würden sich wohl wie im Paradies fühlen, wenn sie all diese wundervollen Dinge bereits hätten! Wenn wir jedoch die Kraft, die wir Enthusiasmus nennen, wirklich freisetzen wollen, um endlich in tiefer Freude und in Einklang mit der Schwingung unseres Höheren Selbst zu leben, müssen wir über das Offensichtliche hinausgehen!

Was wünschen Sie sich also noch?

Natürlich verändern sich Wünsche im Lauf der Jahre. Über den Wunsch nach einem Pony zu Ihrem vierten Geburtstag sind Sie inzwischen wahrscheinlich hinausgewachsen – oder vielleicht doch nicht? Und wie steht's mit dem todschicken, kleinen roten Flitzer, um vor allen Leuten tierisch angeben zu können?

Doch noch immer gibt es in Ihnen einen erstaunlichen Bestand an lang vergessenen Fantasien. Wie sehen sie aus? Wie lange ist es her, dass Sie es sich zuletzt gestattet haben, sich Ihrer blühenden Fantasie hinzugeben und in Ihren Tagträumen an den exotischsten Abenteuern teilzunehmen?

Was sind Ihre kleinsten, größten, ältesten, neuesten oder Ihre tiefsten Wünsche, Ihre verborgensten Begierden, Ihre kühnsten Bestrebungen? Ich meine diejenigen, die so weit weg sind, so unmöglich, so unerreichbar, dass Sie nicht einmal gewagt haben, sie ganz leise auszusprechen, geschweige denn jemandem zuzuflüstern, nicht einmal Gott? Was sind sie? Haben Sie es sich inzwischen verboten, Wünsche auszudrücken?

Diese Welt lebt von den Gegensätzen! Deshalb sind wir hier. Wir sind hergekommen, damit wir lernen können, unsere Wünsche zu verwirklichen. Wir sind hergekommen, um unser Unterscheidungsvermögen zu entwickeln und um jene seltsame Kunst des Wünschens zu kultivieren, die zur Verwirklichung führt. Stattdessen haben wir uns jedoch in der brotlosen Kunst verfangen, mit Feuereifer die ganze Palette des Nicht-haben-Wollens zusammenzustellen.

Wir sind auf dieser Erde, um unsere Wünsche und Träume zu erfüllen, die ganze Fülle zu erleben und diese wundervolle Erfahrung der körperlichen Existenz auszukosten. Wir sind hier, um das Gute und das Schlechte zu erfahren, damit wir lernen, unsere Vorlieben und unsere Abneigungen auseinander zu halten. Also, leben Sie Ihre Vorlieben! Holen Sie Ihren Schatz an Träumen aus der Versenkung hervor, polieren Sie jeden einzelnen liebevoll auf und schauen Sie ihn mit aller Offenheit noch einmal an.

Vergessen Sie, dass diese Träume unerreichbar sind.
Vergessen Sie, dass sie hoffnungslos oder undenkbar sind.
Vergessen Sie, dass jemand Sie für übergeschnappt halten könnte.
Vergessen Sie, dass man Sie als egoistisch abstempeln könnte.
Vergessen Sie alle diese Dinge!

Wünschen ist nicht nur unser Recht, es ist die unabdingbare Voraussetzung für ein glückliches Leben.

Oh doch, Sie haben es sehr wohl verdient

Die beste Nachricht: Sie brauchen überhaupt nichts Besonderes zu sein, um Wünsche haben zu dürfen.

Sie brauchen nichts zu beweisen, zu bestätigen oder einen moralischen Test zu bestehen.

Sie brauchen sich nicht zu rechtfertigen oder nach Ausreden gegenüber Ihrer Familie, sich selbst oder Gott zu suchen.

Sie brauchen nicht bewundernswerter, vertrauenswürdiger oder aufrichtiger zu sein, als Sie es jetzt bereits sind.

Sie müssen sich nur zu einer Entscheidung – nur zu einer – durchringen, nämlich zu der Entscheidung, glücklich zu sein.

Dort werden Sie aber nur ankommen, wenn Sie all Ihren Wünschen – Ihren Träumen, Begierden, Verlangen – erlauben, wirklich aus ihrem Versteck herauszukommen und nicht nur durch den Türspalt zu spähen!

Dann ergeht es Ihnen wie jedem verborgenen Talent, dessen Sie sich mehr oder minder bewusst waren, sich aber nicht getraut haben, es zu leben: Das Wünschen macht richtig Spaß, wenn Sie es erst einmal als einen Teil von sich akzeptiert haben und wissen, dass es völlig in Ordnung ist. Die Freude beginnt zu fließen. Dann strahlen Sie auch andere Schwingungen aus, denn dank Ihrer Lebensfreude können Sie gar nicht negativ schwingen und Negatives *anziehen* – nur noch Positives.

Wenn Sie diese Lebensfreude spüren, können Sie sich gar nicht unsicher, verlegen, unwürdig, schuldig oder minderwertig fühlen, da Sie diese Schwingungen nicht aussenden. Sie empfinden keinerlei Mangel. Also können Sie ihn auch nicht anziehen.

Wenn Sie damit anfangen, Ihre Wünsche auszudrücken, werden Sie mehr Freude, mehr Fülle und mehr Freiraum in Ihrem Leben schaffen. Kein hoher Preis fürs Träumen, finden Sie nicht auch?

Es ist völlig egal, wovon Sie träumen! Wählen Sie einen Traum aus, der Sie glücklich macht, und Sie werden ihn in Ihrem Leben verwirklichen. Träumen Sie einen Traum der Freude, einen Traum

der Erfüllung, einen Traum von Abenteuern, aber TRÄUMEN
Sie!

Wünsche zu haben ist genauso wenig eine Sünde wie das
Atmen. Sie brauchen Ihre Wünsche überhaupt nie zu rechtfertigen. Lassen Sie es also einfach bleiben! Wenn Sie sich andauernd
rechtfertigen oder in die Defensive gehen – was alles zu den negativen Schwingungen gehört –, verlieren Sie die Verbindung zu
Ihrer höchsten Energiequelle.

Sie brauchen keinem Menschen und keiner höheren oder nie-
deren Instanz gegenüber Erklärungen für Ihre Wünsche abzugeben. Und schon gar nicht Gott gegenüber. Wenn Sie es täten,
würden Sie Ihrer höchsten Quelle den Rücken zukehren und Ihre
eigene Existenz, Ihr göttliches Recht auf Leben, verleugnen.
Ganz entgegen der allgemeinen Überzeugung *ist* der Zustand der
Glückseligkeit nämlich Ihr geheiligtes Geburtsrecht.

Lassen Sie sich also gehen und träumen Sie. Sie erschaffen ja
sowieso schon jeden Augenblick Ihres Lebens selbst durch Ihre
Gedanken und Schwingungen, also können Sie auch gleich damit
anfangen, es so zu gestalten, wie Sie es gern hätten.

Die alten Wünsche sind noch da

Eine hervorragende Methode, um lange Zeit verborgene Wünsche wieder ans Licht zu holen, ist es, so zu tun als ob. Denken Sie
daran: Alles, was Sie tun müssen, um Ihren Wunsch zu verwirklichen – wie auch immer er aussehen mag –, ist, ihn voll zuzulassen und zu spüren, ohne jegliche Erklärung, Entschuldigung oder
Begründung.

Die Herausforderung liegt jetzt darin, Schicht für Schicht von
der Zwiebel abzupellen, bis Sie all die unbrauchbaren »Sollte-«
und »Sollte-nicht-«Sprüche entfernt haben und wieder zur längst
vergessenen Lebensfreude vorgedrungen sind.

Tun Sie so, als ob Weihnachten wäre (das ist nur als Beispiel
gedacht und hat nichts mit dem Glauben zu tun). Sie spielen den

Weihnachtsmann im Einkaufszentrum – in voller Montur, mit kratzigem Bart und einem ausgestopften dicken Bauch. Sie hören den Kleinen zu, wie sie alle ihre Liste von gesellschaftlich anerkannten Wünschen vortragen. Dann schwenken Sie Ihren Zauberstab, damit die Kinder mit ihren gesellschaftlich weniger akzeptablen Wünschen herausrücken.

Eine süße kleine Gör, etwa sechs Jahre alt, hüpft auf Ihren Schoß. Sie listet ihre Wünsche auf: Ein paar schöne Spielsachen, die sie aus dem Fernsehen kennt und einige Klassiker wie eine Puppe und einen kleinen Hund. Das war's auch schon. Nicht gerade neu.

Mit Ihrem Zauberstab kitzeln Sie den Rest aus ihr heraus: Eine große Schaukel im Garten, einen Papa, der viel mehr Zeit hat, eine Mama, die sich Zeit zum Spielen nimmt, jemanden, der an die hübschen Engel im Schlafzimmer glaubt, und jemanden, der immer wieder alles in Ordnung bringt. Ach ja, und bitte viele Geschwister. Dann springt sie ganz vergnügt von Ihrem Schoß herunter.

(Erinnern Sie sich noch an Ihre geheimsten Wünsche im Alter von sechs Jahren?)

Als nächster kommt ein schlaksiger Achtzehnjähriger, der bei dem Spaß mitmachen will.

»Okay, was soll dir denn der Weihnachtsmann mitbringen?« Wieder ist die Liste beängstigend kurz, obwohl der Teenager nur so aus Spaß mitmacht. »Tja, das neue Auto, das du in deinem Sack versteckt hast, nehme ich gern an. Ich hätte auch nichts gegen ein paar Tausender in meinem Strumpf, die ich verspielen kann. Und wenn du noch 'nen heißen Flirt auf deinem Schlitten hast, wäre das echt cool!«

Wieder schwenken Sie Ihren Zauberstab, der Achtzehnjährige entspannt sich, und eine erstaunliche Liste von berechtigten Wünschen sprudelt nur so aus ihm heraus, die mit Beruf, Freunden, Erfolg, Ruhm, Kleidung, Lebensumständen, Familie, Jachten und echter Freude zu tun haben. »Was auch immer das bedeuten mag«, murmelt er dann.

(Erinnern Sie sich noch an Ihre geheimen Wünsche mit achtzehn und an die Träume, die Sie in irgendeine Ecke gestopft haben, um sich »der Realität« anzupassen?)

Schließlich kommt ein Erwachsener und setzt sich vergnügt auf den Schoß des Weihnachtsmanns, während die Kinder ihn kichernd beobachten.

»Was möchten Sie denn, mein Guter?«, fragen Sie erwartungsvoll. Sie sind sehr enttäuscht, als er die kürzeste Liste von allen mitgebracht hat, als ob jeder Traum und jede Hoffnung, die er jemals gehegt hat, geradewegs aus dem Fenster geflogen seien. Seine Wünsche sind ein neues Haus, ein neues Auto, ein großer Lottogewinn, aber das war's auch schon. Sie versuchen mit Ihrem Zauberstab noch etwas aus ihm herauszuholen. Nichts passiert. Sie schwenken noch einmal den Zauberstab. Wieder nichts. Schließlich fuchteln Sie ein paar Mal ganz energisch mit Ihrem Zauberstab herum.

Ganz langsam, als ob er es vom tiefsten Grund des Ozeans hoch holen müsste, kommt er dann doch zu einer kleinen Bemerkung darüber, dass es schön wäre eine Bäckerei zu haben. Die nächste betrifft den Wunsch, Klavierspielen zu lernen. Pause, dann der Wunsch, ein Seminar über Gartenbau zu besuchen. Und der, ein spezielles Segelboot zu bauen. Er kommt langsam in Fahrt. Der Wunsch, einen Freund finanziell unterstützen zu können, der eine Tanzschule eröffnen möchte, nach einer automatischen Garagentür, nach einem luxuriösen Haus mit Blick auf die klaren, blauen Gewässer einer Insel in der Karibik.

Jetzt ist er nicht mehr zu stoppen. Der nächste Wunsch, mit dem er herausplatzt, ist der nach dem Austausch von Träumen mit einer Partnerin. Dann der Wunsch nach einem Sommercamp für Kinder der Großstadt, nach Sicherheit in Erdbebengebieten, nach mehr Selbstbewusstsein, um vor einer Gruppen von Menschen sprechen zu können, nach besseren Beziehungen zu einzelnen Familienmitgliedern, nach mehr Liebesfähigkeit usw. usw. usw. Der Damm, der die Flut der aufgestauten uralten Wünsche zurückgehalten hatte, war endgültig zusammengebrochen.

Welche Träume haben Sie vergraben? Ihre Bestrebungen, Ihre vergessenen Ziele, sogar Ihre unbedeutendsten Wünsche – was sind sie? *WAS SIND SIE?*

2. Schritt: Stellen Sie fest, was Sie WIRKLICH wollen.

Das Paradoxe am Wünschen

Das beliebte amerikanische Komikerpaar Abbott und Costello aus den vierziger Jahren hatte einen Sketch im Programm, der zum Klassiker wurde, weil er immer ein Riesengelächter bei den Zuschauern hervorrief. Er begann mit dem Spruch »Wer ist auf dem ersten Mal?« und lief dann in etwa so ab: »Ja, Wer ist auf dem ersten Mal.«

»Ja, wenn Wer auf dem ersten Mal ist, wer ist dann auf dem zweiten?«

»Nein! Wer ist nicht auf dem zweiten Mal, er ist auf dem ersten, Was ist auf dem zweiten.«

Und so weiter und so fort, bis alle sich vor Lachen krümmten. Ich lache mich heute noch kaputt, wenn ich die Show im Fernsehen sehe.

Wenn Sie das Paradoxe an der Situation erkennen, werden Sie feststellen, dass es bei uns jetzt genauso verdreht weitergeht:

Wenn ich all das Nicht-haben-Wollen – wodurch ich mich schlecht fühle – in das, was ich haben will – wodurch ich mich gut fühlen soll – umwandle, ende ich trotzdem mit etwas, von dem ich weiß, dass ich es nicht habe – wodurch ich mich bestimmt nicht wohl fühle – und ich es wohl sowieso nie bekommen werde – wodurch ich mich noch viel frustrierter fühle als vorher, als ich von diesem ganzen Unfug noch gar nichts wusste!

Tja, welch weise Aussage: wenn man es bereits hätte, würde man es sich nicht mehr wünschen.

Der Akt des Wünschens beinhaltet ja bereits, dass Sie das Gewünschte noch nicht haben, und wenn Sie es nicht haben, wie zum Teufel können Sie dann zufrieden sein?

Sie können es nicht! Zumindest so lange nicht, bis Sie etwas verändert haben, nämlich Ihre gewohnte Art und Weise zu wünschen.

Das Dilemma entsteht dadurch, dass wir glauben, die ganze Verantwortung dafür tragen zu müssen, das Gewünschte auch zu bekommen. Wir denken, dass wir uns um das Wie kümmern, das Geld auftreiben und alles Mögliche tun müssen, damit sich unser Wunsch realisiert. Wenn wir erst einmal so weit gedacht haben, folgt normalerweise ein resigniertes: »Ach, zum Teufel, das ist doch einfach nicht möglich.« Und dann hören wir unweigerlich auf, uns überhaupt etwas zu wünschen. Eine einfache Lösung, die direkt auf unsere alten Programmierungen zurückzuführen ist.

Der Schlüssel

Der Schlüssel dazu, das wirklich zu bekommen, was Sie sich aus tiefsten Herzen wünschen – ohne jede Ausnahme –, liegt darin zu lernen, sich mit Ihrem Wunsch wohl zu fühlen: sich also nicht danach zu verzehren, darüber zu jammern oder den Mut zu verlieren, sondern sich einfach richtig wohl damit zu fühlen. (Sie wissen ja, das Gefühl des Mangels entspringt der Angst, dem Wunsch dagegen liegt freudige Erregung zugrunde – also genau die entgegengesetzten Pole auf der Frequenzskala.)

Jetzt stecken wir also in der Klemme. Wir wollen etwas, wodurch wir uns normalerweise schlecht fühlen, da wir es eben nicht nur nicht haben, sondern noch dazu partout nicht wissen, wie wir es bekommen können.

Die Lösung? *Verändern Sie die Gefühle!*

Wenn Sie sich etwas wünschen, denken Sie eine Weile darüber nach, bis irgendein Gefühl in Ihnen aufsteigt. Ganz egal, was für eines, ob gut oder schlecht, ob Alarmsignal oder nicht. Lassen Sie sich dann auf dieses Gefühl ein. Wenn Sie sich mies fühlen statt beschwingt, entmutigt statt begeistert, denken Sie ans *Nicht-Haben* anstatt ans *Haben*. Dann spüren Sie den *Mangel* an dem, was Sie sich eigentlich wünschen. Wenn Sie dagegen auch nur einen Funken Begeisterung oder ein angenehmes Kribbeln verspüren, liegen Sie richtig.

Beim bewussten Schöpfungsprozess geht es darum, die Gedanken umzudirigieren – von dem, was man nicht hat, auf das, was man sich wünscht – *und sie dort zu halten*. Wenn Sie das erst einmal geschafft haben, geht es darum, sich mit diesem Wunsch auch wohl zu fühlen anstatt sich hängen zu lassen, nur weil von einer Erfüllung weit und breit noch nichts zu sehen ist.

Die Frage ist also, wie wir in Hochstimmung kommen können, wenn wir an einen Wunsch denken. Denn sobald wir uns wohl fühlen, setzen die höheren Schwingungen die Frustgefühle außer Kraft, die uns plagen, wenn wir uns nur auf die Tatsache versteifen, dass noch kein Anzeichen für eine Realisierung unseres Wunsches in Sicht ist.

Aufregung zulassen!

Wir wissen bereits, dass der Trick, ein Nicht-haben-Wollen in einen Wunsch zu verwandeln, darin liegt, sich *fantaaaastisch* bei diesem Wunsch zu fühlen, anstatt sich davon entmutigen zu lassen. Dabei spielt es keine Rolle, ob es um einen uralten, schon ganz verstaubten Wunsch geht, den Sie tief vergraben hatten, oder um einen ganz neuen; der Prozess bleibt der gleiche.

Ich sage Ihnen jetzt, wie Sie sich gut – oder sogar hervorragend – fühlen können wenn Sie sich etwas wünschen. Selbst wenn Sie denken, dass es unmöglich zu verwirklichen ist, dass Sie es nicht verdienen oder sich nicht leisten können oder dass es sowieso viel zu kompliziert wäre auszutüfteln, wie Sie es bekommen könnte. Die Quintessenz des Gesetzes der Anziehung, die Ihre Wünsche garantiert wahr werden lässt, ist nämlich folgende:

Wenn Sie wissen, was Sie wollen, müssen Sie ganz in das dazugehörige Gefühl eintauchen und sich gleichzeitig von dem Gefühl des Nicht-Habens distanzieren.

Mit anderen Worten, *spüüüüren* Sie (lassen Sie die Aufregung zu), wie toll es wäre, wenn Sie schwimmen könnten (wenn Sie es nicht schon können), anstatt verlegen zu werden, wenn alle außer Ihnen sich begeistert in die Ferien stürzen.

Spüüüüren Sie (lassen Sie die Aufregung zu), wie Sie sich in Ihrem neuen Job fühlen, anstatt ständig über den alten zu jammern und sich wie in einer Falle zu fühlen.

Spüüüüren Sie (lassen Sie die Aufregung zu über) Ihren Stolz, während Sie auf der Bühne Ihre wohlverdiente Auszeichnung entgegennehmen, auch wenn Sie mit dem Studium noch gar nicht angefangen haben.

Spüüüüren Sie (lassen Sie die Aufregung zu), wie Sie Ihren neuen Freund kennen lernen und wie spannend es sein wird, mit ihm zusammen zu sein.

Spüüüüren Sie (lassen Sie die Aufregung zu), wie es sein wird, ein eigenes Flugzeug zu besitzen, und mit welcher Freude und welchem Stolz Sie Ihre Freunde und Ihre Familie überall hin fliegen.

Jetzt schwingen Sie im Einklang mit Ihrem Höheren Selbst. Ihre Wünsche sind eingebettet in Ihre freudigen Schwingungen und werden jedes Mal intensiver, wenn Sie sie nur für sechzehn Sekunden *spüüüüren*. Sie sind aus den negativen Schwingungen des sozialen Bewusstseins ausgebrochen, um sich mit den höheren Energien des Wohlbefindens zu verbinden und auf dieser Ebene zu schwingen, die allein Ihre Wünsche Wirklichkeit werden lassen kann.

Sind Sie erst einmal auf dieser Ebene angelangt, sind Sie und Ihr Wunsch buchstäblich im Einklang. Anstatt ständig Alarmsignale auszusenden weil Sie sich dem Gefühl des Mangels überlassen (wodurch Sie noch mehr Mangel anziehen würden), strahlen Sie gute Gefühle aus und schwingen mit Ihrem Wunsch – egal, ob seine Erfüllung bereits in Sichtweite ist oder auch nicht.

Solange Sie nicht zu viel Zeit damit verschwenden, sich Sorgen darüber zu machen, warum sich Ihr Wunsch denn noch nicht realisiert hat, werden diese aufregenden, aufgeladenen, stimulierenden, freudigen Schwingungen das, was Sie sich wünschen, früher oder später direkt anziehen.

Das ist alles, was wir brauchen: aufbauende Gefühle, ein wichtiger Bestandteil des Lebens, den wir alle offensichtlich vergessen haben in unsere »ausgewogene Ernährung« mit einzubeziehen.

Es geht um das Warum

Damit sich ein Wunsch realisiert, muss er uns regelrecht das Wasser im Mund zusammenlaufen lassen, damit wir so viel positive, anregende Energie wie nur möglich mobilisieren. Eine sehr gute Methode, das zu erreichen, besteht darin, über das »Warum« des Wunsches zu sprechen. Das »Was« definiert den Wunsch, aber das »Warum« lädt unsere Batterie auf und bringt den Strom zum Fließen.

Es ist, wie wenn man jemanden, der ganz wild auf blutige Steaks ist, fragt, warum er sie gern so isst. Er legt den Kopf zurück, schließt die Augen und fühlt sich wie im Schlaraffenland, während ihm der Duft in die Nase steigt und er sich den Geschmack, den Geruch, den Saft, die Konsistenz des Fleisches auf der Zunge zergehen lässt. Sein Hochgefühl sorgt für entsprechend hohe Schwingungen – und das alles nur wegen einer kleinen Frage nach dem »Warum«.

Während Sie sich mit den »Warums« Ihrer Wünsche befassen, fangen Sie an, sich auf die dazugehörigen Gefühle einzulassen. Sie drehen richtig auf vor lauter Begeisterung. Und Sie produzieren eine ganze Ladung von Sechzehn-Sekunden-Intervallen, die jeden Wunsch mit enorm viel magnetischer Energie aufladen. Sie platzen nicht einfach heraus mit einem platten: »Das wünsche ich mir.«

Indem Sie auf das Warum eingehen, geben Sie Ihrem Wunsch die nötige Starthilfe. Wenn die Batterie Ihres Autos leer ist, können Sie nirgendwo hinfahren, bis Sie sie wieder aufgeladen haben. Kein Saft – keine Bewegung; kein Pep in Ihrem Wunsch – keine Anziehung; keine Energie – keine Erfüllung.

Weil – weil – weil

In einem meiner Wochenendseminare meinte eine Frau schließlich: »Gut, ich verstehe jetzt, dass ich mich bei meinem Traum auf den Mangel konzentriert habe, aber mir fällt nur ein einziges Warum ein.«

»Okay, was wünschen Sie sich denn?«

»Ich wünsche mir ein Sommerhaus am Meer.« (Ohne jegliche Begeisterung.)

»Warum?«

»Ich hasse es, den Sommer zu Hause zu verbringen.«

Aha, ein starkes Nicht-haben-Wollen. Ich fragte weiterhin warum.

»Warum wollen Sie im Sommer nicht zu Hause bleiben?«

»Ich möchte die Ruhe und Entspannung genießen, die ich in einem Sommerhaus haben würde. Ja, und das Gefühl der Freiheit.«

»Gut! Sie fangen an, sich zu verbinden; machen wir weiter. Warum ist Ihnen die Freiheit so wichtig?«

»Mir geht es dann einfach gut, und ich bin glücklich. Oh ja! Ich erinnere mich, wie glücklich ich mich als Kind in unserem Sommerhaus gefühlt habe. Es war eine wundervolle Zeit.«

»Wir kommen der Sache immer näher. Erzählen Sie mir mehr; wie sieht Ihr Sommerhaus aus?«

»Es ist ein helles kleines Ferienhaus in Cape Cod, etwas verwittert, aber sehr gemütlich. Es ist weiß verputzt. Ach, wie ich das Strahlen dieses weißen Putzes liebe.«

»Weiter. Liegt es am Meer?«

»Oh ja, direkt in den Dünen.«

»Warum wollen Sie so nah am Meer sein?«

»Ach, es ist so beruhigend, sogar wenn es stürmt. Ich lebe auf und fühle mich wach. Dort kann ich malen, die Sonnenuntergänge genießen und mich in der Weite verlieren – na ja, am Meer wird eben alles irgendwie lebendig in mir.«

Endlich! Diese Frau hatte jetzt vollständig Feuer gefangen. Alles in ihr pulsierte und ihre Schwingungen wurden immer höher; ihr anfangs noch zaghafter Wunsch wurde mit jedem weiteren Gedanken magnetisch aufgeladen. Ich fragte immer weiter nach dem Warum, und sie antwortete weiterhin mit einem Weil nach dem anderen. Durch jedes zusätzliche Weil stiegen ihre Schwingungen weiter an. Dieser Wunsch wurde nun zu einem Teil von ihr, eingebettet in ihre Schwingungen.

Fragen Sie sich wieder und wieder, warum Sie etwas wollen, und stellen Sie sich immer weiter die Frage nach dem Warum – auch wenn Sie meinen, Sie hätten längst keine Antworten mehr. Dann werden Sie bald in Ihrem Traumland sein und sich einfach *wunder-voll* fühlen, ganz genau wie es sein sollte, damit dieser Wunsch Wirklichkeit werden kann.

An diesem Punkt müssen Sie Ihre Willenskraft einschalten, um so lange wie möglich auf dieser Schwingungsebene zu bleiben, vielleicht für eine halbe Stunde oder besser noch den ganzen Tag. Aber auch wenn es nur ein paar Minuten sind – hervorragend: Das reicht erst einmal aus, um die Energie anzukurbeln. Sie wissen ja, Sie brauchen nur sechzehn Sekunden, damit Gedanken mit den gleichen Schwingungen Energiewirbel bilden können, dann weitere sechzehn Sekunden und noch mal und noch mal. Sollte Ihnen dabei der Gedanke dazwischenfunken: »Vergiss es, das ist doch ein unmöglicher Traum«, wechseln Sie einfach wieder Ihre Schwingung. Denken Sie an etwas, was Sie aufmuntert, damit Ihr Motor erneut auf Hochtouren kommt.

(Zur Erinnerung: Das Universum liefert uns nicht das, worüber wir reden, was wir verdienen oder was angeblich vorherbestimmt ist. Das Universum liefert uns genau das – und nur das –, was wir in jedem Augenblick durch unsere energetischen Schwingungen ausstrahlen. Nicht mehr, nicht weniger.)

Bevor Sie sich versehen, antwortet das Universum auf Ihre Schwingungen mit kleinen Zeichen hier und da – erstaunliche »Zufälle«, all die magischen Teile, die notwendig sind, um die Erfüllung Ihres Wunsches in die Wege zu leiten. Sie ereignen sich hier und dort – immer wieder – bis alles seinen Platz gefunden hat. Und Sie stehen mit beiden Füßen mitten in Ihrem einst für »unmöglich« gehaltenen Wunschtraum.

Aber Sie müssen ihn wirklich riechen, schmecken, fühlen und vor lauter Begeisterung regelrecht dahinschmelzen, bevor er sich manifestieren kann. Sie müssen darüber sprechen, bis Sie das Gefühl haben, dass Sie ihn bereits leben, und auch dann noch weiter darüber reden, bis diese stimulierenden Gefühle – das grundlegende Element des dritten Schritts – mit absoluter Leichtigkeit in Ihnen aufsteigen können.

3. Schritt: Fühlen Sie sich in Ihren Wunsch richtig hinein.

Das magische Ventil

Die beste Analogie, um die Energie des Wohlbefindens zu beschreiben, ist wohl die eines Ventils oder einer Düse, etwa bei einem Feuerwehrschlauch. Wir sind in diesem Bild das Ventil, und durch den Feuerwehrschlauch fließt der Energiestrom aus unserer Quelle, jenen höheren Teil von uns, mit dem wir immer verbunden sind.

Im Grunde sind wir selbst nichts anderes als dieser Strom an immerwährender Energie – einer unermesslichen Kraft, die Freude, Fülle und Vertrauen ausstrahlt. Wir schneiden uns nur meistens von diesem Energiestrom ab. Wie? Durch das geschlossene Ventil unserer negativen Energie.

Wenn wir uns jedoch auf diese Energie einstimmen, uns wohl fühlen und für etwas begeistern, öffnen wir das magische Ventil, so dass uns dieser Strom mit seinen hohen Schwingungen durchfluten kann. Dann fühlen wir uns lebendig, in Höchstform, strahlend, aufgeladen, angeregt … alles besser bekannt unter dem Begriff »glücklich«.

Wie der Wasserdruck im Schlauch ist auch diese Energie immer vorhanden. Wir müssen uns nur gezielt daranmachen, das rostige alte Ventil zu öffnen, damit die Energie aus unserer höchsten Quelle uns durchströmen kann.

Wenn das Ventil offen ist (und wir uns wohl fühlen), fließt positive Energie in uns hinein, durch uns hindurch und wieder hinaus – wir können bewusst etwas erschaffen.

Wenn das Ventil geschlossen ist (und wir uns alles andere als wohl fühlen), fließt nur negative Energie durch uns hindurch. Damit stellen wir uns gegen den natürlichen Fluss, und was wir erschaffen entspricht unserer alten Programmierung.

Das heißt nicht, dass wir ständig in Hochstimmung herumlaufen müssen. Wir brauchen unser Ventil nur einen kleinen Spalt zu öffnen, und schon werden wir etwas mehr von dieser Lebensenergie zu spüren bekommen. Wenn wir uns nur ein winziges bisschen besser fühlen können, ein aufkeimendes Gefühl nach dem anderen zulassen, ist der Anfang bereits gemacht, um unsere ein Leben lang gehegte negative Anziehungskraft ins Gegenteil zu verkehren.

Die Absicht kultivieren

Nachdem Sie nun begonnen haben, Ihre Wünsche aufzudecken und auszusprechen, ist es wichtig, dass Sie sie in Absichten umwandeln. Das Wort »Wunsch« ruft möglicherweise noch irgendwelche emotionalen Blähungen bei Ihnen hervor, so dass der Begriff »Absicht« wohl geschickter gewählt ist.

Die Absicht kombiniert den »Wunsch« mit der »Erwartung«. Man kann damit anfangen, die Absicht bei ganz alltäglichen *kleinen Dingen* bewusst einzusetzen. Das führt nicht nur zu wertvollen Erfahrungen und offensichtlichen Ergebnissen, sondern öffnet auch ganz neue Energiekanäle, die bisher verschlossen waren. Mit jedem neuen Kanal verbinden Sie sich noch stärker mit der Energie der höchsten Quelle. So fällt es Ihnen immer leichter, sich wohl zu fühlen, wodurch Sie sich noch weiter öffnen für die höhere Energie, wodurch Sie … Und so geht es immer weiter.

Das tägliche Kultivieren der Absicht lässt die Kanäle für den Energiefluss immer weiter werden. Je öfter wir die Absicht bewusst einsetzen, desto mehr nutzen wir die hoch schwingende Energie, was sehr schnell zu einem wechselseitigen Prozess wird; je mehr wir die Energie einsetzen, desto mehr strömt uns zu. Das schafft eine Art schützende Hülle um uns herum, die uns vor alten Glaubensüberzeugungen abschirmt und davor bewahrt immer wieder Dinge anzuziehen, die wir nicht haben wollen.

Wir sollten uns jeden Tag darin üben, die Absicht bei kleinen Vorhaben ganz bewusst einzusetzen: Es ist meine Absicht, sicher anzukommen. Es ist meine Absicht, pünktlich zu sein und mich hervorragend zu fühlen. Es ist meine Absicht, einen günstigen Parkplatz zu finden. Es ist meine Absicht, mich in meiner Kleidung wohl zu fühlen. Es ist meine Absicht, den Vertrag zu unterschreiben. Es ist meine Absicht, eine bestimmte Summe Geld oder noch mehr auf meinem Bankkonto zu haben. Es ist meine Absicht, den ganzen Tag über Freude zu empfinden (keine Kleinigkeit!). Es ist meine Absicht, meinen Kunden ein sicheres Gefühl zu vermitteln. Solange mein Ventil geöffnet ist, während ich mir meine Absichten bewusst mache, werden sich auch durchführen lassen.

Wenn es um größere Themen geht, es also z. B. Ihre Absicht ist, den ganzen Tag über Freude zu verspüren, werden Sie nicht einmal einen Film im Fernsehen finden, der Sie aufregt. Wenn es Ihre Absicht ist, dass Ihre neue Küche ohne Probleme installiert wird, dann wird es auch so ablaufen, es sei denn, Sie verschließen aus irgendeinem Grund Ihr Ventil. Wenn es Ihre Absicht ist, die Ernte noch vor dem Abendessen einzuholen, werden Sie sich wundern, wie leicht es Ihnen fällt. Wenn Sie jeden größeren Wunsch in eine Absicht umformulieren und sich erlauben, die Kraft hinter dieser Absicht zu spüren, wie etwa ein tief empfundenes *JAAAA!!!*, dann werden Sie staunen, was alles passiert.

»Es ist meine Absicht, bis Ende nächsten Jahres hier auszuziehen!« bedeutet »Ich habe keine Ahnung, wie das geschehen soll, aber ich werde es herausfinden, weil ich fest dazu entschlossen bin!«

»Es ist meine Absicht, eine neue Partnerschaft zu finden!«
»Es ist meine Absicht, bei einer Volkstanzgruppe mitzumachen!«
»Es ist meine Absicht, ein gefülltes Bankkonto zu haben!«
»Es ist meine Absicht, Freude in allem, was ich tue, zu entdecken!«
»Es ist meine Absicht, neue Freunde zu finden!«
»Es ist meine Absicht, eine tiefere spirituelle Verbindung herzustellen!«

Sie müssen die Kraft hinter den Worten spüren. Spüren Sie die Autorität, die Macht, die Entschlossenheit hinter der Energie, die Sie ausströmen. Das ist die Vollendung.

Gehen Sie dabei aber vorsichtig vor. Die Absicht entwickelt eine Eigendynamik; sie sollte nie missbraucht oder zu einer gedankenlosen Gewohnheit werden.

Trauen Sie sich zu wünschen

Ob Sie es nun Absicht oder Wunsch nennen, befreien Sie sich von Ihren Fesseln und fangen Sie damit an!

Trauen Sie sich, etwas zu wünschen. Träumen Sie neue Träume. Trauen Sie sich, Ihre alten Träume aus der Mottenkiste zu holen.

Erlauben Sie sich zu wünschen; oder vielmehr: *zwingen* Sie sich dazu.

Wählen Sie dann einen tollen, kleinen Wunsch und reden Sie darüber, warum Sie sich diese Sache wünschen, bis Sie den Dreh heraushaben, wie man ein gutes Gefühl hervorruft. Sie werden sich wundern, wie schnell sich Ihr Wunsch manifestiert. Und ich kann Ihnen versichern, wenn das passiert, werden Sie vor lauter Überraschung aufschreien.

Finden Sie heraus, was Ihnen an Ihrem Leben im Augenblick gefällt oder nicht gefällt. Überwinden Sie Ihre Gewissensbisse, sich etwas zu wünschen, und machen Sie die Bahn frei für Ihre Wünsche. Denn Wünschen ruft Begeisterung hervor, Begeisterung ruft Freude auf den Plan, Freude bringt noch mehr Wünsche hervor – und schon stehen Sie mitten im Prozess der bewussten Schöpfung. Sie sind Erfinder und Teilnehmer in einem. (Kümmern Sie sich nicht um den Designer, der sich darüber Gedanken machen muss, wie sich alles realisieren lässt. Das ist nicht mehr Ihr Job.)

Wünschen Sie sich ruhig materielle Dinge, aber vergessen Sie auch die immateriellen Werte nicht:

Ich wünsche mir, dass mein Herz Freude ausstrahlt.
Ich wünsche mir Zufriedenheit für meine ganze Familie.
Ich will darauf vertrauen, dass alles immer in Ordnung ist.
Ich will mehr Freiheit spüren.
Ich will sicher sein, dass ich Wahlmöglichkeiten habe.
Es ist meine Absicht, mehr Chancen wahrzunehmen.
Es ist meine Absicht, darauf zu vertrauen, dass alles in der Welt in Ordnung ist.
Es ist meine Absicht, ein bewusster Schöpfer zu werden.
Es ist meine Absicht, ein »Energie-Manager« zu werden.
Es ist meine Absicht, meine Widerstände bewusst wahrzunehmen.
Es ist meine Absicht, mir meiner Gefühle bewusst zu sein.
Es ist meine Absicht, das Leben in vollen Zügen zu genießen.
Es ist meine Absicht, mehr Spaß zu haben.
Es ist meine Absicht, fröhlicher zu werden.
Es ist meine Absicht, mich enger mit meiner inneren Quelle zu verbinden.

Es geht darum, die Hemmungen zu überwinden und einfach zu wünschen. Wünschen Sie sich all das, was Ihnen auf dieser Erde den größten Genuss bereitet, denn durch das Wünschen übernehmen Sie die Verantwortung für Ihr Leben. Wünschen bedeutet Erschaffen. Wünschen – und die Wünsche in die Realität umzusetzen – bedeutet, den Sinn Ihres Daseins zu erfüllen. Darin liegt der wahre Reichtum des Lebens.

5

Die verflixten Umstände

Der ganze Prozess des bewussten Erschaffens ist im Grunde recht einfach, aber nicht immer leicht. Zumindest nicht am Anfang. Eigentlich möchte ich ihn fast als Plackerei bezeichnen. Aber wenn Sie erst einmal wissen, wie Sie sich konzentrieren und Ihre Energie zum Fließen bringen können und die ganz eindeutigen Ergebnisse sehen, wird es kinderleicht. Na ja, fast!

Wir wollen die bisherigen Punkte kurz zusammenfassen, bevor wir tiefer in die Materie einsteigen. Von den vier Schritten des bewussten Schöpfungsprozesses haben wir bisher Folgendes erreicht:

Wir haben den ersten Schritt untersucht:
Stellen Sie fest, was Sie NICHT wollen.

Wir haben den zweiten Schritt einigermaßen beleuchtet:
Stellen Sie fest, was Sie WIRKLICH wollen.

Wir haben den dritten Schritt gestreift:
Spüren Sie sich in Ihren Wunsch richtig hinein.

Jetzt kommen wir zum »Eingemachten« des dritten Schrittes: Sich gut zu fühlen mit dem, was wir haben wollen, aber noch nicht haben.

Sie wissen genauso gut wie ich, dass unser gewohnheitsmäßiges Denken in etwa so lautet: »Wenn ich erst einmal das dort erreicht habe, *dann* kann ich glücklich sein« oder »Wenn ich erst einmal die richtige Figur habe, *dann* kann ich mich gut fühlen«. »Wenn ich erst einmal genügend Geld verdiene, *dann* werde ich keinen

Stress mehr haben.« Das alte »Ich-muss-erst-eine-Lösung-finden-damit-ich-glücklich-sein-kann«-Syndrom.

Aber genau dieses Denken macht uns das Leben so schwer. Wenn uns die Umstände nicht behagen, ist unsere erste Reaktion immer die, dass wir nach irgendwelchen greifbaren Allheilmitteln suchen, um sie zu verändern, abzuschaffen, zu reparieren, zu korrigieren. Wir sind ja nicht umsonst auf der physischen Ebene. »Ihnen gefällt irgendetwas nicht? Kein Problem!« Zack, Hop, Schwups: Schon gelöst!

Wenn das, was wir erreichen wollen, sich nicht realisieren oder verändern lässt oder nach unserer Zeitvorstellung nicht geschafft werden kann, werden wir missmutig und fühlen uns frustriert. Sie können sich das Ergebnis dieses Szenarios bereits vorstellen: Durch die Energie der Missstimmung und Frustration ziehen wir nur noch mehr von dem an, was wir – verflixt noch mal – doch verändern wollen.

Ihr Ausgangspunkt war »Sicherheit«

Eine langjährige Freundin von mir, Liz, hatte viele Jahre mit ihrem Mann und zwei Kindern in einer wohlsituierten Gegend von Arizona gelebt; sie arbeitete ehrenamtlich für einige humanitäre Organisationen.

Als Clint, ihr Mann, vor kurzen starb, stand Liz vor einigen schwerwiegenden Entscheidungen. Seit drei Jahrzehnten war sie nicht mehr berufstätig gewesen und jetzt wurde Geldverdienen zu einem absoluten Muss. Erst drei Jahre vor Clints Tod war die Familie in ein großes Haus gezogen, was hohe finanzielle Belastungen mit sich brachte. Die Schulden waren so hoch, dass ein Verkauf – um dann ein kleineres Haus zu erwerben – als Alternative nicht in Frage kam. Zu allem Überfluss war auch noch Clints Lebensversicherung sehr mager ausgefallen.

Ohne jede Vorwarnung steckte Liz plötzlich in einer bösen Zwickmühle. Wenn sie das Haus verkaufte, würde das Geld für ein kleineres Haus nicht reichen. Wenn sie drin bliebe, müsste sie für Zahlungen aufkommen, die sie sich nicht leisten konnte. Klar, die Kinder wollten mithelfen, aber das wäre nur eine vorübergehende Erleichterung gewesen.

Liz war eine talentierte Künstlerin. Sie hatte sich auf Wasserfarben spezialisiert, und ihre Wüstenbilder von Arizona waren einfach wunderbar. Bisher hatte Sie ihre Bilder höchstens einmal im privaten Kreis verkauft – an Freunde, die sie bewunderten. Doch jetzt sah sie sich gezwungen, aus ihrem Hobby eine Vollzeitbeschäftigung zu machen. Da sie eine mutige Frau war, entschied sie sich, es mit dem Malen zu probieren. Trotz der Proteste ihrer Kinder, doch lieber etwas Bodenständigeres zu machen, etwa als Verkäuferin in einem Warenhaus zu arbeiten.

Von dem Ersparten, das Clint ihr hinterlassen hatte und dem Geld, das die Kinder ihr liehen, hätte sie etwa ein Jahr lang leben können. Jedes Mal, wenn wir darüber sprachen, sagte sie: »Oh Gott, ich habe immer noch nichts verkauft, ich weiß nicht, ob ich so weiter machen kann. Wenn ich nicht bald etwas verkaufe, weiß ich wirklich nicht mehr, wie es weitergehen soll.«

Liz hatte nichts am Hut mit Themen wie »fließender Energie«, wollte auch gar nichts davon wissen. Aber sie hörte höflich zu, wenn ich ihr manchmal nicht unbedingt freundliche Ratschläge gab, sich doch nicht ständig auf die momentanen negativen Gegebenheiten (keine Verkaufserlöse) zu fixieren, sondern mehr darauf, was sie sich wirklich wünschte und die dazugehörigen Gefühle.

Wir sprachen immer wieder über dieses Thema. Und immer wieder sagte sie: »Ich glaube nicht, das ich noch viel länger durchhalten kann. Ich bin schon so nervös, dass ich mich nicht mehr richtig auf das Malen konzentrieren kann. Was soll ich nur tun? Ich habe furchtbare Angst.«

Eines Tages konnte ich mich dann einfach nicht mehr zurückhalten. Aus Liebe zu einer sehr, sehr guten Freundin fing ich an, ganz ruhig, langsam und bestimmt mit ihr zu sprechen.

»Okay, meine Liebe, wenn du dich selbst zugrunde richten willst, dann tu es. Aber ohne mich. Genieße deine Misere und ruf mich bitte nicht mehr an. Du könntest deine Probleme im Nu lösen, wenn du aufhören würdest, dich darüber zu beklagen. Wenn du also so weit bist, kannst du mich wieder anrufen. Ich meine es ernst, keine Anrufe mehr, bis du bereit bist, Verantwortung zu übernehmen.«

Ich kam mir richtig fies vor, aber ich wollte kein weiteres Glied in ihrer »Kummerkette« werden.

Drei Wochen lang lag die Telefonleitung nach Arizona auf Eis. Als sie dann schließlich anrief, hätte ich weinen können. »Du hast gewonnen, ich geb's auf. Was muss ich tun?« Sie meinte es ernst!

Ich brachte sie erst dazu, über all die Dinge zu reden, die sie nicht haben wollte. Das fiel ihr leicht: das Haus aufgeben, den Respekt ihrer Kinder und Freunde verlieren, die Chance verpassen, eine professionelle Malerin zu werden.

Dann gingen wir ihre Wünsche durch, Stück für Stück. Wir konzentrierten uns zunächst auf das Haus, da hier die Zeit am meisten drängte und alles andere, was mit Geld zu tun hatte. Liz konnte über gar nichts anderes reden, da sie an nichts anderes dachte. Da sie bisher keines ihrer Bilder verkauft hatte, floss das Geld in die falsche Richtung, nämlich raus!

»Also, Liz, das erste, was du lernen musst, ist, dich gut zu fühlen und deine Schwingung zu verändern.«

»Mich gut fühlen?! Du spinnst wohl! Wie soll ich mich gut fühlen, wenn ich kurz davor stehe, alles, was Clint und ich jemals besessen haben, zu verlieren? Deshalb habe ich dich doch angerufen: damit du mir sagst, wie ich meine Bilder verkaufen kann. Wenn ich damit Geld einnehmen könnte, wäre alles in Ordnung und ich könnte mich so gut fühlen, wie du willst.«

Genau das war das Problem. Liz konnte nur den *Mangel* sehen, das, was sie nicht hatte. Je mehr sie sich daran festbiss, desto mieser fühlte sie sich. Je tiefer sie rutschte, desto hektischer rannte sie verzweifelt im Kreis herum in dem Versuch, endlich eine Wendung herbeizuführen. Je mehr sie es versuchte, desto schlechter fühlte sie sich, und je schlechter sie sich fühlte, desto weni-

ger verkauften sich ihre Bilder. Sie starrte wie ein hypnotisier-
tes Kaninchen ausschließlich und unentwegt auf die beängstigenden momentanen Umstände und glaubte, dass sie ihre ganze
Realität ausmachten. Fakten waren schließlich Fakten. Ihr Versuch, sich mit der Malerei über Wasser zu halten, funktionierte
nicht. »Ich muss mich der Wirklichkeit stellen«, seufzte sie re-
signiert.

Aber ich bearbeitete sie weiter, und schließlich hatte ich sie so
weit, dass sie darüber sprach, warum sie das Haus unbedingt behalten wollte, auch wenn das zu diesem Zeitpunkt ein absolut ab-
surder Gedanke war.

»Schon gut, schon gut! Ich will das Haus behalten, damit ich
nicht umziehen muss.« (Das war zwar ein Nicht-haben-Wollen,
aber ich wollte sie mit den Details verschonen.)

»Warum willst du denn nicht umziehen?«

Ihre Stimme bekam plötzlich einen sanften Tonfall, als sie
meinte: »Na ja, Clint und ich liebten diesen Ort sehr, und es fühlt
sich auch noch wie ›unser Platz‹ an, so als ob er hier noch bei mir
wäre.« (Ihr Widerstand gegenüber der positiven Energie begann
allmählich aufzuweichen.) »Das Gefühl ist immer noch sehr intensiv, und ich liebe es sehr – außer wenn ich an die ganzen Finan-
zierungsprobleme denke.«

Wir arbeiteten uns Stück für Stück vor, um ihre Liebe zu dem
Haus aufleben zu lassen, bis ein süßes Gefühl der Freude aufkam.
Sie schwappte fast über vor wohligen Gefühlen; ihr Ventil war
weit geöffnet.

»Liz! Halt! Ich möchte jetzt, dass du genau das spürst, worüber
du gerade redest.«

»Wie meinst du das?«

»Wie fühlt es sich an – das, was du gerade erzählst?«

»Na, wunderbar natürlich! Geborgen, aufgehoben … mein
Gott, einfach sicher! Und wie! Es fühlt sich ganz warm und sicher
an!«

»Gut! Halt jetzt an diesem Gefühl fest. Hast du es?«

»Ja, ich hab's.«

»Fühlt sich doch gut an, oder?«

»Na klar, ganz irre.«

»Okay, von diesem Gefühl der Sicherheit, von diesem Gefühl des Vertrauens aus, stell dir jetzt vor, wie du dich fühlen wirst, wenn du das Haus mit Leichtigkeit abbezahlen kannst. Kümmere dich nicht darum, *wie* das geschehen soll. Mach dir keine Gedanken darüber, dass es momentan nicht geht. Wo du in Zukunft sein willst, hat nichts mit dem zu tun, wo du im Augenblick bist. Rein gar nichts! Denk daran. Die Situation, in der du jetzt steckst, hat überhaupt keine Bedeutung. Konzentrier dich ein für allemal nicht mehr darauf, oder du wirst nie dort hinkommen, wo du sein möchtest. Verstanden?«

»Ich denk schon, aber wie …«

»Frag nicht nach dem Wie! Dein einziger Job ist es jetzt, dich immer wieder gut zu fühlen und dich nicht von dem vereinnahmen zu lassen, was dir derzeit so drohend vor Augen steht. Du willst Wege finden, damit du dich erst ein wenig und dann immer besser fühlst, bis du dich schließlich ziemlich gut fühlst. Und genau in *den* Momenten, wo du dich ziemlich wohl fühlst, stellst du dir dann vor, wie du das Geld für das Haus ganz leicht aufbringst. Versuch es doch mal.«

»Oh, ich weiß nicht recht …«

»Okay, wie fühlst du dich, wenn du dir vorstellst, dass du das Haus locker abbezahlen kannst?«

»Phänomenal!«

»Klar. Stell dir mal vor, wie toll es wäre, wenn du deine Bilder nicht mehr mit der Haltung ›Ich muss sie verkaufen, ich muss sie unbedingt verkaufen‹, sondern mit Begeisterung verkaufst, so nach dem Motto: ›Klasse, ich verkaufe sie!‹. Wenn du mit dieser Einstellung an die Sache herangehst, wie fühlt sich das an?«

Ein langes Schweigen, dann: »Mensch, freier als ein Vogel. Himmlisch!«

»Genau, das ist das Gefühl! Da sollst du hin – zu diesem Gefühl – die ganze Zeit. Liz, starr nicht mehr wie hypnotisiert auf die momentanen negativen Gegebenheiten. Beachte sie einfach nicht, denk nicht an sie, sonst fühlst du dich nur mies. Denk daran, dass dein Job allein darin besteht, dich gut zu fühlen. Punkt! Dann lass das Universum den Rest erledigen.«

Liz fühlte sich so gut, als sie über Clint und ihr Haus sprach, dass sie meinte, sie könnte sich relativ leicht wieder in diesen Gemütszustand versetzen. Auf jeden Fall fing sie an diesem Punkt an.

Nach drei Monaten (was zeitlich zufällig mit der Frist, die sich Liz ursprünglich gesetzt hatte, um ihre Bilder erfolgreich zu vermarkten, zusammenfiel) und einer gigantischen Telefonrechnung hatte Liz nicht nur genug Bilder verkauft, um sich eine Weile gut über Wasser halten zu können. Noch dazu war ein Agent (oder wie auch immer man diese Leute nennt) ganz begeistert von ihren Bildern und organisierte eine erste Ausstellung im Ort. Und einen Auftrag für ein Wandgemälde in einem Bürogebäude hatte sie auch noch an Land gezogen, der ihr schon vorab einen schönen Batzen Geld einbrachte.

Liz hatte kapiert, worum es ging, und ist mittlerweile sehr vorsichtig im Umgang mit der Energie, die sie ausstrahlt. Ich bin mir gar nicht sicher, wer von uns begeisterter war, als wir den Wendepunkt erlebten.

Unsere heiß geliebten Probleme

Liz hatte nur das getan, was wir alle tun: Wie ein kopfloses Huhn war sie herumgerannt, um alle möglichen und unmöglichen Dinge, die ihr Angst einjagten, in Ordnung zu bringen. Wie ein Ertrinkender, der sich gegen den Rettungsschwimmer wehrt, kämpfte sie, mit umso mehr negativer Energie, je verzweifelter und hoffnungsloser sie sich fühlte, um ihre Situation zu verbessern.

Sie sah nur das Chaos um sich herum und fand die Umstände alles andere als annehmbar; also suchte sie verzweifelt nach »normalen« Mitteln und Wegen, die ihre Situation verändern könnten. Je mehr sie versuchte, um jeden Preis alles in Ordnung zu bringen, desto mehr negative Energie verströmte sie und desto schlimmer wurden die Umstände. Von dem tiefen Loch aus betrachtet, in das sie gefallen war und das sie für ihre Realität hielt, sah alles absolut düster aus.

Wir waren alle schon einmal an diesem Punkt. Wenn wir Probleme haben, brüten wir entweder endlos darüber oder versuchen schnell, den Schaden wieder gutzumachen. Wir wollen alles in Ordnung bringen, verbessern oder zurechtrücken. Es gibt sicherlich keinen unter uns, der noch nie geklagt hat: »Wenn ich nur dieses eine Problem lösen könnte, wäre alles bestens!«

Wir sind regelrecht verbesserungswütig und versuchen ständig pflichtbewusst alles in Ordnung zu bringen, was uns vor die Nase gesetzt wird.

Aber durch diese Verbesserungsmanie blockieren wir unseren natürlichen Energiefluss. Unser Ventil ist dann zugedreht. Wenn wir etwas krampfhaft verbessern wollen, aktivieren wir nur negative Energie.

Die Herausforderung liegt darin, unsere Aufmerksamkeit nicht auf das Objekt unserer Ängste und Sorgen zu konzentrieren, sondern uns stattdessen auf freudigere Gefühle einzulassen. Mit anderen Worten: Wir sollten aufhören, Dinge verändern zu wollen, und anfangen, uns gut zu fühlen.

Nehmen wir mal an, dass Ihr Dach reparaturbedürftig ist, Sie aber nicht das nötige Geld dafür haben. Das Problem wird jetzt jedoch akut, weil die regnerische Jahreszeit eingesetzt hat. Ihr Auto macht Ihnen auch gewaltigen Ärger und das Finanzamt hat Sie bereits wegen noch ausstehender Steuerzahlungen angemahnt.

Sie haben eine ganze Ladung lästiger Probleme am Hals, die Sie nicht gerade heiter stimmen, wenn Sie daran denken. Aber das tun Sie selbstverständlich. Und nicht nur einmal, sondern ständig. Und denken daran. Und denken daran. Dadurch werden sie natürlich immer größer.

All diese negativen Umstände – schon fast liebevoll »Probleme« genannt – sind jedoch nichts anderes als ein lästiges Nicht-haben-Wollen; sie sind uns aber inzwischen so vertraut und zu einem Teil unserer Welt geworden, dass wir sie als ganz selbstverständlich betrachten. Wir tragen sie sogar in allen Ehren als eine Art Aushängeschild für unsere Identität, als ob wir den anderen immer um eine Nasenlänge voraus sein wollten in dem trostlosen Spiel, wer denn nun das größte Opfer ist. Und je öfter wir Probleme wälzen oder damit angeben, desto mächtiger werden sie natürlich.

Es gibt durchaus wirklich schwierige Umstände, oft geht es jedoch auch nur um kleinere Ärgernisse. Wie diese Probleme auch immer aussehen mögen, sie sind dermaßen vorherrschend und allgegenwärtig, dass wir sie zu einem Lebensinhalt gemacht haben. Trotzdem sind negative Umstände nichts weiter als das Resultat von Fixierungen, Gefühlen und Schwingungen aus der Vergangenheit. Mehr nicht. Unsere negativen Schwingungen sind die Ursache, die unangenehmen Gegebenheiten die Wirkung.

Es gibt nur eine Methode, um dem Chaos in unserem Leben ein Ende zu setzen: *Hören Sie auf, sich darauf zu fixieren.* Wenn wir die Tatsache akzeptieren können – und zwar ganz tief in unserem Herzen –, dass unsere Probleme nicht von unserem Boss, unserem Partner, unseren aufmüpfigen Kindern, dem Finanzamt oder den Betrunkenen auf der Autobahn verursacht werden, haben wir eine Chance, sie genauso wieder aus unserem Leben hinauszubefördern, wie wir sie angezogen haben: mit Hilfe der Energie, die wir ausstrahlen. Dieses Mal jedoch mit einer grundlegenden anderen Schwingung.

Ich werde nicht lange um den heißen Brei herumreden; die Angelegenheit hat durchaus ihre Tücken. Wir stehen vor einer Situation und reagieren darauf. Um das zu ändern, müssten wir ein liebgewonnenes Recht – nämlich Probleme zu haben und uns auch darüber beklagen zu dürfen – aufgeben.

Keine Sorge. Solange wir auf dieser Erde leben, werden wir immer mit Umständen konfrontiert werden, die wir weder mögen noch haben wollen (sonst würden wir ja im »Einheitsbrei« leben). Sie haben also durchaus noch genügend Probleme zur Auswahl, auf die Sie sich konzentrieren können, wenn Sie mal wieder so richtig in negativen Energien schwelgen wollen (was ich von Zeit zu Zeit – offen gesagt – regelrecht genieße). Unser eigentliches Ziel ist es aber, unser *Verhalten* gegenüber ungewollten Umständen zu verändern, damit sie nicht mehr im Mittelpunkt unseres Lebens stehen.

Unterwerfen Sie sich niemals – wirklich niemals – der Realität

Aufgrund unserer Erziehung und der Überzeugungen, die über Generationen hinweg an uns weitergegeben wurden, glauben wir, dass die gegenwärtigen Bedingungen und die Art wie wir sie erfahren, einfach so sein müssen. Jedenfalls bis wir Wege gefunden haben, sie entweder zu beseitigen oder zu akzeptieren. Wir nehmen sie wahr, wir erleben sie auch hautnah, also empfinden wir sie als Realität. Aber Realität – die *wirkliche* Realität – ist nichts anderes als das Ergebnis der Art und Weise, wie wir mit unserer Energie umgehen.

Nehmen wir mal an, dass Sie in einem Körper leben, den Sie nicht sonderlich mögen. Das ist für Sie Realität, was bedeutet, dass es sich dabei um eine unabänderliche Tatsache handelt, die einfach akzeptiert werden muss.

Oder es geht bei Ihnen wirtschaftlich bergab, wodurch sich Ihre Einnahmen verringern. Sie nennen das Realität: ein potentiell verhängnisvoller Umstand, über den Sie keine Kontrolle haben.

»So ist das Leben; akzeptieren Sie es!«

»So ist es nun mal.«

»Gegen den Staat kommen Sie ohnehin nicht an.«

»Hören Sie auf, mit dem Kopf gegen die Wand zu rennen.«

»So läuft's halt auf der Welt.«

»Lernen Sie, das Leben mit all seinen Unannehmlichkeiten zu lieben.«

»Zum Leben gehören auch die Schattenseiten.«

»Hören Sie auf, Luftschlösser zu bauen.«

»Das Leben ist nicht gerecht.«

»Werden Sie endlich erwachsen und stellen Sie sich der Realität.«

Der Witz ist: Es gibt überhaupt nichts, was wir uns bieten lassen oder hinnehmen müssten. Wir müssen einfach nur lernen, unsere Energie anders einzusetzen, denn es ist ausschließlich – *ausschließlich* – unsere Energie, die unsere Erfahrungen prägt. *AUSSCHLIESSLICH!!!*

Unser Ventil öffnet sich auf ganz natürliche Weise bei den Gegebenheiten in unserem Leben, die uns wohl tun. Wir fühlen uns dadurch bereichert, und unsere positive Energie zieht wiederum weitere positive Ereignisse an.

Wenn wir uns jedoch mit den schwierigen Umständen (Problemen) befassen, geht unser Ventil schnell wieder zu. Die Verbindung zur Energie unserer inneren Quelle reicht dann gerade noch zum Atmen und eine Schwingung der Freude würden wir erst gar nicht mehr erkennen. Wir ärgern uns über dieses, sind wütend über jenes, machen uns Sorgen, fragen uns, wie wir etwas verändern könnten, beklagen uns über irgendetwas, haben Angst vor Gott weiß was, sind über alles frustriert und senden ununterbrochen negative Energien aus. Da ist es schon ein Wunder, wenn wir überhaupt noch Momente der Freude erleben.

Nur weil Sie vor der »Realität« der Arbeitslosigkeit stehen, heißt das nicht, dass Sie nicht einen hervorragenden Job an Land ziehen können.

Nur weil sich Grundstücke gerade schlecht verkaufen, heißt das nicht, dass Sie keinen anständigen Käufer finden.

Nur weil Sie körperlich nicht so gut durchtrainiert sind wie andere, heißt das nicht, dass Sie nicht auch so lange trainieren können, dass Sie das nächste 400-Meter-Rennen gewinnen.

Nur weil Sie noch nicht zum Experten in einem speziellen Bereich gebracht haben, heißt das nicht, dass Sie keinen Erfolg haben werden.

Nur weil Sie bisher noch nie aufhören konnten zu rauchen, heißt das nicht, dass Sie nicht jetzt gleich die nötige Willenskraft dafür aufbringen können.

Nur weil Sie zwei Scheidungen hinter sich haben, heißt das nicht, dass Sie dazu bestimmt sind, eine weitere Katastrophe anzuziehen.

Welches Chaos – oder Glück – wir zur Zeit erleben, ob als Individuum, als Familie, als Nation oder als Planet, es ist das alleinige und direkte Ergebnis unseres Gemütszustands. Und damit der Energie, die wir aussenden – seit gestern, seit vorgestern, seit vielen Jahren. Das Gesetz der Anziehung kommt nicht nur ein bisschen hier und ein bisschen da zum Tragen. Es gilt einfach überall: für Sie, für mich, für den Kosmos. Wir ziehen das magnetisch an, was wir aussenden, und wir haben alles selbst ins Leben gerufen, vom Blechschaden bis hin zum Weltkrieg.

Also akzeptieren Sie ab jetzt die Realität niemals wieder als etwas, dem Sie sich beugen müssen. Richten Sie Ihre Gedanken über das hinaus, was gerade vor Ihrer Nase liegt und Ihnen nicht behagt, und konzentrieren Sie sie auf Ihren eigentlichen Wunsch. Tun Sie das nicht, wird sich Ihre sogenannte Realität nie verändern. Mag ja sein, dass Sie gerade in einer beängstigenden Situation stecken, die Ihnen hoffnungslos erscheint, aber die ist nicht festgeschrieben! Sie müssen diese Umstände niemals tolerieren.

Unangenehme Bedingungen sind nur die Auswirkungen negativer Energien. Wir können entweder damit leben und darunter leiden oder das alles umgehen und unser Leben zu einem einzigen Fest machen.

Tricks, um den Fokus zu verändern

Sind Sie als Kind jemals vom Fünfmeterturm gesprungen? Erinnern Sie sich noch daran, wie Sie die Stufen hoch geklettert sind, höher und immer höher? Mit jeder Stufe schienen Sie sich weiter vom sicheren Boden zu entfernen, und obwohl Sie Angst hatten, sind Sie weiter nach oben geklettert.

Endlich standen Sie ganz oben. Zaghaft näherten Sie sich dem Ende des Sprungbretts. Ihr Herz klopfte so stark, dass Sie die Kinder dort unten, die Sie anfeuerten, gar nicht hörten. Das Wasser schien unendlich weit weg. Eigentlich wollten Sie es gar nicht wagen, andererseits aber doch. Irgendetwas in Ihnen wusste, dass dieser Sprung eine Art Heldentat sein würde, der größte Augenblick Ihres Lebens. Danach würden Sie nie mehr derselbe sein. Sie sprangen also. Alles ging sehr schnell. Sie hatten es geschafft. Und Ihr Leben hatte sich verändert.

Das Schwerste daran, uns von der Gewohnheit, ein bestimmtes Problem zu haben (denn Probleme sind nichts anderes als Gewohnheiten), zu lösen, ist es, uns selbst zu zwingen, uns nicht mehr damit zu beschäftigen. Anders ausgedrückt: *Sie brauchen es nicht zu ändern. Sie brauchen sich nur nicht mehr darauf zu konzentrieren!*

Klingt knallhart, oder? Na klar! Ist das überhaupt machbar? Und ob!!! Aber Sie müssen irgendwo anfangen und dieses Irgendwo liegt in der Entscheidung, den Fokus zu verändern. Dann müssen Sie diesen Entschluss auch umsetzen und sich auf etwas Erfreuliches konzentrieren, damit sich Ihre Energie verändert. Es ist unmöglich, ein Problem mit der gleichen Energie zu lösen, aus der heraus es entstanden ist. Also müssen Sie die Entscheidung treffen, *dass das Problem*, solange es auch bestehen bleibt, *nicht mehr Ihr Leben beherrschen wird*. Denken Sie an eine kleine Schnittwunde am Finger; Sie spüren sie, und sie tut auch weh, wenn Sie daran denken, aber sie wird deshalb nicht zum Mittelpunkt Ihres Lebens. Da Sie daran glauben, dass sie vollständig verheilen wird, geschieht es dann auch.

Der wichtigste Schritt, um eine unerwünschte Situation zu ändern, ist ganz einfach der, zu erkennen, *dass Sie sie nicht ändern, sondern nur aufhören müssen, daran zu denken!* Sie brauchen nur dazu bereit zu sein.

Trick Nr. 1:
Verändern Sie den Fokus – jetzt!

Sobald Sie merken, dass Sie sich auf eine Situation fixieren und sich darüber Sorgen machen (oder Vorwürfe oder wütend werden etc.), lenken Sie Ihre Gedanken auf etwas, was Sie in eine bessere Stimmung versetzt – ganz egal was. Und zwar sofort!

Denken Sie an Ihren Partner (wenn Sie eine wunderbare Beziehung haben), Ihr Zuhause, Ihren Lieblingssong, Ihren Hund, Ihr neues Sweatshirt, einen Schokoladenkuchen, an die Liebe, den bevorstehenden Urlaub, den letzten Urlaub, ein besonderes Restaurant, Ihr schlafendes Kind. Einfach IRGENDETWAS!!! Zwingen Sie sich dazu, bis Sie merken, dass sich Ihre Stimmung langsam verändert – und damit auch Ihre Energie –, so geringfügig diese Veränderung auch sein mag.

Wenn Sie Ihr Gefühl umgewandelt haben, fangen Sie an – und zwar laut –, darüber zu reden, was Sie sich statt der unerfreulichen Situation wünschen (d. h. was Sie »wollen« und nicht »nicht wollen«). Dadurch haben Sie Ihren Fokus verlagert, Ihre ursprüngliche Absicht aktiviert und Ihr Ventil weit genug geöffnet, damit der Umschwung stattfinden kann. Aber machen Sie sich um Himmels willen nicht schon wieder Sorgen darüber, dass Ihr Ersatz-Wunsch vielleicht unmöglich erscheinen könnte. Geben Sie sich ihm einfach hin und vergessen Sie das »Wie«.

Wenn Sie Schwierigkeiten haben, sich in den Gefühlsmodus Ihres Wunsches oder Ihrer Absicht hineinzufinden, machen Sie sich nichts daraus. Bleiben Sie einfach so lange es geht bei der angenehmen Empfindung, die Sie durch den neuen Fokus hervorgerufen haben. Je länger (und je öfter) Sie in der höheren Schwingung bleiben können, desto schneller wird sich die unerwünschte Situation auflösen. Umgekehrt wird das, was Sie stört, umso länger bestehen bleiben, je intensiver Sie sich darauf konzentrieren.

Trick Nr. 2:
Sanftes Zureden – sofort!
Wenn Sie sich gedanklich einfach nicht von den widrigen Umständen lösen können, sprechen Sie sanft, aber deutlich vernehmbar, mit sich selbst – so wie eine liebevolle Mutter oder ein Vater mit seinem Kind sprechen würde. Sagen Sie sich all die Dinge, die auch ein kleines Kind zum Trost gern hört: dass alles wieder gut wird, dass die Dinge sich zum Besseren wenden werden, dass Sie geborgen sind und es auch immer sein werden, dass es keinen Grund gibt Angst zu haben.

Sprechen Sie so lange mit sich selbst, bis Sie eine subtile kleine Veränderung auf der Gefühlsebene wahrnehmen und merken, wie Ihr Widerstand gegen die höheren Energien langsam nachlässt. Sie tauchen ganz in das Gefühl des Wohlbefindens ein, geben Ihren Widerstand gegen die Leben spendende Energiequelle allmählich auf und entspannen sich. Bleiben Sie so lange wie möglich in diesem Zustand und denken Sie *nicht* an die beunruhigende Situation.

Trick Nr. 3:
Bleiben Sie hartnäckig – jetzt!
Sie müssen durchhalten, mit sich selbst sprechen – laut. Der Trick liegt darin, dass Sie zwar *hart* bleiben müssen, sich aber nicht *heruntermachen* sollen. Sie dürfen sich nie – wirklich niemals – Vorwürfe machen, weil Sie sich doch wieder auf die unerwünschte Situation fixiert haben.

Es geht hier darum, dass Sie Ihren gesunden Menschenverstand einsetzen und sich disziplinieren; machen Sie sich klar, welche Auswirkungen es haben wird, wenn Sie weiterhin über die unerwünschte Situation nachgrübeln. Sagen Sie sich ganz nüchtern, was passieren wird, wenn Sie Ihren Fokus verlagern und Ihre Schwingungen verändern.

»Mein lieber Charlie, du hast dich selbst in dieses Chaos hineinmanövriert, also findest du jetzt auch einen Weg, um da wieder rauszukommen. Wenn du jedoch in dieser Verfassung bleibst und den ganzen Tag über an nichts anderes denkst, weißt du, was dich erwartet. Hör also mit deinem Gejammer auf und suche dir irgendetwas ganz Banales, über das du dich freuen kannst. Verflixt noch mal, ich weiß ja, dass dir jetzt absolut nicht danach ist, dich zu freuen, aber ...«

Es ist auch völlig egal, ob Sie daran glauben oder nicht. Lassen Sie sich einfach etwas einfallen, bis Sie merken, dass sich gefühlsmäßig etwas verändert, dass sich Ihre Energie allmählich verlagert.

Das hat nicht viel mit Logik zu tun. Ich wende diesen Trick regelmäßig an und fühle mich danach immer besser, auch wenn ich zusätzlich noch auf die anderen Tricks zurückgreifen muss, damit dieses wunderbare Gefühl der Entspannung und des Wohlbefindens sich noch weiter in mir ausbreiten kann. Aber das gilt nur für mich. Vielleicht funktioniert es bei Ihnen ja ganz anders. Probieren Sie es aus!

Trick Nr. 4:
Tun Sie etwas, was Ihnen Spass macht – sofort!
Bewegen Sie sich! Gehen Sie spazieren, polieren Sie Ihr Auto, bürsten Sie die Katze, kaufen Sie sich einen neuen Anzug, backen Sie einen Kuchen, spielen Sie Poker, schneiden Sie die Pflanzen zurück, gehen Sie ins Kino ... Tun Sie was immer Ihnen hilft, Ihre Fixierung auf den unerwünschten Zustand zu lösen und den Widerstand gegen die höheren Schwingungen aufzuweichen. Sobald Sie den Umschwung spüren, sprechen Sie laut, aber zunächst ganz sanft mit sich selbst darüber, was Sie gern anstelle des unerwünschten Zustands hätten.

Bei all diesen Tricks gilt: »Täuschen Sie sich so lange etwas vor, bis Sie es selbst glauben!« Verändern Sie den Fokus, reden Sie zuerst sanft, dann auch streng mit sich selbst, erfinden Sie etwas, suchen Sie sich etwas, was Ihnen Spaß macht. Wichtig ist, dass Sie gleich damit beginnen, *sobald* Sie merken, dass Ihre Aufmerksamkeit um den unerwünschten Zustand kreist; bleiben Sie so lange dabei, bis Ihre Gefühle sich verändern. Und das wird geschehen!

Die Umstände sind nicht wichtig

Wenn Sie sich nicht mehr auf die Situation fixieren und anfangen, Ihr rostiges Ventil etwas zu öffnen, sind Sie so weit, dass Sie ganz in Ihrem Wunsch aufgehen können.

Den Fokus zu verändern bedeutet: *die unangenehme Gegenwart hinter sich zu lassen und sich ganz auf den erfüllenden Wunsch zu konzentrieren. Noch einmal die unangenehme Gegenwart hinter sich zu lassen und sich ganz auf den erfüllenden Wunsch zu konzentrieren.*

Wenn Sie anfangs nur den Hauch eines guten Gefühls in Bezug auf Ihren Wunsch verspüren, dann ist das auch gut. Wenn Sie es schaffen, Ihr Ventil zwanzig Prozent der Zeit offen zu halten, in der Sie sich auf Ihren Wunsch konzentrieren, dann gratuliere! Sie sind auf dem richtigen Weg, der allemal konstruktiver ist, als die ganze Zeit an die gegenwärtig miserable Situation zu denken und entsprechende Schwingungen auszustrahlen. Ganz allmählich wird so die große Energiewolke, die diese Situation ursprünglich herbeigeführt hat, aufgelöst und durch die hohen Schwingungen Ihrer Quelle ersetzt.

Bald werden Sie sich einpendeln auf ein Schwingungsverhältnis von fünfzig:fünfzig. Die Hälfte der Zeit sind Ihre Gedanken noch bei der schwierigen Situation, die andere Hälfte bereits bei einer erfreulicheren Angelegenheit. Dann fangen Sie an, Ihr Leben tatsächlich in die Hand zu nehmen; bald werden überall schon zarte Knospen Ihres ersehnten Wunsches sprießen.

Aber richtig Spaß macht es erst, wenn Sie Ihre Energie direkt umwandeln können, sobald Sie merken, dass Sie negativ geladen sind. Das Verhältnis liegt dann bei sechzig:vierzig (sechzig Prozent hohe Schwingungen, vierzig Prozent normale), und schließlich sogar bei siebzig:dreißig oder sogar achtzig:zwanzig. Dann können Sie mit ansehen, wie neue Ereignisse, neue Menschen, neue Umstände in Ihr Leben treten – wie durch Magie, einer nach dem anderen –, um schließlich die Gegebenheiten herbeizuführen, die Sie sich so sehr wünschen. Gar nicht schlecht für ein simples positives Gefühl!

Denken Sie daran, dass die Erfüllung Ihres Wunsches direkt damit zusammenhängt, wie schnell (und konsequent) Sie Ihren Fokus von der negativen Angelegenheit auf die, die Sie sich eigentlich wünschen, verlagern können. Dabei spielt es keine Rolle, wie dramatisch die Situation ist, in der Sie sich momentan befinden; Sie sind nicht mit ihr verwachsen. Sie brauchen sich nur zu überlegen, was Sie anstelle des Problems gern hätten, und dann die positiven Schwingungen auszustrahlen, damit es sich in Ihrem Leben verwirklichen kann.

Aber machen Sie sich bitte nicht nieder, nur weil Sie tonnenweise Probleme haben, und versuchen Sie nicht, alle auf einmal zu lösen, indem Sie gleich eine ganze Liste von unglaublichen Wünschen anlegen. Wir alle haben uns in die verschiedensten widrigen Umstände hineinmanövriert, und mit etwas Übung im Steuern des Energieflusses können wir uns auch wieder daraus befreien. Versprochen!

Sagen Sie sich, dass Sie alles tun werden, um positive Energie (egal, ob mehr oder weniger) zuzulassen und in dieser Schwingung auch zu bleiben. Denken Sie daran, dass die Umstände nur so viel Macht über uns haben, wie wir ihnen zugestehen. Dann fühlen wir uns wie in einer Falle – und das sind wir auch.

Es gibt jedoch keine Umstände, die wir nicht irgendwie beeinflussen könnten. Was zur Zeit um Sie herum geschieht, hat im Grunde keine Bedeutung. Es ist nur ein Ergebnis, mehr nicht. Es spielt keine Rolle, wie festgefahren die Umstände zu sein scheinen, Sie können immer Energie des Wohlbefindens hinein fließen lassen, um sie zu verändern. Wenn Sie das im Grunde Ihres Herzens wissen, ist der Rest des bewussten Schöpfungsprozesses ein Klacks.

»Blinder Aktionismus«

Es hat länger gedauert, bis mir klar wurde, dass gar nicht das, was ich tue, sondern die Art der Energie, die ich mobilisiere, den eigentlichen Unterschied in meinem Leben ausmacht. Ich war zutiefst überzeugt gewesen, dass das Zauberwort »Aktion« hieß und dass sich nichts ohne große Anstrengung erreichen ließ.

Die Wahrheit ist jedoch, dass all die Versuche, etwas zu verändern, all die verzweifelten Aktionen, die wir uns einfallen lassen, unseren Zustand herzlich wenig beeinflussen. Es spielt auch keine Rolle, *wie* wir etwas anpacken, wie entschlossen oder wie häufig. Denn zumeist basiert die Motivation für unser Tun auf negativer Energie, die nur viel Wind macht, statt auf dem inspirierenden Fluss positiver Energie, die Aktivität erst sinnvoll macht.

Wenn wir vor einer Situation stehen, die uns nicht behagt, reagieren wir – je nach Persönlichkeit – auf die eine oder die andere Art: Entweder heben wir die Hände in verzweifelter Resignation und beugen uns unserem Schicksal. Oder wir schwingen uns auf unseren Schimmel – wie sich das für Helden gehört – und galoppieren sofort los, um panisch nach einer Heldentat zu suchen, die uns von dieser himmelschreienden Ungerechtigkeit befreit. Beide Reaktionen geben jedoch dem, was wir eigentlich aus unserem Leben entfernen möchten, nur noch mehr Raum.

Schauen wir uns diesen Aktionismus einmal näher an. Ich nenne ihn den »Blinden Aktionismus«, das »Los, tu was«-Syndrom, die Sucht, unbedingt etwas tun zu müssen, um jeden Preis alles in Ordnung zu bringen. Dazu gehört jede Art von Aktivität, bei der unser Ventil geschlossen bleibt.

Die meisten von uns sind uns darin einig, dass wir nur durch »Tun« etwas bewirken können. Kaum haben wir ein Problem, schon verfallen wir in blinden Aktionismus, um mehr zu verkaufen, mehr zu verdienen, mehr zu leisten – um es einfach wieder in Ordnung zu bringen. Beim bewussten Schöpfungsprozess geht es jedoch darum, die richtige Energie ins Fließen zu bringen, und nicht darum, gegen den Strom zu schwimmen, was beim »Los, tu was«-Syndrom immer der Fall ist.

Blinder Aktionismus funktioniert nie. Man kann sich nicht in die Welt eines anderen Menschen drängen, wenn man nicht durch die entsprechenden Schwingungen sozusagen eingeladen wurde; genauso wenig kann jemand in Ihre Welt eindringen, wenn Sie sich ihm auf der Schwingungsebene nicht öffnen. Sie können nicht mit einem Bulldozer versuchen, etwas zurechtzurücken. Damit werden Sie nie erreichen, was Sie wollen, ganz egal, wie sehr Sie auch schieben und stoßen.

Soll das heißen, dass wir nichts mehr tun sollen? Natürlich nicht. Wir sollten nur das sinnlose Tun durch inspiriertes Tun ersetzen, indem wir aufhören, auf alles nach dem gleichen Muster zu reagieren. Wenn uns das gelingt und wir uns mit Elan auf das konzentrieren, was wir gern erleben möchten, werden wir auch die richtigen Schritte unternehmen können. Denn dann öffnet sich unser Ventil und wir handeln aus Inspiration und aus Freude anstatt aus einem Gefühl des »Müssens« heraus. Die Ideen sprudeln nur so aus uns heraus. Wir öffnen uns der kreativen Lebenskraft, die uns – Schritt für Schritt – mühelos und leicht dorthin führt, wohin wir auch wollen.

Dann kann das Wunder geschehen. Wir sind keine passiven Empfänger mehr, sondern werden zu bewussten Schöpfern.

Gesegnet seien sie alle

Geben wir es doch zu: Es wird immer Gegensätze geben, d. h. auch Dinge, die wir nicht mögen. Dafür sind wir hier, und – offen gesagt – ist es doch gerade das, was wir am meisten genießen.

Aber ob nun auf einmal Godzilla um die Ecke biegt oder uns ein einfacher Flohstich plagt – so furchtbar die Umstände auch erscheinen mögen, sie verdienen nicht mehr Aufmerksamkeit, als nötig ist, um uns darüber klar zu werden, welche Energie wir ausgesendet haben. Das ist schon alles!

Wenn bei Ihnen als Reaktion auf eine bestimmte Situation die Alarmglocken klingeln und Sie automatisch in blinden Aktionismus verfallen wollen, beruhigen Sie sich erst einmal und entspannen Sie sich. Dadurch verändern sich Ihre Gedanken, die Ihre Gefühle verändern, die wiederum Ihre Schwingungen verändern, wodurch dann Ihr Höheres Selbst und das Universum die Regie übernehmen können.

Entgegen der landläufigen Meinung brauchen Sie Ihre Schäfchen *nicht* erst ins Trockene zu bringen, bevor Sie sich wohl fühlen dürfen. Das Einzige, was Sie in einer schwierigen Situation wirklich tun müssen, ist aufzuhören, sich ständig darauf zu fixieren; statt dessen sollten Sie einen Weg suchen, wie Sie sich besser fühlen können.

Lebenslange Gewohnheiten – die uns noch dazu regelrecht in den Genen stecken – sind nicht leicht auszurotten. Erinnern Sie sich nur immer wieder daran, dass Ihre momentane Lebenslage ausschließlich das Ergebnis Ihres Energieflusses in der Vergangenheit ist.

Treten Sie dann einen Schritt zurück, um die Situation von einer umfassenden Perspektive aus zu betrachten.

Und denken Sie immer daran, dass ein verzweifeltes Bedürfnis nach Veränderung nur negative Energie aussendet, wodurch erst recht alles beim Alten bleibt. Begeisterung im Hinblick auf die künftige erfreuliche Situation dagegen, lässt positive Energie fließen und leitet so die Veränderung ein.

Hören Sie auf, sich über irgendetwas aufzuregen. Sagen Sie sich ganz liebevoll, dass die Umstände – so ausweglos sie Ihnen auch erscheinen mögen – Sie nicht beherrschen werden und dass Sie in der Tat einen Weg finden können, um Ihr Ventil für positive Energien zu öffnen. Und das werden Sie auch!

Dann werden Ihnen Antworten zufliegen und Gelegenheiten sich regelrecht anbieten. Bald werden Sie mehr Möglichkeiten entdecken, die Situation zu verändern, als Sie sich überhaupt vorstellen können.

Geben Sie also diesen verflixten Problemen möglichst Ihren Segen, denn ohne sie wüssten Sie überhaupt nicht, was Sie nicht wollen. Richten Sie Ihre Aufmerksamkeit darauf, was *sein kann*, anstatt auf das, *was ist*, und tauchen Sie ein in all die wunderbaren Gefühle – nicht Sehnsüchte –, die Sie haben werden, wenn Sie erst einmal dort angelangt sind, wo Sie hin wollen.

6

Sagenhaft, ich fühle!
(Dritter Schritt)

Staunen, Wertschätzung, Anerkennung, Dankbarkeit, Begeisterung, Erregung, Ehrfurcht, Bewunderung: Können Sie diese Bandbreite von Gefühlen jederzeit hervorzuzaubern? Können Sie »Staunen« oder »Erregung« (und ich meine nicht die sexuelle) im Handumdrehen aufkommen lassen? Oder wie wär's mit »Ehrfurcht«? Wenn Sie irgendetwas – und sei es nur ein Stein – betrachten, können Sie dann sofort ein warmes Gefühl des Respekts vor diesem unbelebten Objekt in Ihrem Inneren auslösen?

»Anmachen« (Engl.: »turning on«) wird oft in der Bedeutung von »jemanden vernaschen wollen« verwendet, was hier aber nicht gemeint ist. Das Anmachen in unserem Fall ist ein bewusstes, absichtliches Umlegen unseres inneren Schalters, um uns auf eine höhere, schnellere Schwingungsebene zu versetzen, und zwar *sofort* – immer, wenn wir daran denken, zu jeder Zeit, so oft wie möglich, Stunde um Stunde oder einfach jedes Mal, wenn wir an einem roten Auto, einem streunenden Hund oder einer Mutter mit Kind vorbeigehen. Wann auch immer!

Ich meine das durchaus ernst. Wenn wir nicht lernen, unsere Schwingungen von der niedrigen auf eine höhere Ebene zu verlagern, werden wir nicht die geringste Chance haben, zu bewussten Schöpfern zu werden. Das heißt aber leider auch, dass wir weiterhin unser Leben vom Mangel beherrschen lassen. Und damit immer Opfer bleiben.

Da in unseren Schulen keine Kurse zum Thema »Wie verändere ich meinen Energiefluss?« angeboten werden, müssen wir es uns selbst beibringen. Aber mit ein paar weiteren Tricks, die wir noch auf Lager haben, schaffen wir das mit Leichtigkeit.

Das eigenartige Gefühl in der Magengrube

Ich hatte mich erst ein Jahr lang mit Energiefrequenzen beschäftigt, als ich über das Gesetz der Anziehung stolperte. Damals hatte ich keinen blassen Schimmer davon, was ich tat, aber es machte Spaß und vertrieb mir die Zeit beim Autofahren.

Der Refinanzierungsmarkt boomte gerade, und ich als selbstständige Maklerin mit meinem kleinen Büro zu Hause saß mitten drin. Wenn dann Anfragen zur Refinanzierung von Eigenheimen kamen, suchte ich die Leute auf, anstatt sie zu mir kommen zu lassen, wie das üblicherweise abläuft. Es machte mir Spaß, ich kam aus dem Haus, erledigte gleich noch meine Besorgungen und entdeckte völlig neue Ecken meiner Heimatstadt.

Um mir die Zeit zu vertreiben, während ich von einem Kunden zum nächsten fuhr, fing ich an, mit meiner Energie herumzuexperimentieren. Ich wusste bereits, wie ich schnell auf einen intensiven Wohlfühl-Zustand umschalten konnte – eine aufregende Sache, die ich »Energie in Fluss bringen« nannte. Ich dehnte einfach ein Hochgefühl immer weiter aus, und in null Komma nichts reagierte mein Körper auf die veränderte Schwingung. Ich hatte auch schon entdeckt, dass ein Wunsch gute Chancen hatte, in Erfüllung zu gehen, wenn ich in dieser Hochstimmung an ihn dachte. Mehr wusste ich jedoch zu dem ganzen Thema noch nicht! Von Frequenzen, Schwingungen, positivem / negativem Energiefluss, dem Gesetz der Anziehung hatte ich nur ganz am Rande etwas mitgekriegt.

Je mehr ich mit meinem Energiefluss herumspielte, desto deutlicher konnte ich dieses faszinierende Phänomen wahrnehmen, das immer in Verbindung mit einem Hochgefühl auftauchte (wenn ich also anfing zu »brummen«, wie ich es nenne). In der Magengrube, dort, wo einem die Luft wegbleibt, wenn man einen Schlag abbekommt, hatte ich dieses »*WUSCH!*-Gefühl« – wie auf einer Achterbahn, wenn es plötzlich in mörderischem Tempo bergab geht. Manchmal blieb es nur für den Bruchteil einer Sekunde bestehen, manchmal konnte ich es aber sogar bis zu ein paar Minuten ausdehnen, wenn ich mich total darauf konzentrierte.

Dann fand ich heraus, dass dieses eigenartige Gefühl in etwa dem entspricht, was man empfindet, wenn man gerade noch im letzten Moment, bevor es knallt, einem anderen Auto ausweichen konnte. Oder dem Gefühl, das mich vor Jahren überkam, als mir mein Boss die Kündigung präsentierte. Es machte *WUSCH!* in meiner Magengrube.

Anfangs konnte ich noch nicht damit umgehen und mir auch keinen Reim darauf machen. Diese ganz unterschiedlichen Situationen riefen ein breites Spektrum starker Reaktionen hervor, die sich physisch anscheinend alle am gleichen Ort manifestierten: im Magen. Schließlich dämmerte es mir. Unsere Emotionen werden zunächst in den Nebennieren registriert; daher kommt also dieses Ziehen in der Magengegend oder im Solarplexus, wo sich die Nebennieren befinden, wenn wir erschrecken oder Angst bekommen.

Wenn uns die Angst packt, werden die Nebennieren plötzlich mit elektromagnetischer Energie überflutet. Sofort wird Adrenalin ausgeschüttet, und – *WUSCH!* – wir verspüren dieses seltsame Gefühl. Warum sollten die Nebennieren also nicht genauso reagieren, wenn wir durch intensive Glücksgefühle einen Energieschub produzieren? Energie ist letztendlich einfach nur Energie, egal, wodurch sie ausgelöst wird. Ob uns plötzlich die Panik oder eben das Glück überfällt: Die Energie schießt durch den Solarplexus und stimuliert die Nebennieren, was eine starke körperliche Reaktion auslöst: *WUSCH!*

Ich wurde richtig neugierig und experimentierte noch weiter herum. Dabei fand ich heraus, dass ich die Schwingungsintensität eines Wohlgefühls selbst steuern konnte durch die Intensität des »*WUSCH!*-Gefühls« in der Magengrube – und umgekehrt. Ich konnte die Intensität und die Dauer dieses Gefühls steuern, indem ich mehr oder weniger Wohlfühlschwingungen produzierte.

Es war einfach fantastisch! Wenig *WUSCH!* bedeutete zugleich wenig Wohlgefühl und wenig Intensität, also auch nur eine geringe Veränderung der Schwingungen.

Ein großes *WUSCH!* oder Rauschen in meinem Solarplexus bedeutete, dass ich schwingungsmäßig voll im Fluss war und ein Hochgefühl spürte: Aufregung, Entzücken, tiefe Dankbarkeit oder was auch immer. Ich fühlte mich »high«, und das ganz ohne Aufputschmittel; und es klappte jedes Mal. Das berauschende Gefühl kam aber nur auf, wenn ich Freude in irgendeiner Form empfand. Ich erlebte dieses Rauschen oder Brummen nie, wenn auf der Gefühlsebene Leerlauf angesagt war, ich mich also weder gut noch schlecht fühlte, sondern nur so vor mich hinlebte.

Ich war so begeistert von all diesen Erfahrungen, dass ich dachte, ich hätte das Geheimnis des Lebens entdeckt! Vielleicht hatte ich das ja auch, allerdings nur zum Teil. Ich wusste immer noch nichts über das Kanalisieren von Energie, das Konzentrieren auf Wünsche oder das Nicht-haben-Wollen. Ich wusste nur, dass sich meine Wünsche umso leichter erfüllten, je mehr ich ein Hochgefühl in eine körperliche Empfindung umsetzen konnte. Es war ein toller Anfang, aber ich würde weiß Gott was darum geben, wenn ich den ganzen Rest schon damals gewusst hätte.

Am Anfang fühlte ich mich wie in einem Film von Walt Disney: Darin spielt die Mickymaus mit dem Zauberhut ihres Meisters, ohne etwas über dessen machtvolle Kräfte zu wissen. Mir gelang es inzwischen immer besser, ein Hochgefühl in ein *WUSCH!* umzuwandeln. Bald konnte ich es auf Knopfdruck hervorrufen, sogar bei geschmacklosen Schauermeldungen in den Nachrichten. Ich brauchte nur ein Gefühl der Freude in mir hervorzurufen, das dann sofort so etwas wie ein sanftes Blubbern oder ein Brummen im ganzen Körper auslöste, und – *WUSCH!* – schon war es da.

Je mehr ich brummte, desto besser lief meine Arbeit, was das Brummen noch verstärkte. Es war wie Zauberei. Das Geld strömte einfach nur so herein, so dass ich irgendwann aufhörte zu zählen. Meinen Energiefluss in Gang zu setzen wurde so zur Routine für mich, dass ich anhand der Intensität und Frequenz dieses Brummens fast vorhersagen konnte, wie die Geschäfte laufen würden.

So viel hatte ich verstanden: Die hohen Schwingungen, die ich produzierte, zogen meine Wünsche an. Allerdings ging ich damals davon aus, dass das schon alles war. »Kein Problem, ich erhöhe einfach meine Schwingungen, bringe die Energie in Gang, und die Welt steht mir völlig offen.«

Ganz so einfach war es dann doch nicht! Was ich damals nicht wusste, war, dass auch schon die geringste Veränderung des Fokus in Richtung Unannehmlichkeiten nicht nur entsprechende Konsequenzen nach sich zog, sondern mich auch für die guten Dinge blockierte, das Geld mit eingeschlossen! In diesem Punkt sollte ich bald eine kleine Lektion erhalten.

Einige Monate lang konnte ich jedoch keine einzige für mich negative Situation ausmachen. Alles war einfach wundervoll! Wohin ich mich auch wandte, immer schien ich zur richtigen Zeit am richtigen Ort zu sein. Der Markt war reif, ich brauchte die Aufträge nur zu pflücken. Die kleinen Anzeigen, die ich schaltete, hatten eine solch gute Resonanz, dass mein Telefon heiß lief und ich um Wochen im Voraus ausgebucht war. Wo immer ich hinsah, war die Entwicklung außerordentlich positiv, genauso wie meine Schwingungen. Mein Energieniveau war unschlagbar, mein Privatleben blühte auf. Meine antiquierte Garderobe ersetzte ich durch neue Schnäppchen, die mir hier und da unterkamen – und in der Zwischenzeit boomte mein Geschäft. Bevor das Jahr zu Ende ging, hatte ich sogar noch eine neue Firma gegründet, die nichts mit meinem alten Geschäft zu tun hatte. Ich nahm unbewusst einfach all das Gute um mich herum wahr, hielt meine Energie in Gang und zog dadurch noch mehr Gutes an. Besser konnte es nicht mehr werden!

Dann geriet plötzlich alles durcheinander. Die Marktlage veränderte sich und mit ihr auch mein Fokus. Als die Zinsen stiegen, ging die Nachfrage zurück. Meine Gedanken kreisten nur noch um eine Sache: »Nein, nein, lasst die Zinsen nicht weiter steigen, lasst die Nachfrage nicht zurückgehen. Lasst den fahrenden Zug nicht entgleisen.« Wenn mir damals jemand gesagt hätte, dass »das, was ist« nur die Bühne ist, auf der man seinen nächsten

Wunsch kreiert, hätte ich ihn wohl blau und grün geschlagen. Ich machte mir ernsthafte Sorgen, also wurde das Problem natürlich immer schlimmer.

Da ich so beschäftigt war mit den sich immer weiter verschlimmernden Gegebenheiten, hatte ich natürlich längst aufgehört, positiv zu schwingen. Ich hatte meinen Fokus ganz auf das verlagert, was ich absolut vermeiden wollte (das Nachlassen der Nachfrage), anstatt mir das vorzustellen, was ich leicht hätte ins Leben rufen können (gute Geschäfte trotz schlechter Entwicklung). Das wusste ich jedoch nicht. Je schlimmer die wirtschaftliche Entwicklung wurde, desto schlechter fühlte ich mich. Kein Wunder, dass meine Geschäfte auch immer schlechter liefen. Anstatt mich neu zu programmieren und ein Gefühl des Wohlbefindens hervorzurufen, zog meine Angst noch mehr Angst an. Ich hatte jede Menge Ärger.

All mein Geld hatte ich in die neue Firma investiert, aber der Markt gab nichts her, keine neuen Kredite wurden beantragt, dazu hin hatte ich auch noch Schulden am Hals und … Muss ich noch weiterreden? Die Bedingungen, auf die ich mich konzentrierte, waren alles andere als so, wie ich sie mir wünschte, und die Angst dahinter verschlimmerte die Situation nur noch.

Ich musste mir Geld leihen, um überhaupt über die Runden zu kommen. Ich stürzte mich in blinden Aktionismus, stellte jemanden für den Vertrieb an, dem es noch mieser ging als mir (klar, was anderes hätte ich auch nicht anziehen können), verschickte Werbebroschüren in der ganzen Gegend und verausgabte mich total auf der Suche nach neuen Aufträgen. Nichts kam. Ich steckte bis über beide Ohren in einem negativen Schöpfungsprozess, da sich meine ganze Aufmerksamkeit nur noch auf das konzentrierte, was ich nicht haben wollte. Das Nicht-haben-Wollen hatte ich dermaßen in meine Schwingungen einfließen lassen, dass ich mir kübelweise Probleme einhandelte. Es war eine furchtbare Zeit.

Ich dachte an mein Geheimnis, das ich noch in petto hatte, und fing wieder mit dem Brummen an. Viel Glück! Mit meiner schon fast leidenschaftlich negativen Ausrichtung auf die hoffnungslosen Umstände, die mich umgaben, hätte ich wohl meinen inneren

Schalter nie gefunden, selbst wenn mein Leben davon abgehangen hätte (was fast der Fall war). Mein armes Höheres Selbst dachte wohl verzweifelt »Vergiss es« und gönnte sich einen langen Urlaub in einem anderen Universum, bis ich wieder bei Sinnen war. Die Schwingungen, die mich beherrschten, waren total negativ, also erlebte ich auch nichts anderes. In Hülle und Fülle!

Irgendwann in dieser Zeit meines emotionalen Tiefs drängten mir einige davon schon hellauf begeisterte Freunde das Material über das Gesetz der Anziehung auf. Ich war so tief gestürzt, dass sie von mir aus auch eine ganze Schiffsladung von Aladins Wunderlampen hätten entdecken können, ohne dass es mich sonderlich berührt hätte. Aber um endlich wieder mit meinem Kummer allein sein zu können, nahm ich die Unterlagen schließlich widerstrebend an.

Es dauerte nur fünf Minuten, bis mir klar wurde, warum meine Freunde so aus dem Häuschen waren vor lauter Begeisterung. Hier war endlich der »Rest des Ganzen«, all die Puzzleteile, von deren Existenz ich jahrzehntelang nicht einmal etwas geahnt hatte. Ich hätte mich nicht beflügelter fühlen können, wenn mir jemand fünfzig Millionen Dollar geschenkt hätte. Innerhalb eines Tages entwarf ich mein 30-Tage-Programm, das ich im letzten Kapitel beschreibe, und fing sofort an, es umzusetzen.

Nein, die Dinge änderten sich leider nicht über Nacht; die Beschäftigung mit den widrigen Umständen ließ mich einfach nicht los. Der finanzielle Umschwung ging zunächst zwar langsam, aber sicher vonstatten, und erst ganz allmählich kamen mir gute Ideen, wie ich die Auftragslage mit Leichtigkeit verbessern konnte. Was mich jedoch am meisten entzückte, war die Tatsache, dass ich bereits einen Vorsprung darin hatte, wie ich meine Energie zum Fließen bringen konnte. Ich war ja schon darin geübt, eine Hochstimmung in mir hervorzurufen und sie eine Weile zu halten. Außerdem wusste ich auch, wie ich mir am besten vorgaukeln konnte, dass ich mich gut fühlte, bis es wirklich so weit war.

Was ich vom Gesetz der Anziehung tatsächlich nicht gewusst hatte, war ein entscheidender Aspekt: »Man erhält das, worauf man sich fixiert!« Ich brauchte mich also nur von meiner Fixierung auf die mangelnde Nachfrage, auf die roten Zahlen, auf die nicht vorhandenen Aufträge, auf meine Schulden zu *lösen*, meinen Fokus auf ein anderes Ziel zu verlagern und in den Sonnenuntergang hinauszusegeln. Ganz einfach!

Es hat eine ganze Weile gedauert, aber schließlich hat es funktioniert. Ich gehörte zu den wenigen Maklern am Ort, die trotz schlechter Marktlage noch Aufträge hatten und Umsätze machten. Welch eine Freude! Indem ich ständig darauf achtete, auf was ich mich konzentrierte, konnte ich allmählich meinen Einmannbetrieb in ein großes, erfolgreiches, in drei Bundesstaaten operierendes Unternehmen umwandeln.

Auf Kommando »vibrieren«

Die Kunst, uns gut zu fühlen, beherrschen wir alle tatsächlich nicht sonderlich gut; unser Ziel ist also zu lernen, wie man auf der Stelle gute Gefühle in sich hervorrufen kann.

Manchmal braucht man für das Umschalten einen kleinen (oder auch kräftigen) Schubs; manchmal gelingt es einem im Handumdrehen. Es ist aber unwichtig, wie viel Anstoß es braucht, Hauptsache, man schaltet wenigstens eine Stufe höher. Wie? Wie wär's noch einmal mit einem Griff in die Trickkiste?

Es gibt grundsätzlich drei Methoden, um ein Wohlgefühl hervorzurufen; über zwei davon haben wir bereits gesprochen. Die erste ist, an etwas zu denken, was einem Freude macht. Die zweite besteht im Sprechen mit sich selbst, bis sich die Schwingungen verändert haben. Die dritte, die wir jetzt erörtern werden, heißt »Vibrieren«. Damit kann man *SOFORT* eine Veränderung der Schwingung bewirken.

Vibrieren ist die einfachste und schnellste Methode, um Ihre Schwingungen zu erhöhen. Natürlich erfordern unterschiedliche Bedingungen auch unterschiedliche Techniken. Manchmal genügt die eine Methode, ein anderes Mal müssen wir zwei oder drei

Methoden einsetzen, um uns aus unserer Sucht nach negativen Emotionen herauszureißen. Vibrieren ist zwar nur eine dieser Methoden, enthält aber das reinste Dynamit. Nachdem ich das entdeckt hatte, habe ich sie fast jeden Tag benutzt – und wenn es nur für einen kurzen Augenblick war.

Einer der Gründe, warum es uns so leicht fällt zu vibrieren, liegt darin, dass es dazu eine Starthilfe gibt. Was Sie erreichen wollen, ist ein Gefühl, das aus den Tiefen Ihres Seins aufsteigt. Ist es erst einmal aktiviert – was in weniger als einer Sekunde passieren kann –, schaltet der ganze Körper auf eine viel höhere Schwingungsebene um. Ihr Ventil ist weit geöffnet, und die schöpferische Lebenskraft, mit der Sie vorher nur durch einen dünnen Faden verbunden waren – um Sie am Leben zu erhalten –, durchströmt Sie jetzt ganz. Sie sind dann vollkommen mit Ihrem Innersten Wesen/Höheren Selbst verbunden, *und* genau das spüren Sie jetzt mitten in Ihrer Magengrube!

Deshalb macht das Vibrieren auch so viel Spaß. Mit Hilfe des Gefühls rufen Sie eine eindeutige körperliche Empfindung hervor, die Ihnen die Veränderung der Schwingung signalisiert. Der ganze Prozess läuft im Bruchteil von Sekunden ab und – BINGO! – schon haben Sie umgeschaltet.

Starthilfe

Da ich im Grunde wie eine leere Batterie aufgeladen werden musste, brauchte ich einen körperlichen Anreiz als Starthilfe, um wieder gute Gefühle in mir auslösen zu können. Ein Überbrückungskabel hatte ich nicht, also begann ich mit einem Lächeln!

Genau, mit einem ausdrucksvollen Lächeln, einem von der Art, die einen dahinschmelzen lässt; ein Lächeln, das einen unwillkürlich überkommt, wenn man neugeborenen Kätzchen zuschaut, wie sie unsicher herumtorkeln, oder einem Baby, das einfach um des Glucksens willen fröhlich vor sich hingluckst. Kein unechtes, sondern ein liebevolles, ein zärtliches Lächeln, als ob ein Kind

Ihnen gerade seinen meistgehüteten Schatz gezeigt hätte. Natürlich zeigt sich dieses Lächeln auch äußerlich, aber es ist mit einem warmen, herzlichen Gefühl im Inneren verbunden.

Wenn Sie dieses Gefühl aus Ihrem Inneren hervorholen, steigt ein Lächeln aus den Tiefen Ihres Seins auf. Wir sind jetzt an dem Punkt, den ich das zarte innere Lächeln nenne, eine wohlige, sanfte Empfindung, die sich wie ein leichtes Vibrieren oder wie ein ganz sanftes Wirbeln anfühlt. Vielleicht sogar mit einem kleinen Kribbeln hier und da.

Nun erwarten Sie bitte nicht, dass es sich hier um bombastische Gefühle handelt, die regelrecht explodieren. Diese Empfindung wird anfangs sehr subtil sein. Hier erwartet Sie kein Tornado, der Sie herumwirbeln wird, sondern nur eine ganz zarte – aber merkliche – Verlagerung Ihrer Energie. Diese Verlagerung kommt immer von innen; manchmal scheint der Ausgangspunkt hinter den Ohren zu liegen, im Herzen, im Solarplexus, am höchsten Punkt des Kopfes oder sogar im ganzen Körper. Auch wenn Sie es nicht gleich aus eigener Kraft schaffen, bleiben Sie entspannt und zuversichtlich. Teilen Sie Ihr Anliegen (das Vibrieren zu spüren) dem Universum als Wunsch oder Absicht mit, und ich verspreche Ihnen, es wird sich verwirklichen.

In etwa ein bis zwei Sekunden wird dieses zarte innere Lächeln ein sanftes Vibrieren im Körper auslösen (glauben Sie mir, Sie werden es spüren, wenn es sich einstellt) und Ihr Energieniveau dadurch radikal verändern. Sofort steigt ein gutes Gefühl auf und erhöht die Schwingungen – allein durch die Starthilfe eines äußeren Lächelns in Verbindung mit dem zarten inneren Lächeln.

Das Ersatzgefühl

Das hoch schwingende Gefühl des zarten inneren Lächelns ist wunderbar, aber schwer beizubehalten oder zu intensivieren, wenn nicht ein ähnliches Gefühl an seiner Stelle aufsteigen kann. Wählen Sie ein angenehmes Gefühl wie Dankbarkeit, Anerkennung, Staunen etc. und halten Sie diese Empfindung als vorherrschende Schwingung aufrecht, in etwa so:

1. Als Starthilfe nehmen Sie ein äußeres Lächeln, das so liebevoll wie möglich sein sollte.
2. Während Sie lächeln, holen Sie aus der Tiefe das zarte Gefühl dazu hervor, bis Ihr Lächeln ganz weich wird, sich mit dem zarten inneren Lächeln verbindet und Sie ein kleines sanftes Vibrieren irgendwo spüren, egal, wie subtil es auch sein mag.
3. Haben Sie das zarte innere Lächeln erst einmal aufsteigen lassen, ersetzen Sie es durch ein anderes warmes Gefühl Ihrer Wahl, wie Zärtlichkeit, Begeisterung oder einfach eine unbeschreibliche Freude (eines meiner Lieblingsgefühle). Nehmen Sie das gute Gefühl, das für Sie am leichtesten willentlich hervorzurufen ist, und halten Sie es, so lange es geht.
4. (Wahlweise!) Wenn Sie wollen, können Sie in dieses hohe Energieniveau einen speziellen Wunsch oder eine Absicht einbetten, aber nur, wenn Sie sich bereits vertraut gemacht haben mit dem Ersetzen eines Gefühls (siehe Punkt 3).

Das ist eigentlich alles. Ihr Motor läuft – dank der Starthilfe durch das zarte innere Lächeln. Sie haben genügend Gas gegeben, dass jetzt alles von allein läuft, und Sie können dieses Gefühl ersetzen mit einem Hochgefühl Ihrer Wahl.

Nehmen wir an, Sie haben Zärtlichkeit als Ersatzgefühl gewählt. Haben Sie erst einmal das zarte innere Lächeln aktiviert, stellen Sie sich einfach etwas vor, was das Gefühl der Zärtlichkeit hervorruft. Das kann eine wundervolle Rose sein, mit der Sie an Ihrer Wange entlangstreichen, ein geliebter Mensch, den Sie streicheln oder ein verletztes Tier, um das Sie sich liebevoll kümmern. Sie lassen dieses Gefühl immer intensiver werden, bis Sie die Energieverlagerung im Körper spüren, so subtil sie auch sein mag. Was Sie erleben, ist nur das Fließen der Energie, das Sie aufgrund der veränderten Schwingungen deutlicher wahrnehmen.

Zunächst spüren Sie vielleicht, wie die Energie in Ihren Solarplexus strömt – *WUSCH!* –, wie wenn Sie in einer Achterbahn abwärts rasen. Das Gefühl kann dann vom Solarplexus über den Nacken zum Kopf aufsteigen und ein Kribbeln auf dem ganzen Kopf auslösen. Nach einer Weile kann es gleichzeitig in den Kopf und in die Leistengegend fließen. Sie spüren dann vielleicht sogar eine leichte sexuelle Erregung. Keine Sorge, das dauert nur ganz kurz, aber es beweist, dass Ihre Energie sich endlich befreit hat und ins Fließen kommt.

Je mehr Sie üben, desto eher werden Sie die Energie auf Kommando zum Fließen bringen und steigern, verringern oder über längere Zeit auf einem Niveau halten können. Ich habe meine Energie schon mal im Auto, unter der Dusche und sogar im Supermarkt so ansteigen lassen, dass ich mich richtig abgehoben fühlte (nicht gerade vorteilhaft fürs Autofahren). Es geht jedoch darum, dass Sie tatsächlich lernen können, Ihre Energie zu steuern – und da beginnt der eigentliche Spaß an der Sache.

Wenn Sie sich einmal selbst davon überzeugen wollen, dass Ihr Ventil wirklich offen ist und hohe Energien durch Ihren Körper strömen, können Sie die im Anhang beschriebene Wünschelrute verwenden. Sie brauchen nur das zarte innere Lächeln entstehen zu lassen und zu beobachten, wie die Wünschelrute als Antwort auf Ihren veränderten Energiefluss wie verrückt ausschlägt.

Positive (naja!) Aspekte

Es geht nur darum, sich gut zu fühlen, alles andere ist unwichtig. Wirklich alles! Es gibt nichts Wichtigeres, als sich wohl zu fühlen, und es ist völlig schnuppe, wie Sie das anstellen. Wenn ein Kopfstand am Times Square so ein Gefühl in Ihnen auslöst – hervorragend; wenn es der Geruch von frisch gesägtem Holz ist – wunderbar. Alles ist erlaubt, womit Sie ein gutes Gefühl hervorrufen können. Sie wissen, wann es da ist, Sie können es nicht verfehlen. Ob es nur um die Entscheidung geht, sich im Moment gut zu fühlen (oder wenigstens ein wenig besser), oder ob Sie ein starkes Wohlgefühl für einen besonderen Wunsch aufbauen wollen, Sie können sich Dutzende von ungewöhnlichen Methoden einfallen lassen, um sich energetisch auf eine höhere Ebene zu bringen – wenn Sie es wirklich wollen.

Eine Methode habe ich für den Fall reserviert, dass alles andere nicht fruchtet; es ist mir immer sehr unangenehm, wenn es so weit kommen muss. Die letzte Möglichkeit besteht dann darin, irgendetwas Positives an der unliebsamen Situation zu finden, die mein Ventil ursprünglich zugedreht hat.

Sie hängen zum Beispiel wegen eines Unfalls im Stau fest und regen sich sehr darüber auf. Aufgrund Ihres verschlossenen Ventils wird sich der Stau auch nicht so bald auflösen; außerdem beeinträchtigt die negative Energie in diesem Moment auch noch alle anderen Bereiche Ihres Lebens.

Ihr Job ist es nun, das Ventil irgendwie wieder zu öffnen. Nehmen wir an, dass Sie es bereits »versucht« haben (ein Wort, das Sie aus Ihrem Vokabular streichen sollten), aber nichts hat funktioniert – weder Musik noch das Vibrieren noch das Reden mit sich selbst. Dann bleibt nur noch eine Alternative übrig: Suchen Sie sich irgendeinen Aspekt an dieser misslichen Situation, der Ihnen ein gutes Gefühl vermittelt.

Beispielsweise einfach nur die Tatsache, dass Ihr Auto gut läuft und Sie nicht gerade aufs Klo müssen. Oder Sie empfinden Mitgefühl für die anderen armen Autofahrer im Stau, die genauso genervt sind wie Sie, oder Dankbarkeit gegenüber den Sanitätern im Krankenwagen. Finden Sie etwas, einfach irgendetwas! Fangen Sie an, mit sich selbst darüber zu reden, machen Sie sich was vor, erfinden Sie etwas. Bald spüren Sie dann den subtilen kleinen Klick: Positive Energie beginnt zu fließen, wodurch Ihr Ventil sich langsam öffnet und Sie sich bald wieder wohl fühlen (oder wenigstens besser). (Da Hunderte von Autofahrern um Sie herum negative, aggressive Energie aussenden, wird sich der Stau wohl nicht gleich auflösen, aber Sie lassen sich davon wenigstens nicht auch noch andere Lebensbereiche vermasseln.)

Ehrlich gesagt genieße ich es unheimlich, wenn ich in richtig mieser Stimmung bin. Ich liebe es immer noch, mich dann total hängen zu lassen und mich so richtig darin zu suhlen. Das Traurige daran ist nur – und ich bin mir dessen durchaus bewusst –, dass diese schlechte Stimmung dann auch alles andere in meinem Leben negativ beeinflusst. Ganz zu schweigen davon, dass ich damit noch mehr von dem ganzen Schrott anziehe, über den ich gerade lamentiere. Mittlerweile bin ich es einfach leid – jedenfalls fast.

Also versuche ich – wenn auch widerwillig – irgendeine ganz blöde, belanglose, lächerliche Kleinigkeit an der Angelegenheit oder Person, die mich gerade nervt, zu entdecken, die möglicherweise einen positiven Aspekt hat; etwas, das ich vielleicht doch noch irgendwie schätzen kann. Wie ein trotziges Gör, das gerade ausgeschimpft wurde, überlege ich mir dann, wie ich mit mir selbst reden könnte (fast immer schmollend), um endlich eine positive Empfindung hervorzulocken.

Was mich doch immer wieder überrascht, ist, dass es jedes Mal funktioniert. Sobald ich irgendetwas an der Situation oder dem Typ entdeckt habe, was ich bewundern, anerkennen oder gut finden kann, gerät etwas in mir in Bewegung. Ich kann es regelrecht spüren, wann ich umschwenke. Ventil geöffnet, Auftrag ausgeführt. Dann kann ich loslassen und das Universum seinen Teil dazu beitragen lassen.

Der Krieg um das Verandalicht

Einige Jahre lang vermietete ich ein kleines Häuschen, das auf meinem Grundstück stand. Die Mieter sollten die Heizkosten bezahlen, und ich übernahm die Stromrechnung.

Vermietet hatte ich an ein junges Paar, das darauf bestand, dass das Verandalicht Tag und Nacht brannte. Ich diskutierte endlos mit den beiden darüber, aber es nützte alles nichts – das Licht blieb an, und ich war sauer.

Mir wurde schließlich klar, dass es hier um eine Situation ging, die mir völlig unnötigerweise das Ventil zudrehte. Jedes Mal, wenn ich das verflixte Licht sah, ging mein Ventil zu: Mein Abendessen brannte an, meine Hunde fingen an zu kläffen, ich schnitt mir in den Finger, ein Termin für einen Darlehensvertrag wurde abgesagt, die Glut vom Kamin sengte Löcher in meinen Teppich usw. Und das alles, während ich gerade an diesem Buch schrieb! Lebe, was du lehrst – von wegen!

Eines Tages sagte ich mir, wenn auch widerstrebend: »Gut, ich suche jetzt einen verflixten Aspekt an den beiden, der mir gefällt, damit mein Ventil endlich aufgeht.« Es klappte nicht. Oder besser gesagt, ich wollte einfach nicht. Das Verandalicht blieb Nacht für Nacht an, während ich vor Wut kochte. Da sich das Ganze langsam zu einem ernsthaften Problem für mich entwickelte, das sich wie ein hartnäckiger Virus ausbreitete, riss ich mich zusammen und suchte mühsam nach etwas Gutem.

»Na ja, sie helfen mir im Garten, das ist schon mal was. Sie sind auch ganz nette Nachbarn, so ruhig … blablabla.« Es kam mir vor, als würde ich um Mitternacht in einem nassen Heuhaufen nach einer schwarzen Stecknadel suchen. Bald spürte ich jedoch, dass mein Widerstand nachließ und ich langsam in Schwung kam. Schritt für widerwilligen Schritt baute ich dieses Gefühl aus und merkte bald, dass ich mich besser fühlte (nein, noch nicht wohl) und diese Energie auch ausstrahlte. *In dieser Nacht ging ihr Licht aus* und wurde auch in Zukunft nur noch dann angeschaltet, wenn Besuch oder der Milchmann kam! Ich war fassungslos. Ich schrieb zwar ohnehin ein Buch darüber, klar, aber trotzdem war ich immer wieder überrascht und begeistert von der Unmenge von Beweisen, dass diese Sache tatsächlich funktioniert, sogar bei Verandalampen.

War meine verärgerte Reaktion denn nicht berechtigt gewesen? Doch, aber was hat's gebracht?! Das Ganze war es auf keinen Fall wert, mir auch noch alle anderen Bereiche meines Lebens damit zu vermasseln.

Denken Sie daran: Sobald Sie negative Gefühle ausstrahlen – *ganz gleich welcher Art* (auch die über brennende Verandalampen) –, verschlimmern Sie alles. Diese Gefühle wirken wie eine massive Front aus negativer Energie, die keiner Ihrer Wünsche mehr durchbrechen kann. Gleichzeitig ziehen Sie auch weitere unangenehme Umstände an. Noch viel schlimmer ist es, wenn Sie sich über einen negativ gestimmten Menschen aufregen, denn dann werden Sie in seine Gefühle der Abgetrenntheit mit hineingezogen. Das kann es doch nun wirklich nicht wert sein, oder?

Was auch immer der Grund für Ihre negativen Gedanken sein mag, Tatsache ist, dass Ihr Ventil dabei zugeht. Also öffnen Sie es!

Unsere innere Schatztruhe

Es wird Zeiten geben, da ein besonderer Wunsch oder eine Absicht uns dermaßen fremd ist, dass wir gar nicht wissen, wie sie sich anfühlen würden. Das gilt vor allem, wenn es um eine tiefere emotionale oder spirituelle Ebene geht, wie beispielsweise unser Gotteskonzept. Wie können wir uns mit etwas gefühlsmäßig verbinden, was wir bisher nur selten oder überhaupt noch nicht erfahren haben?

Oder es mag Zeiten geben, in denen wir um jeden Preis aus einer Situation flüchten wollen, weg von dem, was wir gerade erleben. Wir wissen aber nicht genau, *was* wir eigentlich wollen, außer uns besser zu fühlen. Wie können wir uns bei solchen nebulösen Angelegenheiten überhaupt mit unseren Gefühlen verbinden?

Da gibt es verschiedene Möglichkeiten, und die erste kennen Sie bereits. Sie täuschen sich die Gefühle einfach vor, die mit dem Wunsch verbunden sind, und reden darüber, bis Ihnen sozusagen das Wasser im Mund zusammenläuft. Irgendwann macht es dann KLICK! Das ist der direkte Weg.

Der andere Weg ist eher indirekt; ich achte ihn sehr, weil er meist sehr tiefe Gefühle hervorruft, die von ganz persönlichen Erinnerungen herrühren, die mir lieb und teuer sind. Wir haben sie sicherlich alle schon erlebt, diese ganz speziellen Momente im

Leben, die wir nie vergessen werden und doch nicht beschreiben können, Momente, die wir vielleicht sogar wie eine Vision empfunden haben. Sie sind die absoluten Höhepunkte in unserem Dasein, die wir auf ewig in unserer Schatztruhe mit den wertvollsten und bedeutsamsten Begegnungen unseres Lebens aufbewahren.

In einer lauen Sommernacht, wenn die Sterne um die Wette funkeln und die Luft mit süßen Düften geschwängert ist, suchen Sie sich einen gemütlichen Platz, geben sich ganz der Schönheit des Augenblicks hin und gehen in der Erinnerung zurück zu solch einem besonderen Moment in Ihrem Leben. Oder Sie sitzen morgens am Fenster, genießen den Sonnenaufgang und lassen jenen unvergesslichen Augenblick noch einmal aufleben. Dabei spüren Sie, wie liebevolle Wärme sich in Ihrem ganzen Inneren ausbreitet.

Welche Qualität hatte dieses ganz besondere Erlebnis für Sie? War es Ehrfurcht, unsagbare Liebe oder eine spirituelle Erkenntnis? Vielleicht überschwängliches Glück, grenzenlose Freude oder absolute Leichtigkeit? Sie brauchen den Gefühlen keine Namen zu geben, es reicht, sie als kostbaren Teil Ihres Wesens wertzuschätzen.

Wenn Sie gar keine andere Möglichkeit sehen, um die Empfindungen, die mit Ihrem Wunsch verbunden sind, hervorzurufen, gehen Sie zu diesem besonderen Erlebnis in Ihrer Erinnerung zurück. Auch in Momenten großer Verzweiflung, wenn nichts Ihren Schmerz besänftigen kann, wenn Sie nur das fühlen können, was Sie eben gerade fühlen, greifen Sie auf diesen inneren Schatz zurück. Dort werden Sie Trost in der bedingungslosen Liebe Ihres Inneren Wesens/Höheren Selbst finden. Wenn Ihr Wissen und Ihre Wahrnehmung von diesem Gefühl durchdrungen sind, sind Sie und Ihr Höheres Selbst eins. Dann können Sie sich gar nicht mehr auf die emotionale Blockade oder auf den Schmerz fixieren.

Überantworten Sie Ihren Herzenswunsch diesem Gefühl, und lassen Sie ihn eintauchen in die heilenden Energien dieser Erinnerung. Oder Sie sonnen sich einfach in diesem wundervollen Gefühl, in dem Wissen, dass alles gut wird.

Der Zauber der Wertschätzung

Es gibt nur drei Arten von Seinszuständen, in denen wir tagtäglich herumlaufen. Wenn uns auch nur ein bisschen mehr bewusst wäre, in welchem wir gerade stecken, hätten wir schon viel gewonnen. Denn dann könnten wir unsere Schwingungen auch entsprechend verändern.

Opfer-Modus

Das ist die Oh-je-sie-tun-mir-wieder-etwas-an-und-ich-kann-nichts-dagegen-tun-Einstellung, die uns nirgendwo hinführt. So drehen wir uns unablässig in einem negativen Kreis, der nur immer wieder das gleiche alte Programm ablaufen lässt.

Leerlauf-Modus

In diesem Modus sind wir weder in Hoch- noch in Tiefstimmung, sondern leben nur so dahin. Unsere Energie fließt ins Leere, und so ziehen wir auch nichts an. Im Leerlauf-Modus erfahren wir nicht nur die Auswirkungen unserer eigenen ziellosen Energie, sondern auch die aller anderen, die ähnlich drauf sind. (Gleiches zieht Gleiches an, erinnern Sie sich?) Sehr unangenehm! Und trotzdem tun es die meisten von uns die meiste Zeit über.

Ansporn-Modus

Jetzt sind Sie so richtig in Fahrt! Sie sind voll da! Ihre hohen Schwingungen ziehen die negativen Schwingungen der anderen nicht mehr an. Sie werden angetrieben von der reinen, positiven Energie des Wohlbefindens, vibrieren in Harmonie mit Ihrem Höheren Selbst und ziehen nur positive Ereignisse an, während Sie sich absolut sicher und geborgen fühlen.

Wir werden uns immer in einem dieser Modi befinden. Unser Ziel ist natürlich, den Ansporn-Modus so oft zu erreichen und so lange beizubehalten wie möglich. Genau deshalb werden wir uns jetzt auch mit der hohen energetischen Schwingung der *Wertschätzung* befassen.

Die Schwingung der Wertschätzung ist die allerwichtigste Frequenz, die wir erreichen können, da sie der kosmischen Liebe am nächsten kommt. Wenn wir etwas wertschätzen, schwingen wir in vollkommener Übereinstimmung mit der Energie der höchsten Quelle oder der göttlichen Energie – wie auch immer Sie es nennen wollen.

Sie können es entweder mit der Starthilfe versuchen oder direkt in das Gefühl eintauchen; das macht keinen Unterschied. Eines sollten Sie jedoch wissen: *Das Fließen der intensiven Energie der Wertschätzung für nur eine Minute kann Ihnen Tausende von Stunden im Opfer- oder Leerlauf-Modus ersparen.*

Aber Vorsicht! Sie können sich nicht daran vorbeimogeln, indem Sie nur an Wertschätzung *denken*. Das zieht nicht. Denken ist out, fühlen ist in. Sie können nicht einfach die Entscheidung treffen, dass Sie etwas wertschätzen wollen, und es dann dabei belassen. Sie müssen das Ganze in ein intensives Gefühl einbetten, das aus den Tiefen Ihrer Seele aufsteigt.

Sie brauchen jedoch nicht erst in einen lebensbedrohenden Umstand zu geraten und von einer Rettungsmannschaft aus neunhundertelf Mann gerettet zu werden, um tiefe Wertschätzung zu empfinden. Die Energie der Wertschätzung fließen zu lassen ist eigentlich keine große Sache. Wertschätzung können Sie auch einem Straßenschild gegenüber empfinden. Lachen Sie nicht, ich tue das ständig, um in Übung zu bleiben. Wie jede andere Fähigkeit verlangt auch das In-Fluss-Setzen von Energie permanente Übung. Es hat etwas herrlich Absurdes, aber Befriedigendes an sich, einem Baustellenschild kübelweise Liebe, Bewunderung und Dankbarkeit zufließen zu lassen. Ich schicke diese Energie auch zu Ampeln, Reklametafeln, Vögeln, einem Baumstumpf, einem toten Tier, einem Sturm – und natürlich zu Menschen.

Ich suche mir manchmal im Supermarkt den schlimmsten Typ aus, öffne mich und tauche den ahnungslosen Kerl in die höchste Schwingung ein, die ich produzieren kann. Mal ist es Wertschätzung, mal aufrichtige Liebe. Genau dasselbe machte ich mal mit einer aufdringlichen, zeternden, alten Frau, die mich lieber erschlagen hätte als mich vorbeizulassen. Ich überschüttete sie mit Schwingungen, und genau im selben Moment drehte sie sich um, um herauszufinden, was sie getroffen hatte; ich lächelte sie dann mit der reinsten Unschuldsmiene an.

Das ist mein Spiel »Umarme einen Penner«, bei dem ich mir vorstelle, wie ich und ein völlig Fremder uns auf der Straße (oder sonst wo) in die Arme fallen, als ob wir uralte Freunde wären, die sich seit ewigen Zeiten nicht mehr gesehen haben. Man fängt mit erträglichen »Zielscheiben« an, beispielsweise mit jemandem, neben den man sich in der Kantine durchaus setzen würde, wenn es keinen anderen freien Platz gäbe. Dann steigert man sich langsam und sucht sich Menschen aus, mit denen man normalerweise nicht verkehren würde, bis es schließlich völlig unerheblich ist, was für Leute es sind.

Sie sehen – und fühlen –, wie Sie beide sich voller Freude erkennen und aufeinander zufliegen, um sich in inniger Liebe in die Arme zu schließen. Ich weiß nicht, mit wie vielen Menschen auf der Straße ich das bereits getan habe und dabei beobachten konnte, wie sie sich umdrehten, weil sie irgendetwas spürten.

Die Schwingung der Wertschätzung ist auch die höchste und schnellste Schwingung, die wir dazu einsetzen können, Dinge anzuziehen. Wenn wir alles und jeden mit Wertschätzung bombardieren würden – und das täglich –, würden wir sicherlich ziemlich schnell den Himmel auf Erden erleben. Wir würden bis ans Ende unserer Tage glücklich sein, mehr Freunde haben, mehr Geld, mehr liebevolle Partnerschaften, mehr Sicherheit und uns mehr mit der Göttlichkeit unseres Wesens verbunden fühlen, als wir es uns je hätten träumen lassen.

Seien Sie verliebt

Ah, die »große Liebe« ist endlich in Ihr Leben getreten. Sie gehen wie auf Wolken, fühlen sich wie im siebten Himmel. Sie sind verliebt.

Nichts stört sie. Die Welt ist einfach zauberhaft, jeder Tag ein Wunder, mitten im Winter ist der Frühling ausgebrochen. Alle Menschen sehen schön aus. Sie schweben. Sie sind verliebt.

Wussten Sie, dass Sie dieses Gefühl willentlich hervorrufen können? Ich meine nicht die sexuelle Erregung, sondern den emotionalen Rausch, das Herzflimmern. Sie können einfach hinausgehen und sich verliebt fühlen. Und ich kann Ihnen sagen, dass sich nichts besser anfühlt und nichts die Schwingungen schneller erhöht.

Von dieser Ebene aus können Sie den ganzen Tag über in dieser Schwingung bleiben, in dem Wissen, dass sich Ihre Wünsche manifestieren werden. Sie können aber auch ganz bewusst einen speziellen Wunsch in diese Hochstimmung einbetten und Ihre neu aufgeladene Energie hineinfließen lassen.

Erinnern Sie sich an Ihre erste Liebe, als alles wie am Schnürchen lief? Probleme kamen Ihnen banal vor in einer Welt, in der alles neu und aufregend war, als ob Gott gerade den Himmel blank geputzt hätte.

Versetzen Sie sich nochmals in diese Situation. Seien Sie einfach verliebt, und Sie werden merken, wie lebendig Sie sich dann fühlen. Das Einzige, was fehlen wird, ist die sexuelle Erregung; abgesehen davon wird alles dem entsprechen, denn es geht hier um das, was Ihr eigentliches Wesen ausmacht; Sie finden einfach wieder zu dem Gefühl der Verbundenheit zurück. Außerdem macht es total Spaß, so zu tun als ob. Sie merken dann, wie Ihr Körper anfängt zu vibrieren und dieses leichte Kribbeln im Bauch spürbar wird.

Die Süße des Selbst

Wenn Sie es nicht schaffen, sich auch nur ein kleines bisschen besser zu fühlen, dann sollten Sie sich an etwas erinnern.

Ob Mann oder Frau, in uns allen existiert eine Sanftheit, Weichheit und Süße, die so wunderschön ist, dass wir weinen könnten, wenn wir damit in Berührung kommen. Ob wir aggressiv sind oder sanftmütig, ein Bettler oder ein Milliardär, wir alle tragen sie in uns, denn sie macht unser eigentliches Wesen aus. Diese Süße hat nichts mit der Persönlichkeit zu tun. Es geht nicht darum, ob wir schwach oder stark sind, ein Niemand oder ein hohes Tier. Es geht um unseren Wesenskern, um das, was wir in Wahrheit sind.

Wenn Sie diese Qualität oder Gegenwart (die normalerweise gut versteckt ist) in sich wachrufen wollen, brauchen Sie nur darum zu bitten. Machen Sie Ihr Anliegen zu einem Wunsch oder einer Absicht, halten Sie dann inne, lauschen Sie, nehmen Sie diese Gegenwart wahr und erleben Sie sie. Wenn Sie diese Süße, diese Kostbarkeit in Ihrem Inneren, erst einmal entdeckt haben, können Sie diese Empfindung jederzeit wieder hervorrufen. Es erfordert jedoch besonderen Mut, sie auch zu *leben*, denn ihr wohnt die allerhöchste Schwingung Ihres ganzen Seins inne. Wenn Sie dieser wahren Natur Ihres Seins erst einmal begegnet sind, wissen Sie, wo Sie hingehören. Ihre Welt wird nicht mehr die gleiche sein, da Sie nicht mehr der gleiche Mensch sein werden. Und auch Ihre Schwingungen werden nicht mehr die gleichen sein.

Schlechte Tage und seelische Tiefs

Solange wir in diesem Körper leben, werden wir manchmal schlechte Tage haben. An diesen Tagen, an denen nichts so richtig klappt (was Ihnen sowieso egal sein könnte), sollten Sie daran denken, dass ein schlechter Tag nichts anderes ist als ein Anzeichen dafür, dass Sie Ihr Ventil zugedreht haben. Sie feiern eine Orgie negativer Energie. Das ist keine große Sache, machen Sie nur weiter. Erlauben Sie sich ruhig, das Tief voll und ganz auszuleben, damit die negativen Gefühle sich nicht ansammeln.

Wenn Sie jedoch wirklich aus dem Schwingungstief herauswollen, besteht eine Möglichkeit darin, sich auf eine kleine, unbedeutende Sache zu konzentrieren. Dann geben Sie sich selbst Starthilfe durch ein körperliches Lächeln, verbinden sich mit dem zarten inneren Lächeln und umgeben das winzige Ding mit so viel Liebe wie möglich.

Vielleicht ist es nur eine kleine Staubflocke, eine Zeitschrift oder ein Kabel. Lassen Sie diesen Dingen Ihre Wertschätzung zukommen – einfach nur für ihr Dasein –, umhüllen Sie sie mit Liebe, als ob sie ein gerade wieder entdeckter wertvoller Schatz wären. Sie werden überrascht sein, wie schnell sich Ihre Schwingung verändert.

Diese relativ einfache Methode funktioniert bei mir meistens; wenn es aber doch einmal nicht klappt, benutze ich eine Technik, die niemals versagt. Ich fange an, durchs ganze Haus zu tanzen, und singe dabei irgendeinen blöden, fröhlichen Song wie »Happy Days Are Here Again« (auch wenn ich viel lieber meine armen Hunde anschreien würde) oder »Oh, What a Beautiful Morning« (wenn ich mich viel lieber in Tränen aufgelöst in meinen Sessel kuscheln würde). Oder ich komponiere selbst ein albernes kleines Liedchen und zwinge mich, mich dazu zu bewegen.

Ich greife auf diesen Trick zurück, wenn ich total tief im Loch sitze, aber nicht dort bleiben will. Wenn ich erst einmal so weit abgestürzt bin, dauert es normalerweise allerdings ein paar Stunden, bis irgendeine Methode greift, also ist wildes Herumtanzen ein ganz guter Anfang. Es bricht die blockierte Energie regelrecht auf, und ich fühle mich dann langsam wieder besser. Innerhalb von wenigen Stunden fängt dann auch prompt das Telefon erneut an zu klingeln, das Geschäft läuft wieder an, Freunde laden mich ein, und meine Einfälle sprudeln wieder. Bisher hat es immer funktioniert. Sie müssen nur irgendetwas tun, wodurch Sie sich besser *füüüühlen*.

Wenn Ihre Stimmung total im Keller ist, kann es auch wahre Wunder vollbringen, wenn Sie sich selbst gut zureden, indem Sie sich direkt mit Ihrem Namen ansprechen: »Es wird alles gut werden, Corky, ich verspreche es dir; es ist alles in Ordnung. Dir wird es wieder ganz gut gehen.« Sprechen Sie mit sich über alles, was Sie trösten kann, bis Sie sich wieder besser fühlen.

Ein kleiner Schritt nach dem anderen, ein bisschen hier, ein bisschen da, und nach ein paar Stunden oder Tagen wird sich Ihr Widerstand langsam auflösen. Dann spüren Sie den wundervollen Klick, wenn das Ventil sich öffnet und Sie sich wieder verbunden fühlen.

Aufladen, immer wieder aufladen!

Egal, wo Sie sind, Sie können sich immer irgendwie mit einem schönen Gefühl aufladen, wenn Sie es wirklich wollen.

Laden Sie sich auf, während Sie aus dem Küchenfenster schauen. Laden Sie sich auf, wenn Sie morgens das Haus verlassen. Laden Sie sich auf, wenn Sie sich in Ihren Schaukelstuhl sinken lassen. Laden Sie sich auf, während Sie in die U-Bahn steigen. Laden Sie sich auf, während Sie die Terrasse fegen. Laden Sie sich beim Kopieren auf. Laden Sie sich auf, während Sie den Fluss entlanglaufen. Laden Sie sich auf, während Sie das Vieh füttern.

Erst wenn Sie vibrieren vor Freude, vor Anerkennung, vor Dankbarkeit oder weil Sie verliebt sind – auch wenn Ihr Verstand Ihnen meldet, dass Sie überhaupt keinen Grund dazu hätten –, bringen Sie Ihre Energie zum Fließen und erreichen das, was Sie sich wünschen. Wenn Sie ein völlig neues Leben anfangen wollen, dann müssen Sie lernen, sich in irgendeiner Form aufzuladen, unabhängig davon, was um Sie herum geschieht. *GANZ UNABHÄNGIG DAVON!*

Wenn Sie etwas verändern wollen, wenn Sie Ihre derzeitigen Lebensumstände verbessern wollen, wenn Sie dieses großartige Gefühl der Fülle oder höchste Glückseligkeit erleben wollen, die Ihnen normalerweise fremd ist, wenn Sie das verwirklichen möchten, was Sie zur Zeit nicht haben, dann bringen Sie Ihren Motor in Gang und starten Sie durch!

7

Die Kraft ist in Ihnen!
(Vierter Schritt)

Vor einigen Jahrzehnten, als ich noch viel jünger und ganz neu in Kalifornien war, fuhr ich jeden Tag vom San Fernando Valley durch den wunderschönen Coldwater Canyon nach Beverly Hills, wo ich einen lausigen Job im Gemeinschaftsbüro einer größeren Luftfahrtgesellschaft hatte. Ich liebte die Fahrt zur Arbeit und zurück, das war aber auch schon alles. Es war aber nicht der richtige Zeitpunkt in meinem Leben, um viel zu riskieren, da ich sehr viel Energie in das Selbsthilfeprogramm der Anonymen Alkoholiker steckte, was mir unheimlich gut tat. Zwei Jahre lang fuhr ich täglich durch den Canyon, versuchte, das Beste aus meinem Job zu machen und verbrachte eine irre Zeit damit, in L.A. nüchtern zu werden. Dann wurde es mir langweilig.

An einem wunderschönen Nachmittag, als ich die Fahrt zurück nach San Fernando Valley genoss und die mondänen Villen in Beverly Hills bewunderte, sprach ich laut zu dieser Macht, von der ich damals dachte, dass sie außerhalb meiner Selbst existierte: »Okay, Höhere Macht, mal sehen, wie gut du funktionierst. Meine Arbeit langweilt mich, ich will etwas Neues machen. Gib mir eine Idee ein. Oder einfach die Samen dafür, damit ich sie einpflanzen kann.«

Ohne es zu wissen, befand ich mich in genau der Gemütsverfassung, in der meine Schwingungen am höchsten waren: Ich genoss die Fahrt und die Landschaft und war in Frieden mit mir selbst und dem Rest der Welt, auch wenn mich dieses Wesen, das meine AA-Freunde und ich Höhere Macht nannten, ein bisschen nervte. In etwa so: »Okay, Alter, beweis mir, dass es dich gibt oder halt den Mund!« Aber der Wunsch war ehrlich gemeint und stark aufgeladen mit hohen Schwingungen durch meine gute Stimmung.

Am nächsten Tag auf dem Weg zur Arbeit wiederholte ich meinen Wunsch: »Gib mir einfach die Samen, und ich werde sie einpflanzen.« Das Gleiche auf dem Weg nach Hause. Ich hatte damals keine Ahnung von Schwingungen oder irgendeinem Energiefluss, geschweige denn von meiner eigenen inneren Kraft oder davon, dass diese Kraft »da draußen« eins mit mir selbst war. Soweit ich wusste, existierte dieser »Obermufti« getrennt von mir – diese weise und gütige Kraft, von der ich sicher war, dass sie mein Leben bestimmte. Ich tat im Grunde nichts anderes, als mich intensiv, aber ohne es zu wissen, auf einen Wunsch zu konzentrieren und die Höhere Macht zu testen, ob sie denn wirklich existierte und mir helfen würde.

Als ich an einem wundervollen Nachmittag auf dem Weg nach Hause gerade über den Hügel fuhr, wo einem der traumhafte Panoramablick den Atem raubt, traf mich wie ein Blitz eine Idee, aber wie! Es kam mir vor, als ob der Kosmos mir diese Idee regelrecht um die Ohren geschlagen hätte. Es ging darum, einen Verlag im Bereich Bildung aufzuziehen mit den gerade erst entwickelten, hoch innovativen Audiokassetten. Das war im Jahr 1965. Zu diesem Zeitpunkt hatte noch kaum jemand je von Audiokassetten gehört und ich selbst hatte keinen blassen Schimmer, wie ich eine Firma gründen und das alles anleiern sollte.

Das war auch nicht wichtig. Jeden Tag, wenn ich auf dem Weg nach Hause über den Hügel fuhr, wiederholte ich: »Okay, Höhere Macht, liefere mir weiterhin die Samen, und ich werde einen Weg finden, sie einzupflanzen.« Und wirklich jeden Tag, wenn ich über den Hügel zur Arbeit fuhr, schossen die Ideen in mir hoch, wie Popcorn beim Rösten. Ich stellte mir ganze Zeitschriften auf Kassette vor, Touren durch Nationalparks, Kurse zur Verkaufsförderung, Lernprogramme für Schulkinder. Solange die Fahrt dauerte, hielt die Flut von Ideen auch an – wohl weil ich in dieser Zeit immer in Hochstimmung und mein Ventil weit geöffnet war, so dass die Inspiration frei fließen konnte.

Die Spirale war in Gang. Je mehr Ideen ich produzierte, desto aufgeregter wurde ich; je aufgeregter ich wurde, desto mehr Ideen überfluteten mich. Ich vibrierte, ohne es überhaupt zu wissen.

Menschen, die sich mit Audiokassetten und Unternehmensgründungen auskannten, tauchten plötzlich aus dem Nichts auf: Finanzleute, Rechtsanwälte, Techniker, Marketingexperten. Es war einfach unglaublich. Bald gab ich meinen Job bei der Luftfahrtgesellschaft auf und gründete die »Listener Corporation«. Wir gehörten zu den Pionieren in der Verbreitung von Informationen mit dem innovativen Medium Audiokassette.

Bald ließ die Begeisterung jedoch nach, und die Angst, es nicht allein zu schaffen, nahm überhand. Mein Inspirationsfluss trocknete aus wie die Wüste nach einer Überschwemmung. Die Spirale begann sich nach unten zu drehen, obwohl wir inzwischen schon recht bekannt waren.

Wir waren die Ersten, die Rundreisen durch Nationalparks auf Kassette für Autofahrer anboten. Es wurde ein Reinfall. Wir waren die Ersten, die ein monatlich erscheinendes Wirtschaftsmagazin auf Kassette herausgaben. Es dauerte ein Jahr, bevor es ein Flop wurde. Wir waren die Ersten, die Wirtschaftsdaten über Kopfhörer auf Langstreckenflügen anboten; auch ein Fiasko. Wir gehörten zu den Ersten, die verschiedenen Firmen Verkaufstrainingsprogramme auf Kassette vorschlugen; auch das ein Schlag ins Wasser. Die Formel war klar: Meine Angst vor Misserfolgen führte genau dorthin: zu Misserfolgen!

Schließlich fanden wir unsere Marktnische mit einer viel kleineren (und weniger angstbesetzten) Produktpalette: berufsbegleitende Weiterbildung auf Kassette für Grundschullehrer und audiovisuelles Lehrmaterial für die Grundstufe. Wir waren erfolgreich, hatten einen guten Ruf, viele zufriedene Vertreter und glückliche Kunden, aber das Geld für meine Hypothekenzinszahlungen konnte ich kaum aufbringen.

Ich geriet ins Rotieren, schlug wild um mich und strengte mich in jeder nur erdenklichen Form an. Ich war voll im blinden Aktionismus, aber je massiver ich ein Problem angehen wollte, desto langsamer löste es sich. Unsere neuen Programme fanden quer durchs ganze Land unheimlichen Zuspruch – und das zu Recht; sie waren außerordentlich gut, wurden von den besten Köpfen im Bildungsbereich entwickelt und basierten auf den innovativsten Lernmethoden. Aber obwohl wir für hervorragende Qualität bekannt waren, hat keines unserer Programme einen wirklich großen Gewinn eingebracht.

Meine Gedanken kreisten nur noch um eine Frage: »Was kann ich denn noch alles *tun*, um richtig großen Erfolg zu haben?« Je härter ich arbeitete, desto mehr Angst entwickelte ich. Und je mehr Angst ich bekam, desto größer würde mein Widerstand gegen die Energie des Wohlbefindens; dadurch zog ich noch mehr Angst vor schlechten Verkaufszahlen an.

Meine intuitiven Eingebungen waren verflogen. Mein Höheres Selbst hatte keine Chance, mit all den fantastischen Tipps, die ich einst bekommen hatte, noch durch irgendeine Ritze zu mir durchzudringen. Ich beschimpfte diese angeblich Höhere Macht ständig und fluchte, sie könne mir mal im Mondschein begegnen; ich war so extrem von ihr getrennt, dass ich eigentlich gar nicht mehr richtig existierte. Ich ging wohl völlig in dem alten Sprichwort auf: »Erstens kommt es schlimmer, und zweitens als man denkt.« Verflixt, wie wahr das war.

Das ging 13 Jahre so. Dann war ich völlig ausgelaugt und so extrem abgeschnitten von allem, was auch nur im Entferntesten an meine höchste Quelle erinnerte, dass ich die Firma verkaufte und Zuflucht in einem abgelegenen Ort an der Küste suchte. Damals erlebte ich die dunkelste, schmerzlichste Zeit des Getrenntseins in meinem Leben. Durch diesen Tiefpunkt wurde mir ein für allemal klar, was ich absolut *nicht* mehr erleben wollte. Schon bald danach begannen dann die wundervollsten Jahre meines Lebens – ich fing nämlich an, mein Höheres Selbst zu entdecken.

Ich erzähle Ihnen diese Geschichte von den Höhen und Tiefen des Lebens, weil sie ein klassisches Beispiel dafür ist, was für extrem unterschiedliche Auswirkungen *inspiriertes Tun* und *angstbesetztes Tun* haben. Bei ersterem schwelgen wir in Glücksgefühlen, und die Dinge nehmen ohne große Anstrengung den richtigen Lauf, wie es bei mir der Fall war, als ich die Firma gründete. Bei letzterem versuchen wir, Dinge zu beeinflussen, zu bewirken, zu erreichen, vorwärts zu bringen, bis wir schwarz werden. Damit sehen wir entweder überhaupt nie Land oder rutschen ab in ein tiefes Loch.

Inspiration versus Aktionismus

Die meisten von uns haben schon immer die Ahnung gehabt – eigentlich ist es mehr als nur eine Ahnung, wir sind ja so erzogen worden –, dass sich unsere Wünsche nur erfüllen, wenn wir mit entsprechendem persönlichem Einsatz daran arbeiten.

Wenn wir lediglich ein Eis haben wollten, brauchten wir uns dafür nicht sonderlich anzustrengen. Wenn wir jedoch Regierungschef oder Vorsitzender einer neuen Partei werden wollten, würde das viel mehr Einsatz erfordern – in Form von Ehrgeiz und Initiative. Wir haben tatsächlich immer geglaubt, dass die größeren, wichtigeren Dinge im Leben, die über den Wunsch nach einem Eis hinausgehen, nur zu erreichen sind, wenn wir uns ständig das Hirn zermartern – sonst könnten wir die ganze Angelegenheit gleich vergessen.

Uns das Hirn zu zermartern bedeutet jedoch, in blinden Aktionismus zu verfallen und ohne jede Inspiration zu handeln – einfach nur aus einem drängenden Impuls heraus. Dann denken wir nur noch in Sollte- und Müsste-Kategorien. Kurz gesagt, wir versuchen, blind gegen den Strom zu schwimmen, ganz ohne Zugang zu unserer inneren Führung. Wir agieren mit geschlossenem Ventil und produzieren nichts als Stress und negative Energie, was keinesfalls die erwünschten Resultate bringt.

Der logische Ansatz, um dahin zu kommen, wo wir eigentlich hin wollen, oder um das zu bewirken, was wir uns vorstellen, wäre doch, sozusagen mit unserer Inspiration zusammenzuarbeiten anstatt mit den negativen Schwingungen von Stress und sozialem

Druck. Aber wie macht man das? Wo fängt man an? Wie hört man mit dem blinden Aktionismus auf?

Zuerst geht es um die Inspiration, die Ideen. Sie beginnen zu sprudeln, wenn Sie sich öfter mit den höheren Schwingungen des Wohlbefindens verbinden, vibrieren und sich beschwingt fühlen.

Nachdem Sie Ihre Ideen mit genügend positiver Energie aufgeladen haben, beginnen Sie, sie umzusetzen, und zwar aus der Inspiration – und nicht aus dem destruktiven Getriebensein – heraus. Ihr Tun ist nun genauso inspiriert wie Ihre Ideen; alles, was Sie dann erleben, ist auf die höheren Schwingungen zurückzuführen.

Dann wird's toll! Etwas Sagenhaftes passiert. Egal, wie komplex oder verwickelt Ihre Ideen auch sein mögen, Sie merken, wie sie mit der Leichtigkeit und Stetigkeit eines Bergbaches zu fließen beginnen und sich entsprechend leicht entwickeln und realisieren lassen. Und warum auch nicht? Ihre Ideen waren inspiriert und Ihre Taten sind es jetzt auch. Und hinter all dem steht die Energie der höheren Schwingungen.

Nehmen wir mal an, dass Ihnen eines Tages, während Sie sehr gut drauf sind, eine fantastische Idee kommt. Sie wissen genau, dass sie durchführbar wäre – wenn Sie nur eine Ahnung hätten, wie Sie sie verwirklichen könnten, genug Geld dafür hätten, genügend Wissen, die richtige Unterstützung oder genügend …

Sie haben nur zwei Wege zur Auswahl, wenn Sie von Ihrer inneren Führung mit Inspiration überschüttet werden wollen:

Entweder Sie sagen: »Ach Quatsch, klingt ja ganz gut, aber …«, und machen schnell Ihr Ventil zu.

Oder Sie hören einfach mal zu und vertrauen auf Ihre Eingebungen.

Wenn Sie Ihre Wünsche regelmäßig ausgesprochen und Ihr Ventil öfter als sonst offen gehalten haben, wird sich Ihre innere Führung sicherlich in Form von Ideen melden, wie Sie dem Ziel Ihrer Wünsche näher kommen können. Wenn Sie diese Idee umsetzen wollen und dabei dem Fluss Ihrer Eingebungen folgen, gehen Sie zum Handeln über, diesmal jedoch zum *inspirierten*

Handeln und verfallen nicht mehr in blinden Aktionismus. Diesmal geht es um *inspirierte* Möglichkeiten, Ihr Ziel zu erreichen, um *inspirierte* Aktivitäten, die Freude bringen, um *inspirierte* Methoden, die Sie mit Leichtigkeit einsetzen können, anstatt ständig gegen eine unnachgiebige Strömung anzukämpfen.

Wenn Sie eine Eingebung oder eine Idee haben, wie Sie Ihren Wunsch umsetzen könnten, fangen Sie an, nach dem Motto »Es geht« zu denken anstatt nach dem Muster »Ja, aber«. Kümmern Sie sich nicht um das Wie. Das wird sich schon zeigen, sobald Sie sich entspannen und damit eine höhere Schwingungsebene erreichen. Bedienungsanleitungen werden bei der Inspiration immer mitgeliefert.

Jetzt kommt alles in Fluss. Wofür andere Menschen, die in Abgetrenntheit leben, Jahre brauchen, machen Sie in wenigen Monaten mit links, geführt von Ihrem Höheren Selbst, das hell entzückt ist, Ihnen die effektivsten Wege zeigen zu können.

Alles läuft wie geschmiert

Mitten in dem Jahr, in dem das Kreditgeschäft überdimensional gut lief und die Gelder nur so flossen, hatte ich eine Inspiration. Eigentlich hatte ich damals gar keinen Bedarf mehr an neuen Ideen, denn meine Wünsche erfüllten sich schneller als ich sie genießen konnte. Dennoch riss diese Idee mich vollständig mit.

Der Einfall kam mir eines Abends unter der Dusche, als ich sowieso schon vibrierte – warum, weiß ich gar nicht mehr. Und meine erste Reaktion war ein lautes: »Gönnt mir doch mal endlich eine Pause! Ihr seid wohl verrückt!«

Die Idee war die, einen Werbestreifen (einen halbstündigen Reklamefilm fürs Fernsehen) für ein ungewöhnlich großes und komplexes Selbsthilfe-Programm zu drehen, das ich noch gar nicht kreiert und über das ich noch nie nachgedacht hatte. Ich hatte auch überhaupt keine Ahnung, wie ich das anfangen sollte. Die ganze Vorstellung war verrückt und vollkommen unlogisch.

Meine Kreditberatertätigkeit boomte, dieses Jahr lief besser als alle vorigen, und plötzlich wurde ich überflutet von Ideen für eine Fernsehsendung, über die ich nichts wusste. Irrsinnig! Außerdem würde die Realisierung eine hübsche Stange Geld kosten und enorm viel Organisationstalent erfordern. Das Ganze gäbe einen 24-Stunden-Job ab für jemanden, der genau wusste, was er zu tun hatte, was auf mich sicherlich nicht zutraf. (Abgesehen davon hatte ich das Produkt ja noch gar nicht entwickelt.)

Nur vier Monate – *vier Monate!* –, nachdem ich auf die Idee gekommen war, drehte ich den Film. Nur vier Monate brauchte ich, um die Schwindel erregenden Summen für die Herstellung des Produkts und für eine ausgezeichnete Fernsehproduktion aufzutreiben. Inklusive der paar Dollar, die notwendig waren, um ausreichend Fernsehzeit von Küste zu Küste einzukaufen. Nur vier Monate, um das Skript zu schreiben, vorzutragen, einzustudieren und alles zu produzieren. Nach diesen vier Monaten drehte ich den Film zusammen mit einem entsprechend aufwendigen Kamerateam. Alles in vier Monaten, so schnell ging das!

Im März des folgenden Jahres war ich im Fernsehen mit meinem *Life Course 101*, einem hervorragenden audiovisuellen Lehrgang über inneres Wachstum. Unglaublich!

Ich erledigte die Arbeit von einem Dutzend Leuten, leitete bereits eine Firma und gründete schon die nächste, während ich ein neues Programm ausarbeitete und produzierte – alles allein und noch dazu in den sogenannten »besten Jahren«. Viele meiner Freunde dachten, ich sei jetzt endgültig verrückt geworden.

Tja, was sie eben nicht wussten, war, mit welcher Leichtigkeit sich das alles verwirklichen ließ. Kein blinder Aktionismus, kein wildes Um-sich-Schlagen, kein Rotieren. Dieses Mal war ich ganz mit meiner höchsten Quelle verbunden. Alles lief wie geschmiert. Die Dinge ergaben sich auf magische Weise wie von selbst. Ich fragte mich, wie ich eine Sache angehen sollte, und schon flogen mir die Antworten zu und ich konnte mühelos alles Nötige veranlassen. Keine Sorgen, keine Ängste und schon gar keine Zweifel. Es war tatsächlich ein einziges Fest für mich.

Klar war es eine Menge Arbeit, aber sie ging mir leicht von der Hand, weil sie unter der Schutzherrschaft meiner inneren Führung stand. Probleme wurden so schnell gelöst, wie sie entstanden. Alles – bei beiden Firmen – lief wie am Schnürchen. Ich schwamm mit dem Fluss des Lebens. Eine neue Idee stellte ich nie in Frage, denn das Wie wurde immer direkt nachgeliefert. Und kein einziges Mal hatte ich einen Tiefpunkt.

Spontaneität wurde mein zweiter Name. Ich hörte auf, mir Sorgen um die Zeit zu machen. Die hohen Schwingungen, die ich ausstrahlte, waren so stark, dass sie mir immer schon die nächsten Situationen und Ereignisse lieferten, noch bevor die vorherigen abgeschlossen waren. Ich war richtig geblendet von diesem Geschehen. Dabei hatte ich lediglich – ohne es zu wissen – ständig positive Energie ausgestrahlt und all die inspirierenden Ideen, die mir so zuflogen, umgesetzt. Das war schon alles.

Zeichen über Zeichen

Wie oft haben Sie sich schon gesagt: »Mein Gefühl (oder Instinkt oder Gespür) sagt mir, dass ich da hingehen soll.« Sie tun es und stellen fest, dass es genau richtig war. Sie sind Ihrer inneren Führung gefolgt. Oder Sie haben die verrückte Idee, dieses oder jenes auszuprobieren. Sie tun es, und es wird zu einem Erfolg, weil es Ihnen Spaß gemacht hat. Sie sind Ihrer inneren Führung gefolgt.

Sie brauchen jedoch kein neues Unternehmen zu gründen, um einen Zugang zu Ideen, intuitiven Erkenntnissen oder Vorahnungen zu finden. Ob Sie den Wunsch haben, auf dem schnellsten Weg den Stadtverkehr zu umgehen oder einen neuen Partner zu finden, Sie brauchen nur auf die Zeichen zu achten, die das Ereignis ankündigen – *und zu lernen, ihnen zu vertrauen!*

Ein Anruf von einem alten Freund, der sich völlig unerwartet meldet, eine Fernsehsendung, die Sie normalerweise nie anschauen, das Gefühl, dass Sie etwas Bestimmtes lesen, jemanden anrufen oder eine andere Abzweigung nehmen sollten: Das alles sind kleine Stupser Ihres Höheren Selbst, Ihrer Inneren/Äußeren Führung, die Ihnen dabei hilft, auf Ihrem Kurs in Richtung Freude zu bleiben – auch wenn es nur ein günstiger Parkplatz bei Regen ist. Sie haben die Energie des Wohlbefindens aktiviert, sie mit Wünschen vermischt, Kanäle geschaffen, durch die die Energie fließen kann, so dass starke Kraftfelder entstehen, in deren Zentrum Sie Ihrer inneren Führung begegnen können. Der Impuls, bestimmte Dinge zu tun – dieses oder jenes, irgendwo hinzugehen, irgendwen anzurufen –, wird von der magnetischen Aktivität Ihrer konzentrierten Energie hervorgerufen.

Kurz nachdem ich diesen neuen Weg des bewussten Erschaffens eingeschlagen hatte, musste ich nach Portland fahren, und zwar in meinem heiß geliebten alten Mercury Monarch aus dem Jahr 1977, einem Wagen, der bereits einige Wiedergeburten hinter sich hatte, weil ich so an ihm hing. Einen neuen Motor hatte er bekommen und auch sonst jede Menge Ersatzteile. Da er schon so alt war, hatte mir der Mechaniker zu einem synthetischen Öl geraten, um die Abnutzung zu reduzieren. Das war ja schön, nur gab es zu der Zeit kaum synthetische Öle, und diese komische Marke musste extra auswärts bestellt werden.

Ich war seit Jahren immer nur zum Einkaufen gefahren, nie weiter, und die zweistündige Fahrt nach Portland war eine sehr angenehme Abwechslung. Ich ließ anregende Musik laufen und fühlte etwa eine Stunde später gerade ein hoch energetisches Glücksgefühl in mir aufsteigen, als mir siedend heiß in den Kopf schoss, dass ich ja gar kein Öl nachgefüllt hatte. Normalerweise hatte ich immer ein paar Liter von diesem seltsamen Zeug im Auto, hatte es dieses Mal aber vergessen. Die Chance, dieses Öl – es durfte natürlich auch mit keinem anderen vermischt werden – jetzt irgendwo in dieser gottverlassenen Gegend entlang der Autobahn im Süden von Washington aufzutreiben, lag bei Null.

Ich fuhr ein paar Kilometer weiter und überlegte, was ich machen sollte, als ich plötzlich die Eingebung hatte, bei der nächsten Ausfahrt rauszufahren. Da ich meinen Eingebungen bereits ohne großes Zögern folgte, zuckte ich nur mit den Schultern und holperte kurz darauf eine kleine, einsame Landstraße unweit der Autobahn entlang.

Bald entdeckte ich so etwas wie eine Geisterstadt, mit alten, verfallenen Gebäuden, die schon recht schief in der Landschaft hingen. Ich sah nirgendwo ein Lebenszeichen, aber aus irgendeinem Grund hielt ich an und stieg aus. Mir war sehr wohl bewusst, dass ich meine Entscheidung, hierher zu kommen, in keinster Weise in Frage stellte und auch nicht dachte: »Was zum Teufel will ich denn hier?« Ich folgte einfach dieser seltsamen inneren Führung.

Ich traute meinen Augen kaum, als ich einige Meter vom Auto entfernt ein heruntergekommenes Gebäude mit einem Schild entdeckte, auf das »Auto-Shop« gekritzelt war. Ich weiß nicht, warum ich es nicht gleich gesehen hatte, es stand doch direkt vor mir. Völlig verblüfft ging ich hinein und fragte nach synthetischem Öl. Ja, sie hatten welches, aber nur eine Marke, und zwar genau die, die ich brauchte! »Ja, Madam, die letzten zwei Liter, bitteschön!«

Mir schwirrte der Kopf auf dem Weg zurück zum Auto. Klar, ich war ungeheuer aufgeregt und zugleich völlig sprachlos. Natürlich freute ich mich ungemein, das Gesetz der Anziehung so unmittelbar in Aktion zu erleben. Aber ehrlich gesagt war ich auch wie gelähmt. Alles war so offensichtlich, so absolut unbestreitbar. Meine Schwingungen hatten zuvor den höchsten Punkt erreicht. Dann stand ich plötzlich vor einem drängenden Problem, empfand jedoch keinerlei Widerstand, wie etwa: »Jetzt habe ich ein Problem, ich werde nie etwas finden, was soll ich nur tun?« Meine hohen Schwingungen hatten mir auch sofort eine Lösung serviert; ich erhielt eindeutige und direkte Anweisungen von meinem Höheren Selbst in Form eines intensiven Gefühls, dem ich sofort nachgab. Du lieber Himmel, wie melodramatisch!

Wie konnte das geschehen? Wer weiß das schon. Ist auch unerheblich! Ich hatte eine Eingebung, habe ihr vertraut, bin ihr gefolgt – und es hat funktioniert.

Es geht darum, den Autopiloten auszuschalten und wachsam zu werden. Hören Sie zu! Achten Sie auf den kleinen Schubser, achten Sie auf Zeichen, folgen Sie Ihrer Intuition. Wenn es sich richtig anfühlt, spricht die innere Führung.

Die meisten von uns glauben nur an Dinge, die vorhersehbar und kalkulierbar sind. Fangen Sie also an, auf Hinweise zu achten. Beobachten Sie, wie sich die fehlenden Teile auf wunderbare Weise zusammenfügen – wie durch Magie. Sie haben jetzt die unheimliche Welt der Synchronizität betreten, Sie haben den Anschluss gefunden, sind verbunden mit Ihrer Energiequelle, fließen mit dem Strom. Sie werden es jedoch nie wirklich wahrnehmen oder lernen, darauf zu vertrauen, wenn Sie nicht bewusst darauf achten.

Ohne jedes Zögern

Mit Ausnahme des Gebets, das jedoch oft eher einem Bitten mit geschlossenem Ventil gleichkommt, haben die wenigsten von uns gelernt, nach innen zu horchen und das, was sie dort vernehmen, auch zu befolgen. Was zu befolgen? Zuhören? Wem denn? Alles Quatsch. Schluck lieber eine Pille. Das ist doch alles nur Einbildung. Das hat keine Substanz, es kann nicht mit empirischen Daten belegt werden.

Ich finde es lustig, dass wir alle so tun, als ob etwas nicht existiert, es dann aber sofort benennen können. Wir rümpfen die Nase bei »göttlicher Führung«, haben jedoch seltsamerweise eine ganze Reihe von Begriffen dafür: Gespür, Motivation, Eingebung, Intuition, siebter Sinn, Inspiration, Impuls, Drang, Ahnung, Wunsch, Fantasie. Das alles gehört zur inneren Führung, zum wahren Selbst, das Ihnen Botschaften von der unendlichen Intelligenz vermittelt, die Sie verkörpern, und alles in Seiner Macht Stehende tut, um Ihnen ein paar Ideen oder Wege aufzuzeigen, bevor Sie wieder zumachen.

Die innere Führung ist die Sprache der Seele, die Sprache Gottes, die Sprache des Inneren Wesens, die Sprache des Höheren Selbst, die Sprache des Kosmischen Geleitschutzes. Die innere Führung versucht alles, um unsere Aufmerksamkeit auf sich zu ziehen, und hilft uns dabei, unsere Wünsche zu realisieren – ob es nun um Öl fürs Auto oder eine neue Perücke geht. Das kann jedoch nur funktionieren, wenn wir dem vertrauen, was wir auf dieser Wellenlänge wahrnehmen.

Zwei Kunden von mir – ein Paar –, die ich hier George und Sally nenne, waren eines Abends in heller Aufregung, als ich wegen eines Darlehensvertrags zu ihnen nach Hause kam. Als ich nach dem Grund fragte, stellte sich heraus, dass sie gerade um Haaresbreite einem dramatischen Unfall auf der Autobahn, in den acht Autos verwickelt waren, entkommen waren. Der Schreck säße ihnen noch tief in den Knochen, meinte George.

Sie arbeiteten an verschiedenen Orten, fuhren aber in einem Auto zur Arbeit. Sie waren also gerade auf dem Heimweg von der Arbeit – auf der Autobahn –, als George langsam nervös wurde, da er einen ziemlich wackligen großen roten LKW vor sich hatte. Er wollte eben zum Überholen die Spur wechseln, als Sally völlig unvermittelt sagte: »Schatz, tu das nicht! Wir sollten sofort von dieser Autobahn runter!« Dann folgte die übliche Streiterei darüber, wie unsinnig dieser Umweg sei. Aber schließlich gab George um des lieben Friedens willen nach, nahm die nächste Ausfahrt und fuhr über irgendwelche Nebenstraßen nach Hause.

Dort schaltete George den Fernseher an, um sich wie immer die lokalen Nachrichten anzuschauen. Er sah denselben roten LKW inmitten einer Karambolage, eingequetscht zwischen zwei anderen Autos, nur wenige Kilometer hinter der Ausfahrt, an der sie abgebogen waren. Es gab zwei Tote.

Sally war mit ihrer inneren Führung verbunden gewesen und ihr ohne jedes Zögern gefolgt. Wie viele von uns hätten darauf gehört und gar noch einen Umweg in Kauf genommen?

Der kosmische Witz ist, dass wir genau dafür geschaffen worden sind, im Vertrauen auf unsere Sinne zu leben und nicht auf unseren Verstand. Aber über endlose Zeiten hinweg haben wir gelernt, unsere Antworten zu *denken* anstatt zu *fühlen*, ganz konträr zu unserer ursprünglichen Natur. Tiere und Pflanzen leben mit all ihren Sinnen, worüber wir verschlossenen, von unseren Sinnen abgeschnittenen Menschen uns gern lustig machen. Wenn Sie jedoch erst einmal angefangen haben, mit der Energie des Wohlbefindens zu spielen, wird es Ihnen mehr Spaß machen als ein ganzer Tag in Disneyland – das verspreche ich Ihnen. Sie hören in sich hinein und handeln – wieder und wieder – und vertrauen Ihrer inneren Führung ohne jedes Zögern.

Wenn Ihnen fünf Dutzend Freunde und Familienangehörige raten, »dieses« zu tun, Ihr Gespür Ihnen aber »jenes« sagt, folgen Sie immer dem Gespür (vorausgesetzt, es fühlt sich gut an!). Warum? Versuchen Sie es ein paar Mal, und Sie werden sehen, warum. Ihre innere Führung tut alles, damit Sie Ihre ursprüngliche Absicht verwirklichen können. Geben Sie ihr also eine Chance. Stimmen Sie sich ein und lauschen Sie; Ihr Höheres Selbst weiß, was es tut.

Der letzte Schritt

Es folgt der vierte und letzte Schritt im bewussten Schöpfungsprozess.

Der erste ist, wie Sie sich erinnern, festzustellen, was Sie NICHT wollen.

Der zweite Schritt liegt darin, klar auszudrücken, was Sie WOLLEN.

Der dritte besteht darin, sich richtig in diesen Wunsch hineinzufühlen. Und nun folgt der vierte:

> *4. Schritt: Öffnen Sie sich dafür,*
> *seien Sie aufmerksam und*
> *lassen Sie das Universum das Seine tun.*

Übersetzt heißt das, dass wir nicht mehr mit Gewalt versuchen sollten, irgendetwas hinzubiegen. Wir sollten uns vielmehr auf unsere innere Führung einstimmen und zuhören. Und es heißt, dass wir ihr ohne Zögern folgen sollten.

Es bedeutet weiterhin, dass wir aufhören sollten, krampfhaft herausfinden zu wollen, wie wir unseren Wunsch verwirklichen können; das gehört nicht zu unseren Aufgaben. Wir müssen lediglich unserer Inspiration, die von unserem Höheren Selbst ausgeht, folgen, unser Ventil offen halten und uns darauf einstellen, dass unser Wunsch bereits auf dem Weg zu uns ist. Dann müssen wir einen Schritt zurücktreten und das Universum das Seine tun lassen, wobei wir möglichst nicht in die Falle der Ungeduld tappen sollten. (Oder auch in die der Geduld, da Geduld nichts anderes ist als ein geschlossenes Ventil, das nur vermeintlich offen ist; der Schwerpunkt liegt jedoch auf dem, was sich noch nicht verwirklicht hat.)

Das Universum hat weit mehr Organisationstalent, als Sie je aufbringen könnten; also geben Sie ihm eine Chance und stehen sie ihm dabei nicht im Weg. Sie haben sich mit einem Anliegen an das Universum gewandt, Sie haben Ihre magnetischen Schwingungen mobilisiert; nun lehnen Sie sich gemütlich zurück und erlauben Ihrem Anliegen, sich zu materialisieren.

Wo – zum Teufel – bleibt es nur?

Also gut, Ihre Schwingungen sind hoch, Sie sind mit Ihrer inneren Führung verbunden, sind wachsam, hören auf Ihre Intuition, beobachten die Synchronizität der Ereignisse – aber wo zum Teufel bleibt denn nun die Erfüllung Ihres fantastischen Wunsches?

»Wie kann ich denn die ganze Zeit über aufgedreht und begeistert von etwas bleiben, wenn ich so lange hoch energetisierte Schwingungen produziere, fühle und aussende, bis ich blau anlaufe, und dann passiert überhaupt nichts?«

Wenn sich Ihr Wunsch nicht innerhalb einer bestimmten Zeit, die Sie für angemessen halten, erfüllt hat, heißt das einfach, dass Sie sich noch mehr auf das konzentriert haben, was Sie *nicht* haben, und weniger auf das Gefühl des Habens.

Das ist in Ordnung so. Es ist keineswegs falsch; Sie haben die Bedienungsanleitung nicht verloren. Aber das bewusste Aussenden von positiver Energie ist uns noch dermaßen fremd, dass es uns oftmals als unmögliche Aufgabe erscheint. An die Gefühle des Widerstands dagegen sind wir so gewohnt, dass wir sie gar nicht mehr merken – und so beherrschen sie weiterhin unser Leben.

An diesem Punkt ist es wichtig, dass Sie loslassen können – einfach *loslassen* – und sich nicht darauf fixieren, dass Ihr Wunsch noch nicht Realität geworden ist. Sie wissen, dass er sich erfüllen wird, aber es ist völlig in Ordnung, wenn er auf sich warten lässt – noch.

Letztendlich ist es unser Ziel, mit dem ständigen Hin- und Herpendeln zwischen offenem Ventil und geschlossenem Ventil aufzuhören. Das läuft in etwa so ab, als ob man einen Hund zu sich ruft und gleichzeitig von ihm verlangt, sitzen zu bleiben. Alles wird blockiert. Wie kann man also die Begeisterung beibehalten für etwas, was sich noch nicht gezeigt hat?

Überprüfen Sie als Erstes, auf *was* Sie Ihre Energie konzentrieren. Es macht wenig Sinn, die Energie zu den Dingen fließen zu lassen, die Sie nicht haben wollen – und dadurch erst recht anziehen.

Als Nächstes überprüfen Sie die Intensität Ihres Energieflusses. Je größer Ihre Freude ist, desto intensiver wird auch die Begeisterung; je intensiver die Begeisterung wird, desto eher kommt es zur Verwirklichung. (Bitten Sie Ihre Führung um mehr Begeisterung, und sie wird sich einstellen.)

Überprüfen Sie, wie oft Sie über Ihren Wunsch so richtig in Entzücken geraten sind. Wenn Sie einen guten Anfang gemacht haben, einige Minuten lang vor Begeisterung ganz aus dem Häuschen waren, dann aber nie wieder daran gedacht haben, wird sich Ihr Wunsch vielleicht eines Tages manifestieren (obwohl das zweifelhaft ist). Wenn Sie sich jedoch immer wieder darüber freuen, jeden Tag mit sich selbst darüber sprechen, Ihrem Wellensittich davon erzählen oder Ihren Rosen und dabei die Geschichte jedes Mal noch weiter ausschmücken, behalten Sie nicht nur die Schwingung bei, Sie intensivieren Sie auch noch.

Auch wenn nur sechzehn Sekunden nötig sind, um den entsprechenden Energiefluss zu intensivieren, wird sich Ihr Wunsch dennoch viel schneller erfüllen, wenn Sie sich jeden Tag zehn bis fünfzehn Minuten von ihm beflügeln lassen; *vorausgesetzt*, Sie konzentrieren sich nicht auf sein Nicht-vorhanden-Sein.

Es gibt noch einen Aspekt im Zusammenhang damit, ob ein Wunsch sich erfüllt oder nicht, den ich aber nicht gern erwähne, da er sich wunderbar als Entschuldigung dafür eignet, dass etwas nicht oder noch nicht geschehen ist. Es geht ums Timing. Sie haben Ihre Energie mit aller Leidenschaft auf eine bestimmte Sache konzentriert, Ihr Ventil war vollständig geöffnet, Sie haben sich total an die Vorschriften gehalten, einen Energiefluss mit der Kraft einer Weltraumrakete produziert – und trotzdem hat sich nichts getan. Timing! Vielleicht ist es jetzt einfach nicht der richtige Zeitpunkt, damit sich Ihr lang gehegter Wunsch erfüllen kann.

Wenn das der Fall ist, treten Sie einen Schritt zurück, entspannen Sie sich und überlassen Sie alles dem Universum und Ihrer inneren Führung.

Beim Gesetz der Anziehung gibt es keine Ungereimtheiten. Das Universum liefert immer – zum richtigen Zeitpunkt. Der Schlüssel liegt – ausnahmslos – im Fokus!

Was geht mir unter die Haut?

Wir wissen bereits, dass das Einzige, was uns üble Erfahrungen im Leben beschert, unser Widerstand gegen die höheren Schwingungen ist. Doch auch diese höheren Energien können Dinge bewirken, die nicht immer angenehm sind. Sich der höheren Schwingung zu öffnen ist in etwa so, wie wenn man mit einem Wasserschlauch einen Bürgersteig säubern will, der in schlechtem Zustand, aber total mit getrocknetem Schlamm bedeckt ist. Der starke Wasserstrahl spült den Schlamm weg, und zum Vorschein kommen recht große Löcher im Boden. Wenn man jetzt beim Betreten des Bürgersteigs nicht aufpasst, kann man leicht über eines dieser lang vom Schlamm verdeckten Löcher stolpern.

Diese Löcher symbolisieren unseren Widerstand, unseren inneren Kritiker oder Neinsager, unsere veralteten Vorstellungen über das, was sozial vertretbar ist und was nicht, unser altes niedrig schwingendes Bedürfnis nach Absicherung – all das wird durch die höheren Schwingungen freigelegt werden. Je stärker unser Wunsch ist, je mehr Energie wir entwickeln, umso stärker wird der Wasserstrahl und umso mehr Löcher kommen zum Vorschein. Plötzlich fühlen wir uns dann recht verunsichert, verletzlich und den Elementen schutzlos ausgeliefert, während lange Verdrängtes hochgespült wird und ums Überleben kämpft. Letztendlich wird das, was zuvor unterdrückt war, zwar absterben, aber nicht ohne Kampf. Das kann uns auf der emotionalen Ebene ganz schön ins Schleudern bringen.

Keine Sorge, es gibt einen Notausgang. Wenn Sie merken, dass Sie sich ein bisschen unsicher und dünnhäutig fühlen, stellen Sie sich die Frage: *Was geht mir denn so unter die Haut?* – und zwar so lange, bis Sie eine Antwort finden. Sie wird kommen.

Fragen Sie sich, was diese unangenehmen alten Gefühle ausgelöst hat; die Auseinandersetzung damit wird einen alten Glaubenssatz, eine tief sitzende Angst oder ein altes Nicht-haben-Wollen ans Licht bringen. Wenn Sie erst einmal entdeckt haben, worum es geht, nehmen Sie sich einfach täglich drei Minuten Zeit, um es auszusprechen und sich dann liebevoll zuzureden (wie bei Trick Nr. 2, s. S. 125), und das wieder und wieder. Dann wird sich die Angst innerhalb von dreißig Tagen größtenteils auflösen, zusammen mit dem unbewussten Widerstand, der die Erfüllung Ihres Wunsch blockiert hat.

Begeisterung ist Schöpfung

Begeisterung – wir haben so viel darüber gesprochen. Das Wort klingt großartig, aber was bedeutet es eigentlich genau? Wie können wir Begeisterung in uns wecken? Und brauchen wir sie wirklich?

Ein Tipp für Sie: Begeisterung ist Schöpfung!

Zufriedenheit ist toll, aber Begeisterung setzt die Dinge in Gang.

Zufriedenheit bedeutet, dass unser Ventil offen ist, dass wir eine sichere Zufluchtsstätte ohne negativen Fokus, einen Ort der Entspannung gefunden haben. Aber Begeisterung bringt Bewegung. Begeisterung ist Leben. Begeisterung ist Schöpfung.

Begeisterung lässt Sie Ihre Kraft spüren. Wenn negative Umstände aufkommen, aus welchen Gründen auch immer (und das werden sie, da wir den Unterschied brauchen), spüren Sie tief im Innern Ihre Kraft, anstatt über die Schwierigkeiten zu lamentieren. Sie sind nicht nur mit dieser Kraft des Wohlbefindens verbunden, Sie *sind* selbst diese Kraft. Diese Kraft ist Leben. Diese Kraft ist Begeisterung. Und Begeisterung ist Schöpfung.

Begeisterung wird durch die Aufregung hervorgerufen, dass etwas gerade im Entstehen ist. Zufriedenheit dagegen kommt auf, wenn wir betrachten, was wir erreicht haben – da geht es mehr um eine Form von Befriedigung. Zufriedenheit ist zwar positive Energie, aber sie liefert keinen Zündstoff; sie bringt Sie nirgendwo hin. Sie ist keine Schöpfungsenergie.

Wenn das berauschende Gefühl der Begeisterung bei Ihnen nicht aufkommt, sollten Sie überprüfen, ob Sie sich auf ein Nicht-haben-Wollen fixieren. Es gibt kein einziges Nicht-haben-Wollen im Universum, das Begeisterung hervorrufen kann. Denn alles, was ein Nicht-haben-Wollen Ihnen einbringt, ist negative Energie, ein verschlossenes Ventil, größeren Widerstand und noch mehr von dem, was Sie nicht haben wollen.

Hier haben Sie also noch einen weiteren Grund, Ihrem Wunsch mehr Zeit zu widmen, denn je mehr Sie sich darum kümmern, desto größer wird Ihre Begeisterung. Und Begeisterung ist Schöpfung.

Begeistert zu sein bedeutet nicht, ständig Hurra zu schreien oder vor lauter Überschwänglichkeit ganz aus dem Häuschen zu geraten. Sicherlich liegen der Begeisterung unterschiedlich intensive Empfindungen von Aufregung oder Entzücken zugrunde. Viel mehr Bedeutung hat jedoch, dass Begeisterung auf einem tiefen inneren Wissen beruht. Nämlich auf der Gewissheit, dass das Leben Sie nicht mehr an den Ohren hochzieht und dass der Tiger, den Sie beim Schwanz gepackt haben, im Grunde Sie selbst sind!

Sie suchen nach mehr Begeisterung? Dann folgen Sie Ihrer Freude. Riechen Sie häufiger an Rosen, bewundern Sie mehr Sonnenuntergänge, laufen Sie öfter barfuss über eine Wiese, gehen Sie häufiger in Ihr Lieblingsrestaurant, lachen Sie mehr, entdecken Sie neue Orte, besuchen Sie mehr Sportveranstaltungen, suchen Sie sich neue Hobbys, seien Sie spontaner, spielen Sie mehr Golf, hören Sie häufiger Musik, gehen Sie öfter an FKK-Strände, lächeln Sie mehr, gönnen Sie sich mehr Spaß. Dann ist Ihr Ventil geöffnet und Sie vibrieren voller Begeisterung. Und Begeisterung ist Schöpfung.

Lassen Sie es kommen

Ich will Ihnen hier nichts beweisen. Bei dieser ganzen Energie-Geschichte geht es um eine tolle Umstellung unserer gewohnten Art zu leben und zu denken, die einfach Zeit braucht. Setzen Sie sich also nicht unter Druck. Wenn Sie in der Lektüre bereits bis hierher vorgedrungen sind, haben Sie schon wichtige Veränderungen in die Wege geleitet.

Manchmal wird es leicht sein. Allerdings nicht immer. Gerade deshalb ist es auch so wichtig, nach sogenannten Fügungen Ausschau zu halten. Sie weisen darauf hin, dass irgendetwas im Gang ist; sie halten Sie bei der Stange.

Werden Sie einfach fröhlicher. Seien Sie natürlich. Werfen Sie sich nicht ständig vor, dass Sie nicht perfekt sind. Klopfen Sie sich auf die Schulter, weil Sie am Ball bleiben. Loben Sie sich dafür, dass Sie Ihr Leben in die Hand nehmen wollen. Es wird klappen, und zwar schneller, als Sie denken!

Nehmen Sie sich jeden Tag etwas Zeit, um über jeden Ihrer Wünsche zu sprechen, und machen Sie sich keine Sorgen darüber, ob und wann sie sich erfüllen werden. Wenn Sie dann auch noch versuchen, nichts zu erzwingen, mit Ihrer inneren Führung verbunden bleiben und bereit sind, ihr ohne Zögern zu folgen, werden sich die Wünsche manifestieren. Sie müssen es, weil Sie die Kraft dazu haben.

Sie sind nicht getrennt von der Kraft der unendlichen Freude. Sie sind nicht getrennt von der Kraft der kreativen Lebensenergie. Und Sie sind auch nicht getrennt von der kosmischen Kraft von Allem-Was-Ist ist. Diese Kraft ist Ihre Kraft, denn Sie sind diese Kraft. Und Ihre Kraft ist – wie auch die universellen Gesetze, denen sie unterliegt – absolut.

8

Geld! Geld! Geld!

Nun kommen wir also endlich dazu: zum Thema *GELD!!!* Geld, Geld, Geld. Klingt doch gut, oder? Wirklich? Anders ausgedrückt: Was für Gefühle löst dieses Wort – oder dieses Thema – bei Ihnen aus? Mal ehrlich!

Jedem Wort, das wir äußern, wohnt eine uns eigene, ganz spezielle Schwingung inne. Je nachdem, wie wir erzogen worden sind oder welche Lebenseinstellung wir entwickelt haben, laden wir unsere Worte mit einer ganz persönlichen Schwingung auf. Beispielsweise kann das Wort »Gott« beim Sprecher – und beim Zuhörer – eine sehr positive oder auch eine ausgesprochen negative Schwingung auslösen. Das hängt vom jeweiligen gesellschaftlichen Hintergrund und von den entsprechenden Assoziationen ab.

Unsere Sprache enthält haufenweise aufgeladene Wörter dieser Art, aber nur eins davon ist der unbestrittene Gewinner der Auszeichnung »Das Wort mit der besten negativen Schwingung« – und zwar immer. Es ist das Wort »Geld«, der am meisten aufgeladene Begriff in jeder Sprache.

Die Glaubenssätze, die die meisten von uns damit verbinden, sind außerordentlich tief in uns verwurzelt, so dass wir Unmengen von negativen Schwingungen aussenden, sobald wir von Geld sprechen, daran denken oder etwas darüber hören. Natürlich schaffen wir dadurch eine undurchdringliche Mauer um uns herum, die diesen meistbegehrten Artikel perfekt abwehrt. Nur indem wir diese alberne kleine Ansammlung von Lauten aussprechen, würgen wir bereits genau das ab, was wir uns sehnlichst wünschen.

Warum nur? Schließlich ist das Zeug doch gar nicht so schlecht, oder? Gold, Silber, Münzen, Scheine und der ganze Kram?

Es ist wohl eher »die ganze Misere«. Schon als kleine Knirpse haben wir gelernt, dass Geld gleichzusetzen ist mit Kampf, mit »man sollte«, »man müsste«, »man hätte« usw.

Wir sahen mit an, wie Mutter und Vater, Onkel und Tante, eben alle Familienangehörigen mit diesem Thema umgingen.

Wir bekamen mit, wie stark dieses Wort mit Sorge und Angst besetzt war.

Wir lernten, dass es das A und O im Leben ist, also sollten wir gefälligst dafür sorgen, dass wir genug davon haben, andernfalls …!

Eigentlich begann diese Lektion schon vor unserer Kindheit, nämlich bereits im Mutterleib, wo wir alle Schwingungen der Angst und des Schmerzes von unseren Eltern aufnahmen. Wir wurden ins Leben geschleudert wie Don Quichotte mit dieser widersinnigen angeborenen Programmierung, dass der größte Gegner, dem wir jemals im Leben begegnen werden, das Geld ist – der Drache, gegen den wir bis an unser Lebensende kämpfen müssen. Die meisten von uns tun es auch!

Weil wir nie gelernt haben, mit Energie umzugehen und negative Schwingungen zu vermeiden, halten wir unser Ventil ein Leben lang geschlossen, wenn es um Geld geht. So verwickeln wir uns in einen endlosen Kampf, den wir unmöglich gewinnen können. Eines Tages sind wir dermaßen erschöpft, entmutigt und niedergedrückt, dass unser Körper schließlich auf diese ständige Negativität reagiert, und dann sterben wir. Ein tolles Leben!

Zur Hölle mit alten Glaubenssätzen

Seitdem das Geld als Zahlungsmittel erfunden wurde, hat noch keiner genug davon gehabt. Wenn wir an Geld denken, denken wir automatisch »nicht genug«. Verstehen Sie jetzt, worauf ich hinaus will? Geld bedeutet »nicht genug«, bedeutet Mangel, bedeutet schlechte Schwingungen – und die liefern uns noch mehr von dem, was wir nicht haben wollen: Mangel!

Zum Glück müssen wir nun nicht all unsere muffigen alten Glaubenssätze über Geld ausgraben, um Fülle leben zu können, wir brauchen uns nur darüber hinwegzusetzen. Dem Himmel sei Dank, denn sonst müssten wir Jahrzehnte auf der Couch verbringen, um die unzähligen tiefsitzenden Wertvorstellungen über Geld zu überwinden, die uns die Gesellschaft ungerechtfertigterweise eingebläut hat, wie etwa:

»Sie müssen hart arbeiten, um es zu bekommen.«
»Geld muss erst verdient werden.«
»Von Nichts kommt Nichts.«
»Geld ist schwer zu bekommen.«
»Es ist schwer, Geld zu sparen.«
»Ich habe nie genug.«
»Es ist schneller ausgegeben als eingenommen.«
»Geld ist die Wurzel allen Übels.«
»Wir müssen für unsere Rente sparen.«
»Wenn ich es habe, kann ich endlich glücklich sein.« (Was bedeutet: »Jetzt kann ich noch nicht glücklich sein.«)
»Man muss sich für eine gute Belohnung richtig anstrengen.«
»Das Geld wächst nicht auf Bäumen.«

Sprechen Sie einen dieser Sätze laut aus und beobachten Sie, wie Sie sich dabei fühlen. Nicht gerade gut! Aber mit diesen Sprüchen sind wir groß geworden und mit den entsprechenden Schwingungen so massiv bombardiert worden, dass wir meinen, Geld sei der einzige Schlüssel zur Freiheit. Das will ich auch gar nicht bestreiten. Wir stolpern jedoch über die Vorstellung, dass wir es »verdienen«, dafür kämpfen und uns dafür abrackern müssen. Aber Geld ist nichts anderes als Energie. Man zieht es – wie alles andere – an, indem man die entsprechende Energie fließen lässt.

Jetzt können Sie ein neues Drehbuch für Ihr Leben schreiben.

Schreiben Sie ein neues Drehbuch

Nehmen wir an, Sie brauchen etwa fünfzigtausend Mark, um ein paar Ihrer Ideen zu verwirklichen. Sie denken zwar an das Geld, haben aber keine Ahnung, wie Sie es sich schaffen könnten. Schließlich fühlen Sie sich dann frustriert und entmutigt und vergessen die ganze Sache.

Sie verhalten sich genau wie alle anderen, stoßen sich an diesen hinderlichen alten Überzeugungen, die Ihr Ventil ein Leben lang verschlossen gehalten haben. Irgendwann haben Sie gedacht »zum Teufel damit« und dann dichtgemacht. Ihr Wunsch nach Geld hat unangenehme Gefühle ausgelöst, also haben Sie aufgehört, daran zu denken – und natürlich auch nie welches bekommen.

Zu dem Zeitpunkt wussten Sie natürlich noch nichts darüber, dass man Energie lenken kann. Nehmen wir an, dass Sie diese fünfzigtausend Mark jetzt gern hätten. Sie werden vermutlich noch mit ein paar negativen Gefühlen zu kämpfen haben, aber dieses Mal können Sie sie leicht erkennen, weil Sie wissen, wie Ihre Gedanken die Gefühle beeinflussen. Anstatt sich auf diese negativen Gefühle einzulassen, schreiben Sie ein neues Drehbuch und schaffen eine neue Schwingungsebene.

Ein neues Drehbuch zu schreiben bedeutet nichts weiter, als sich eine hübsche kleine Geschichte auszudenken und sich emotional damit zu verbinden. Das ist das Entscheidende: Sie müssen sich *emotional* ganz auf diese Geschichte einlassen, ansonsten produzieren Sie nur heiße Luft.

Dieses neue Drehbuch ist eine spannende Geschichte über all das, was Sie anstellen werden, wenn Sie das Geld erst einmal haben; eine Geschichte, die so real für Sie ist, dass Sie die Aufregung ganz intensiv spüren und den Ausgang förmlich mit Händen greifen können. Indem Sie diese kleine Geschichte erzählen, fangen Sie an zu visualisieren und zu fühlen – und das immer wieder. Genau darum geht es nämlich, das zu *füüüühlen*, was Sie sich ausdenken. Kein Gefühl – kein Erfolg! Denn kein Gefühl – keine Veränderung der Schwingung.

Ihre Geschichte kann völlig frei erfunden sein oder auch der Wahrheit entsprechen. Wichtig ist allein die Freude, die in den Worten mitschwingt und die nötige positive Energie produziert, damit sich alles realisieren kann. Ob erfunden oder nicht, Sie schaffen einen neuen magnetischen Anziehungspunkt – oder ein neues Energiefeld – mit neuen Bildern und positiven Gefühlen. Passen Sie nur auf, dass die Geschichte nicht zu unglaubwürdig wird, sonst verfehlt die Übung ihren Zweck ganz.

Während Sie Ihre Geschichte erzählen, wird das entsprechende Energiefeld immer größer. Bereits in den ersten sechzehn Sekunden beginnt es sich auszuweiten, in den nächsten sechzehn Sekunden noch ein bisschen mehr, und so geht es immer weiter. Schließlich lösen die hohen Schwingungen, die Sie aussenden, die niedrigeren Schwingungen ab und überlagern Ihren derzeitigen Ist-Zustand. Wenn es zu diesem Umschalten auf eine höhere Frequenz kommt, beginnt das gesamte Universum auf diese höheren Schwingungen zu antworten. An diesem Punkt wird alles, was Sie brauchen, um Ihre kleine erfundene Geschichte Wirklichkeit werden zu lassen, in das Zentrum des neuen Kraftfeldes gezogen, das Sie mit dem angeregten Erzählen Ihrer Geschichte erschaffen haben.

Sie mögen sich anfangs vielleicht etwas lächerlich vorkommen, wenn Sie sich laut (immer laut!) Ihre ungewöhnliche kleine Gutenachtgeschichte erzählen, aber das ist nur ein geringer Preis für das, was Sie gewinnen können. Fangen Sie einfach an zu reden und fantasieren Sie darüber, was Sie alles machen werden, wenn Sie die fünfzigtausend Mark haben. Gehen Sie es langsam an und lassen sich jede Menge Zeit, um die Worte und Bilder beim Erzählen auch zu *füüüühlen* und sich immer wieder etwas Neues einfallen zu lassen, wie Sie das Geld verwenden wollen. Denken Sie daran, dass es nur um eine erfundene Geschichte geht; Sie haben also keinen Grund, Ihren Ideen mit Skepsis zu begegnen.

Vielleicht fällt es Ihnen leichter, einfach Ihren Namen einzusetzen anstatt das Drehbuch in Ich-Form zu schreiben. Das Wort

»Ich« gehört auch wieder zu diesen häufig mit Schmerz besetzten Wörtern, die schwingungsmäßig mit irgendwelchen Minderwertigkeitskomplexen aufgeladen sind, so dass Sie sich möglicherweise freier fühlen, wenn Sie einfach Ihren Namen verwenden. Beide Methoden funktionieren jedoch; wählen Sie einfach die, die Ihnen am meisten liegt.

Ihre Geschichte könnte sich in etwa so anhören:

»Jack ist ein kluger, gut aussehender Typ, der mit seiner Frau in einem wunderschönen Ort voller netter Menschen lebt, in einem traumhaften Haus, voller herrlicher Schätze.« (Schön langsam sprechen und alles dabei *spüüüüren*.)

»Jack hat einen guten job, den er sehr liebt (Sie wissen ja, es ist alles erfunden), und er hat immer gut verdient. Er ist ein kluger Mann, liebevoll, freundlich – ach ja, und er sieht sehr, sehr gut aus.

Eines Tages beschlossen Jack und seine Frau, sich einiges zu gönnen, was sie sich schon sehr lange gewünscht hatten. Sie wollten Ihre Ersparnisse in ein paar wohlverdiente Projekte stecken, die ihnen am Herz lagen.

Schon immer hatten sie sich einen Patio im hinteren Teil des Hauses gewünscht, also nahmen sie dieses Vorhaben zuerst in Angriff. Es machte Ihnen riesigen Spaß, alles zu planen und zu entwerfen – schließlich wussten Sie ja, dass das Ergebnis genau ihren Vorstellungen entsprechen würde. (Beschreiben Sie den Patio in allen Einzelheiten.) Und so kam es auch.

Jetzt, wo der Patio fertig ist, lieben sie es, abends unter dem weiten Sternenhimmel zu sitzen und miteinander zu reden. Sie fühlen sich mehr miteinander verbunden denn je zuvor und beide glauben, dass es an ihrem Patio liegt. Die kühle Abendluft ist geschwängert mit süßen Düften …«

Und so geht es endlos weiter. Beim Erzählen spüren Sie jeden neuen Einfall, den Sie zu Ihrem Thema haben, ausgiebig nach und kosten jeden Moment voll aus.

Sie müssen diesem Geld ein Betätigungsfeld geben, in das es fließen kann. Also sprechen Sie morgen über Ihr nächstes Projekt, übermorgen über Ihren Urlaub, dann über Ihr neues Auto, die letzte Ratenzahlung für Ihr Boot und kosten jedes Detail aus, während Sie immer weiter darüber reden und es spüren – wieder und wieder.

Die fünfzigtausend Mark sind jetzt nicht mehr Bestandteil Ihres alten negativen Skripts. Sie haben ein neues schillerndes Traumskript erschaffen, das Sie über das alte kleben können und das förmlich überquillt vor lauter Wohlfühlenergie, auch wenn es sich nur um eine Geschichte handelt.

Aber Vorsicht: Wenn Sie merken, dass Sie zumachen, während Sie Ihr neues Drehbuch schreiben, sind Sie über eine Ihrer Bürden gestolpert. Kein Problem. Fragen Sie sich einfach: »Was stört mich jetzt?«, und reden Sie sich liebevoll zu, bis Sie sich wieder besser fühlen. Achten Sie auch auf Aussagen, die im Grunde ein Nicht-haben-Wollen ausdrücken, wie etwa: »Jack wollte nicht so hart arbeiten.« Wenn so etwas auftaucht, dann verwandeln Sie es einfach in einen Wunsch. Sie können dieses Spiel auch zusammen mit Ihrem Partner spielen, *vorausgesetzt*, Sie haben beide die gleiche Wellenlänge und die gleichen Wünsche. Zu zweit werden die Energien noch um ein Zehnfaches verstärkt und setzen alle möglichen neuen Ideen frei, die Sie so richtig in Schwung bringen.

Natürlich können Sie nicht nur zum Thema Geld ein neues Drehbuch entwerfen; Sie können sich alles Mögliche ausdenken: eine Reise zu den Fidschi-Inseln, eine neue Beziehung oder einen Garten ganz ohne Maulwürfe.

Mein Hund, Lucy, machte mich ganz verrückt, weil sie ständig am Gartenzaun hin- und herrannte und alles, was sich bewegte, anbellte. Mir ging es total auf die Nerven, den Spaziergängern war es lästig und meine Nachbarn wurden wütend. Ich versuchte es mit allen Tricks aus den Hundebüchern, aber nichts half. Schließlich war ich ziemlich erschöpft und machte mir ein bisschen Sorgen (was nur noch mehr Gebell bewirkte). Also versuchte ich es mit einem neuen Drehbuch.

»Lynn liebt es, den freien Geist in ihrem Hund zu beobachten, wenn er wie der Wind den Gartenzaun entlangrennt. Lynn liebt es aber noch mehr, wenn ihr Hund damit aufhört und sich still an den Zaun setzt und die Fußgänger beobachtet – so wachsam und gehorsam. Schließlich bewacht Lucy Lynns Grundstück, was sie wunderbar macht, weil sie ganz ruhig und wachsam am Zaun sitzt.«

Ich wiederholte diese Geschichte jeden Tag und stellte mir vor, wie Lucy an den Zaun rannte, weil sich irgendetwas auf der Straße bewegte, dann aber plötzlich stehen blieb und das Geschehen einfach nur ruhig beobachtete.

Fünf lange Wochen zogen dahin, bevor ich ein erstes Anzeichen bemerkte. Lucy rannte nicht mehr! Sie saß einfach nur in der Einfahrt und beobachtete einen Jogger, der vorbeilief. Sie saß einfach nur da! Insgesamt dauerte der ganze Prozess etwa drei Monate, was nur zu deutlich zeigt, wie tief die Glaubenssätze, dass ich einen solchen sturen Hund nicht dressieren konnte etc., in mir verankert waren. Aber ich blieb dran, und ab diesem Zeitpunkt waren wir zwei sehr zufriedene Wesen.

Als es um das Thema Geld ging, waren meine ersten Versuche, ein neues Drehbuch zu schreiben, alles andere als erfolgreich. Ich malte mir extrem viele surrealistische Bilder von Geld aus, das mir nur so zufloss, begrub mich dabei aber unter einem ganzen Berg von unglaubwürdigen Geschichten. Ich spürte, wie sich meine alten Glaubenssätze rührten mit Fragen wie: »Wie um alles in der Welt willst du das erreichen? Woher willst du dir die Zeit dafür nehmen? Was ist, wenn sich keiner dafür interessiert?« Zweifel, Zweifel und nochmals Zweifel.

Langsam dämmerte es mir, dass ich nicht einer Steven-Spielberg-Produktion für mehrere Millionen Mark nacheifern musste, sondern nur eine halbwegs glaubwürdige Geschichte zu erfinden brauchte. Also fing ich noch mal von vorn an, diesmal mit einer weit glaubwürdigeren Geschichte, von der ich wesentlich überzeugter war. Anstatt darüber zu reden, wie das Geld hereinströmt, überlegte ich mir, wo es überall hinfließen könnte. Ich sprach darüber, wie leicht ich meine Rechnungen bezahlen konnte, wie toll sich meine Projekte entwickelten, auf welch große Nachfrage meine Hypotheken-Angebote stießen. So fühlte es sich gut an.

Ich baute über Wochen jeden Tag einen neuen aufregenden Aspekt in die gleiche Geschichte ein und entwarf neue Charaktere, um alles möglichst lebendig zu gestalten. Manchmal lief es aber auch in eine völlig andere Richtung: Ich hatte mich entmutigen lassen, war in irgendetwas hineingeraten. Wenn ich dann merkte, dass ich wieder auf der negativen Schiene gelandet war, stieß ich einen tiefen Seufzer aus und fing noch mal von vorn an.

Dann kam der Durchbruch. Ich hatte ein paar außergewöhnliche, fast schon revolutionäre Ideen, um mit nur halb so viel Einsatz den vierfachen Umsatz zu machen. Neue Leute tauchten auf, um mir auszuhelfen, und in etwa sechs Monaten verdiente ich wieder genug, um gut davon leben zu können, nicht großartig, aber immerhin angenehm. Es dauerte tatsächlich eine Weile, bis ich wieder dort war, wo ich hin wollte; alte Gewohnheiten lassen sich nicht so leicht ausmerzen, aber irgendwann hat man es geschafft.

Wenn Sie ein Faible für Reisen haben, überlegen Sie nicht lange, wie Sie das Geld dafür aufbringen könnten. Schreiben Sie lieber ein Drehbuch dazu, lassen Sie Wohlfühlenergie zu Ihrem Reiseziel fließen, spüren Sie den Meereswind, schmecken Sie das Essen und freuen Sie sich, wie braun Sie geworden sind.

Wenn Sie schon immer ein Rennpferd haben wollten, kümmern Sie sich nicht darum, wie Sie zum dem Geld kommen werden. Fangen Sie mit dem Drehbuch-Schreiben an, lassen Wohlfühlenergie zu Ihrem auserwählten Pferd, zum Trainer, zu den Reitanlagen fließen. Spüren Sie die Mähne zwischen Ihren Fingern, riechen Sie den Pferdegeruch, sammeln Sie die Trophäen.

Wenn Sie und Ihre Frau schon immer von einer kleinen Pension auf dem Land geträumt haben, suchen Sie sich den besten Platz aus, spazieren Sie die Dorfstraßen entlang, genießen Sie die gute Luft, unterhalten Sie sich mit den Bauunternehmern, die Ihr Haus umbauen, wählen Sie Ihre Lieblingstapete und ein paar schöne Antiquitäten aus, freuen Sie sich an Ihren zufriedenen Gäste und tischen Sie einen hervorragenden Brunch für alle auf.

Mehr ist an der Geschichte eigentlich nicht dran. Sie wandeln einfach Ihr altes Skript mit den negativen Schwingungen, das Ihnen ständig »Das kann ich nicht, das ist lächerlich, ich bin doch verrückt« suggeriert, in ein neues, positives Skript um. Schreiben Sie alles auf oder sprechen Sie es aus und vor allem *fühlen Sie*, wie Sie es gern hätten. Und bleiben Sie so lange bei der neuen Geschichte, bis Sie spüren, dass sie Teil von Ihnen geworden ist. Jetzt reagieren Sie nicht mehr auf irgendwelche Umstände, sondern erschaffen Ihre Bedingungen selbst.

Von null Gewinn zum großen Gewinn

Ein guter Freund von mir leitet ein angesehenes Maklerbüro im Bundesstaat Washington. Er ist schon immer ein Arbeitstier gewesen, behandelt seine Angestellten korrekt und unterstützt seine Vertreter in jeder Weise. Er hatte jedoch einige finanzielle Probleme, aus denen er keinen Ausweg mehr sah.

Eines Tages beim Mittagessen fing Chuck an darüber zu sprechen. Der ganze Wirtschaftszweig steckte in der Krise, und die Umsätze aller Kollegen ließen mehr als zu wünschen übrig. Sogar seine besten Vertreter dachten daran, sich nach anderen Einkommensquellen umzuschauen. Jeder wusste zwar, dass der Markt sich wieder erholen würde, aber in der Zwischenzeit mussten die Mäuler ja gestopft werden.

Mein Freund suchte erst gar nicht nach Antworten, da er ohnehin überzeugt war, es gäbe keine. Seiner Meinung nach war er ein Opfer der wirtschaftlichen Lage geworden. Er und seine Mitarbeiter hatten bereits alle üblichen Werbetricks ausgeschöpft und konnten nur noch mit ansehen, wie ihre Umsätze lawinenartig nach unten rauschten. Obwohl ich bisher noch nie mit Chuck über das Gesetz der Anziehung gesprochen hatte, dachte ich: »Jetzt oder nie.« Schließlich kannte ich ihn lange genug, um zu wissen, dass er wenigstens aus Höflichkeit zuhören würde.

Das größte Problem schien gar nicht mal in den schlechten Umsatzzahlen zu liegen, sondern in der negativen Einstellung der Mitarbeiter. Ihre Stimmung war auf dem absoluten Tiefpunkt und ihr Ventil völlig zu. So versanken sie in Selbstmitleid, schoben die Schuld auf die wirtschaftliche Lage und produzierten damit zusammen ein enormes negatives Energiefeld des Mangels, das sicherlich die ganze Firma in den Ruin hätte treiben können. Ich schlug Chuck vor, er solle sich noch einmal mit seinen Mitarbeitern zusammensetzen, um ihnen zu sagen, dass sie nun ohnehin nichts mehr zu verlieren hätten – da sie ja bereits alles probiert hatten –, wenn sie zusammen einen allerletzten Versuch starteten.

Ich erwähnte die physikalischen Prinzipien des Gesetzes der Anziehung nur am Rande, schaute ihm direkt in die Augen und sprach aus tiefstem Herzen zu ihm, in der Hoffnung, dass ich mit dieser für mich ganz untypischen Ernsthaftigkeit seine Aufmerksamkeit wecken würde. »Chuck, wenn du deine Leute davon überzeugen kannst, wird sich eure wirtschaftliche Lage um hundertachtzig Grad wenden.«

Es funktionierte! Zugegeben, ich musste ein etwas süffisantes Lächeln unterdrücken, als er mit so ernster Miene meinte: »Erzähl mal.«

Ich schlug vor, er solle jeden seiner Mitarbeiter danach fragen, welche Summe er in den nächsten drei Monaten verdienen wolle, und sie dann verdreifachen. (Chuck stöhnte: »Du lieber Himmel, geht das schon wieder los«, was ich aber ignorierte.) Wenn alle die entsprechende Summe im Kopf hätten, sollte Chuck jeden Einzelnen fragen, *warum* er das Geld denn haben wolle. Wenn erst einmal ein Mitarbeiter diese Frage in allen Einzelheiten beantwortet hätte, erklärte ich ihm, würden alle anderen direkt nachziehen. (Chucks genervter Gesichtsausdruck wich allmählich einem gewissen Interesse.)

Ohne ins Detail zu gehen, erklärte ich ihm, dass die ersten Reaktionen wahrscheinlich von einem Gefühl des Mangels, einem Nicht-haben-Wollen, geprägt sein würden. Aussagen wie »Ich will Geld, um meine Rechnungen bezahlen zu können« würden ihnen aber nur noch mehr davon bescheren – Rechnungen über Rechnungen und kein Geld.

Chuck begriff nicht, was ich damit meinte, also brachte ich ihn zum Reden und fragte immer wieder nach dem Warum. »Gut, mein Lieber, dann erzähl mir mal, was du dir denn wünschst, und zwar jetzt.«

»Ich will meine Rechnungen bezahlen können.«

»Warum?«

»Damit ich mich besser fühle.«

»Warum?«

»Ich hasse es, so knapp bei Kasse zu sein.«

»Warum?«

»Weil ich mich dann beschissen fühle!« (Kam der Sache schon näher.)

»Wie würdest du dich denn lieber fühlen?«

»Frei! Ich will einfach frei sein!« Heureka! Jetzt hatten wir's!

»Gut, formuliere damit eine Aussage.«

»Ich will hunderttausend Mark haben, damit ich mich frei fühlen kann.«

»Hervorragend! Wie fühlt sich das an?«

»Na, wunderbar, jedenfalls für eine Minute, aber das war's dann auch. Wie kann ich nur solch eine Summe aus diesem Markt herausholen?«

»Vergiss das Geld. Es ist doch nur ein Haufen schmuddeliger Papierscheine. Erzähl mir lieber, was du mit dem Geld vorhast, wenn du erst einmal die Rechnungen bezahlt hast.«

Langsam kristallisierte sich eine ganze Sammlung lang gehegter Träume heraus. Er und seine Frau Sara würden zu den Bermudas fliegen, um sich dort nach einem Alterssitz umzuschauen. Sie würden ihre Enkel auf eine Kreuzfahrt mitnehmen. Sie würden den Keller zu einem super ausgestatteten Musikraum ausbauen. Und so ging es immer weiter.

Ich spürte, dass ihm die Bermudas am meisten am Herzen lagen, also kam ich noch einmal auf dieses Thema zurück. Ich setzte meine ernsthafteste Miene auf, lehnte mich so weit ich konnte über den Tisch und sagte: »Erzähl mir jede Einzelheit über die Bermudas, Chuck. Jede Kleinigkeit, die dir zu dem Traum, euch dort zur Ruhe zu setzen, einfällt.«

Es war beeindruckend. Der ganze Raum wurde hell, als Chucks Energie plötzlich freigesetzt wurde. Es kam mir vor, als ob er bisher nie gewagt hätte, darüber zu sprechen, so dass sich sein Ventil jetzt umso weiter öffnete, je mehr Worte und Gefühle aus ihm herausflossen. Chuck ließ nicht nur einfach Energie in seinen Wunsch fließen, es war das reinste Bombardement.

Mitten in seinem Tagtraum unterbrach ich ihn: »Stopp! Genau die Gefühlsebene, auf der du jetzt gerade bist, sollst du auch bei deinen Mitarbeitern heraufbeschwören. Sag ihnen, sie sollen die Stapel von Geldscheinen, die sie sich ausgemalt haben, erst einmal vergessen und sich darauf konzentrieren, was sie mit dem Geld alles machen wollen. Dann sollen sie Energie in diese Vorhaben fließen lassen, bis sie die gleiche Begeisterung empfinden, die du gerade verspürt hast. Damit erreichst du, dass sie – sozusagen durch die Hintertür – Wohlfühlenergie produzieren. Indem man die negativen Aspekte, die beim Thema Geld immer mitschwingen – besonders wenn man keins hat –, ausschaltet, zieht man das Geld unbewusst an.

Deine Leute wollen doch auch nur das, was wir alle wollen, Chuck: nicht die blöden Papierscheine, sondern die Erlebnisse, die damit verbunden sind. Sie sollen dir versprechen, diese Übung 30 Tage lang zu machen, mindestens zehn bis fünfzehn Minuten jeden Tag.«

Zu meiner größten Freude rief mich Chuck etwa sechs Wochen später an, um die ersten guten Nachrichten gleich weiterzugeben. Seine Mitarbeiter waren so am Ende gewesen, dass er sie mit Leichtigkeit hatte überreden können, dieses kleine Experiment zu wagen.

Das war jedoch nicht allzu verwunderlich, da ich Chuck gezeigt hatte, wie er im Vorfeld »den Weg ebnen« konnte. Ich hatte ihm gesagt, er solle sich das Treffen vorab in der Fantasie ausmalen – genau so, wie er es sich wünschte, mit offenen und bereitwilligen

Kollegen – und dann hoch energetisierte Schwingungen dorthin fließen lassen. Als das Treffen dann schließlich stattfand, war der Widerstand der Mitarbeiter weitaus geringer, als wenn Chuck ihnen vorher nicht auf der Energieebene auf die Sprünge geholfen hätte.

Alle außer einem hielten ihr Versprechen, ihre Wünsche jeden Tag mit positiver Energie aufzuladen, während sie an ihrem neuen Drehbuch schrieben. Sie kamen langsam in Schwung und hatten weit mehr Freude am Leben, ohne genau zu wissen, warum eigentlich. Jedenfalls fühlten sie sich besser, der Grund war letztendlich egal.

Etwa zehn Wochen nach diesem Experiment liefen die Geschäfte langsam wieder an, allerdings auf recht ungewöhnliche Weise. Eine Mitarbeiterin hatte eine Tante in Illinois, die nach Washington ziehen wollte. Eine andere Kollegin, deren Sohn in der Armee war, sollte für ihn und seine Freunde, die alle in Fort Lewis stationiert waren, ein Haus besorgen. Noch ein anderer Mitarbeiter wurde zweimal weiterempfohlen von jemandem, von dem er dachte, er würde nie wieder mit ihm reden. Ein weiterer Kollege hatte großen Erfolg mit einer Marketingidee, die eine ganz bestimmte Zielgruppe von Käufern ansprach.

Bei jedem hatte sich irgendetwas bewegt. Und allen war klar, dass hinter diesen Ereignissen unmöglich nur der Zufall stecken konnte. Angesichts der allerschlechtesten Auftragslage in der wirtschaftlichen Entwicklung dieser Gegend hatten diese Leute es geschafft, trotz schlechtester Bedingungen ihr Schicksal selbst in die Hand zu nehmen.

Jeden Tag hatten sich die Leute in diesem Team mit ihrem Inneren Wesen/Höheren Selbst verbunden und sich dadurch mal wieder so richtig motiviert gefühlt, wie seit Monaten nicht mehr. Jeder strahlte stark mit positiver Energie geladene Schwingungen ins Universum aus, verbunden mit seiner ganz persönlichen Wunschliste, und das Universum reagierte mit entsprechenden Umständen, Ideen, Ereignissen und Anregungen. Das Beste an der ganzen Sache war, dass sie regelrecht ansteckend wirkte und anscheinend immer noch ist.

(Bis auf den einen Typ, der aus dem Experiment ausgestiegen war; er hat letztendlich die Firma verlassen. Das Letzte, was wir von ihm hörten, war, dass er von der Rente seiner Frau lebte.)

Der Trick mit dem Hundertmarkschein

Ein alter Glaubenssatz – oder besser gesagt, jeder Glaubenssatz – ist nichts anderes als eine schwingungsmäßige Angewohnheit, auf die wir wie abgerichtete Seehunde reagieren.

Oder anders ausgedrückt: Wir sind ziemlich stark an Dinge gebunden, die uns beigebracht wurden, und noch stärker an Dinge, die wir persönlich erlebt haben. Aber diese alten Glaubenssätze, an denen wir hängen und auf die wir reagieren, sind nichts anderes als ein Ausdruck unserer Meinung über das Leben generell, etwa nach dem Motto: »Das Leben ist ein Kampf«.

Wann immer sich etwas ereignet, was auf einen alten Glaubenssatz trifft, fangen wir prompt an, negative Schwingungen zu produzieren – aus purer Gewohnheit. *Nur aus Gewohnheit!*

Unser Ziel ist es also, diese alten Gedankenmuster, die aus der Gewohnheit entstanden sind, aufzubrechen. Und jetzt kommt das Beste: Das fällt genau in die gleiche Kategorie wie möglichst viele Anwendungsbereiche für den heiß ersehnten Geldfluss zu schaffen; wir müssen der Energie des Geldes Unmengen von Möglichkeiten bieten, bevor sie anfangen kann zu fließen. Nach meiner eigenen Erfahrung und der meiner Freunde ist diese Methode der absolute Hit:

Sie nehmen einen Hundertmarkschein – oder den größten Schein, den Sie sich leisten können (nicht knauserig sein!) – und stecken ihn in Ihren Geldbeutel. Jetzt gehen Sie einkaufen.

Wenn Sie einen ganzen Tag zur Verfügung haben, wunderbar. Wenn es nur die Mittagspause ist, dann gehen Sie in ein Einkaufszentrum oder irgendwohin, wo es viele Geschäfte gibt. Sie schauen sich alles an, was Sie mit diesen hundert Mark kaufen könnten. Vielleicht einen Walkman, eine Trainingshose, einen Fußball, ein neues Kleid, einen Betonbohrer oder eine Bettdecke; irgendetwas, was Sie anzieht und was Sie gern besitzen möchten.

Sie haben immer noch den Hunderter in der Tasche und denken sich (während Sie Ihre Begeisterung ganz intensiv *spüüüüren*): »Mensch, das könnte ich mit meinen hundert Mark problemlos kaufen!«

»Fantastisch, das könnte ich mir auch kaufen!«

»Super, das wollte ich schon immer mal haben und jetzt habe ich das Geld dazu!«

Sie zählen nicht alle Teile zusammen, so dass der Gesamtwert hundert Mark ausmacht, sondern betrachten die einzelnen Sachen, die jeweils hundert Dollar kosten und die Sie sich sofort kaufen könnten, wenn Sie Lust dazu hätten.

Wenn Sie sich dann etwa tausend Sachen angeschaut haben, ist Folgendes passiert: Sie haben emotional gerade zweihunderttausend Mark ausgegeben, was Ihnen sehr dabei hilft, sich reich zu *fühlen*; dadurch überspielen Sie die alten Gedankenmuster, die Schwingungen des Mangels aussenden.

Meine Freundin Jocelyn stand kurz vor einer ernsthaften finanziellen Krise, wollte Abhilfe schaffen und geriet dabei in eine Phase von »Es passiert einfach nicht schnell genug«. Obwohl sie genau wusste, dass sie mit dieser Haltung nur dazu beitrug, dass »es« noch länger auf sich warten ließ, hatte sie anscheinend Schwierigkeiten, dieses Gewohnheitsmuster zu durchbrechen. Irgendwann fiel ihr dann dieser Trick mit dem Hunderter ein; sie sprang sofort in ihr Auto, überließ Kühe und Hühner ihrem Schicksal und fuhr zum größten Einkaufszentrum in der Gegend, das ziemlich weit außerhalb lag.

Jocelyn verbrachte fast den ganzen Tag dort, wobei sie sich mehr und mehr für dieses alberne kleine Spiel begeisterte. Sie zwang sich auch dazu, immer wieder loszulassen, sich zu entspannen, zu genießen und emotional mit vollen Händen Geld hinauszuwerfen.

Schließlich fuhr sie nach Hause, erschöpft, aber auch ganz aufgedreht von den hohen Schwingungen, die dieser Kaufrausch in

ihr ausgelöst hatte. Dort fand sie (ich schwöre es, diese Geschichte ist wahr!) eine Nachricht von ihrem Bruder vor, der ihr
finanzielle Unterstützung anbot; eine Nachricht von einem
Freund mit dem gleichen Vorschlag und dann noch die Nachricht, dass der Kredit für ihr Haus – der bislang schon zweimal
abgelehnt worden war, weil das Haus als ungewöhnliches Objekt
galt – nun in wenigen Tagen ausgezahlt werden könnte. Außerdem war ihr auf der Rückfahrt noch eine neue Idee zugeflogen,
wie sie ihr Produkt besser vermarkten konnte. Nicht schlecht für
ein paar Stunden Spielerei.

Den Weg ebnen

Wenn Ihr Weg durchs Leben nicht einem Kartoffelacker gleichen
soll, müssen Sie Ihrer Energie sehr viel mehr Betätigungsfelder
bieten, damit sie in Bewegung bleibt und irgendwohin fließen
kann. Die Methode dazu heißt: «Den Weg ebnen».

Diese Methode ist nicht dafür gedacht, dass sich Kreuzfahrten,
Schlösser oder Autos materialisieren. Sie ist eher dazu geeignet,
eine erwünschte Umgebung oder Stimmung zu schaffen, damit
eine bestimmte Situation entstehen kann. Diese Energie geht in
Richtung von »So wünsch ich mir die Situation« und kann tägliche Ereignisse oder Entscheidungen positiv beeinflussen. Das
sieht dann in etwa so aus:

> »Ich habe die Absicht, heute Abend einen Parkplatz ganz nah
> am Theater zu finden.«
> »Ich habe die Absicht, meinen Bericht mit Leichtigkeit fertig
> zu stellen und fristgerecht abzugeben.«
> »Ich habe die Absicht, den Tag zu genießen.«
> »Ich habe die Absicht, die Besprechung beim Mittagessen für
> beide Seiten angenehm und erfolgreich verlaufen zu lassen.«
> »Ich habe die Absicht, die Spannungen zwischen uns möglichst
> bald aufzulösen.«

Das ist mit »den Weg ebnen« gemeint: das Aussenden von schwingungsmäßigen Absichten – in Verbindung mit Gefühlen –, um Ihren Tag und die Umstände bereits vorab so zu gestalten, wie Sie sie gern hätten.

Den Weg zu ebnen ist fast so, wie ein neues Skript zu schreiben, nur nicht so kompliziert und aufwendig. Es ist vielmehr eine Art Schnellverfahren oder »Schnellschuss«. Wenn Sie erst einmal mehr Übung darin haben, den Weg für alltägliche kleine Dinge zu ebnen, können Sie zu den größeren geschäftlichen Problemen übergehen – etwa ein Kunde, der Ihnen Schwierigkeiten macht, oder ein Verkauf, der sich hinauszieht. Visualisieren Sie und *füüüühlen* Sie eine kurze Zeit lang, wie das Treffen idealerweise ablaufen soll oder der Vertrag unterschrieben wird: vorstellen und *füüüühlen* – und das immer wieder sozusagen blitzlichtartig über den Tag verteilt.

Einer meiner Bekannten wendete diese Methode bei einem Gerichtsverfahren an, bei dem er aber keinerlei Aussicht auf Erfolg hatte. Anstatt sich als Sieger zu sehen, was er sowieso nicht konnte (und das aus gutem Grund), stellte er sich vor – auch auf der Gefühlsebene –, wie alle zu Gewinnern wurden, sich die Hände schüttelten, einander auf die Schulter klopften etc. Tatsächlich wurde einige Tage vor dem Gerichtstermin der Fall zur Zufriedenheit aller Beteiligten beigelegt.

Eine andere Freundin von mir, die noch sehr jung war, hatte damit zu kämpfen, dass ihr Boss an ihrer Aufmachung herumnörgelte. Angeblich mochte er keine kurzen Röcke, und meine Freundin hatte das Pech, als Erste damit aufzukreuzen. Da ihr seine Einstellung wirklich zu schaffen machte, griff sie auf diese Methode zurück. Die Geschichte endete ausgesprochen witzig: Anstatt ihren Aufzug einfach völlig zu ignorieren, wie sie sich ausgemalt hatte, überschlug Ihr Boss sich förmlich vor Komplimenten, als noch drei Kolleginnen in ähnlicher Aufmachung auftauchten. Sie sehen also, alles ist möglich.

Stapelt sich die Arbeit schon meterhoch auf Ihrem Schreibtisch? Haben Sie sich verzettelt? Ebnen Sie den Weg, indem Sie sich morgens vorstellen, wie locker der Tag ablaufen wird. Malen

Sie sich aus, wie Sie Ihren Papierkram in Windeseile erledigen. Sprechen Sie Ihre Absicht laut aus und teilen Sie dem Universum mit, was Sie erreichen wollen. Hüten Sie sich dann aber davor, auch nur ein einziges Blatt anzufassen, bevor Sie vor positiver Energie förmlich übersprudeln und Ihr Ventil weit offen ist; sonst wächst Ihnen die Arbeit sofort wieder über den Kopf.

Den Weg ebnen bedeutet einfach, seine Energie, die mit der Schwingung des Wunsches programmiert ist, vorauszuschicken. Manchmal zu einem bestimmten Ort, manchmal auch zu einer Person. Man kann damit jedoch nicht die Meinung eines anderen manipulieren, sein Verhalten gegen seinen Willen verändern oder ihn zu irgendetwas bewegen, was seinem Wesen widerspricht. Ist eine Situation jedoch sehr angespannt, kann man so den Weg für eine vertrauensvolle und offene Atmosphäre ebnen. Damit ist die Basisarbeit getan; der Rest liegt dann bei Ihnen – und bei Ihrer inneren Führung –, wenn Sie dort ankommen.

Das Universum als Vertriebsmanager

Das Geschäft läuft nur schleppend, und Sie wollen den Umsatz steigern. Sie überlegen sich, ob Sie mehr Vertriebspersonal einstellen, fusionieren oder mehr Geld in die Werbung stecken sollten; all die üblichen Antworten auf die ewige Frage, wie man endlich aus den roten Zahlen herauskommt.

Hier mein Vorschlag: Bringen Sie Gruppenenergie ins Fließen. Im Gegensatz zu Chucks Mitarbeitern, die sich allein auf ihren persönlichen Erfolg konzentriert haben, schreiben Ihre Mitarbeiter jedoch ein neues Drehbuch für die *Firma* (was ja letztendlich auch ihnen selbst zugute kommt).

Es geht hier um den Magnetismus einer Gruppe. Die konzentrierte Energie einer Gruppe wirkt um ein Vielfaches stärker, ob es sich nun um positive oder um negative Energie handelt; Sie können damit eine enorme Dynamik in Gang setzen. Selbst wenn sich nur zwei Personen mit ihrer Energie auf ein Ziel konzentrieren, potenziert sich die Energie bereits. Wenn jedoch eine ganze Gruppe ein Ziel anpeilt, kommt der Magnetismus erst so richtig in Gang und ein ungeheuerliches Potenzial für Veränderungen wird freigesetzt; allerdings nur dann, wenn keiner wieder in die alte Denkweise nach dem Motto »Es klappt sowieso nicht« verfällt.

Entgegen einer weit verbreiteten Überzeugung, die noch aus der Zeit der industriellen Revolution stammt, werden Umsätze nicht dadurch gesteigert, dass mehr Personal für den Vertrieb eingestellt wird. Die Mitarbeiter sollten vielmehr eine positive Erwartungshaltung entwickeln, indem sie sich mental und emotional darauf einlassen, neue Drehbücher für die Firma zu schreiben. Jedes erfolgreiche Unternehmen arbeitet damit, ganz egal unter welcher internen Bezeichnung: hervorragender Vertrag, fantastische Werbekampagne, gute Preiskalkulation, umwerfendes Produkt, motivierte Mitarbeiter. Wenn die Mehrheit der Angestellten nicht an den Durchbruch glaubt, passiert auch nichts.

Wenn Sie jedoch jeden Mitarbeiter in der Gruppe dazu bewegen können, sich für einen neu ausgehandelten Vertrag zu begeistern, stolz auf den Kollegen zu sein, der ihn zustande gebracht hat, sich einen ganzen Schwarm von neuer Kunden im Geschäft und eine positive Entwicklung auf allen Ebenen auszumalen, zu der jeder einzelne Mitarbeiter maßgeblich beiträgt, werden Sie sehen, welch überwältigende Auswirkungen diese magnetische Kraft hat. Das wird Ihre Einstellung gegenüber allen geschäftlichen Belangen ein für alle Mal verändern.

Denken Sie daran ...

- Es geht nicht ums Geld; es geht darum, wie Sie Ihre Energie einsetzen. Das Geld fließt Ihnen dann zu, wenn Sie aufhören, danach zu schielen, wie wenig Sie davon haben. Sie können den Umstand »nicht genügend Geld« nur als negativ empfinden, was den Energiefluss blockiert. Finden Sie also Wege, Ihr Ventil zu öffnen.

- Bedienungsanleitungen werden immer zusammen mit der Inspiration geliefert. Vergessen Sie also das »Wie«. Es wird sich zeigen.

- Geben Sie emotional die Menge Geld aus, die Sie sich wünschen – wieder und immer wieder –, um der Energie eine Richtung zu geben, in die sie fließen kann. Es funktioniert nicht, wenn Sie nur sagen: »Ich möchte soundso viel Geld haben, *dann* erst entscheide ich, wofür.« Entscheiden Sie zuerst, was Sie damit anfangen wollen; das bringt die Energie in Bewegung. Die Energie des Geldes braucht Ziele; keine Ziele, kein Geld.

- Machen Sie es sich zur Gewohnheit, emotional Geld auszugeben. Nehmen Sie all die Dinge um sich herum wahr, wenn Sie unterwegs sind, und sagen Sie sich dann: »Das hätte ich gern!«, »Oooooh, das hätte ich auch gern!«, »Mensch, guck dir das mal an, das ist wie für mich geschaffen … und das … und das«, während Sie sich in alles richtig hineinfühlen. Sie haben jetzt den richtigen Dreh gefunden und werden Situationen erleben, in denen sich Ihre sehnlichsten Wünsche erfüllen oder auch andere Wünsche Wirklichkeit werden können.

- Öffnen Sie sich, um zu empfangen! Hängen Sie Zettel mit der Aufschrift »ICH ÖFFNE MICH, UM EMPFANGEN ZU KÖNNEN!« überall im Haus auf. Bekräftigen Sie Ihre Absicht, nicht mehr in »Sollte«- und »Sollte nicht«-Kategorien zu denken und zu lernen, wie man empfängt. Machen Sie einen Wunsch daraus: »Ich will lernen zu empfangen.« Lassen Sie dann die Opferrolle und das schlechte Gewissen hinter sich, das Ihnen suggeriert, dass Sie nur ein guter Mensch sind, wenn Sie geben können. Das ist dogmatisches Geschwätz!

- Erwarten Sie nicht sofort ein Ergebnis. Wenn Sie heute erst Ihr Drehbuch schreiben, können Sie nicht schon morgen fragen: »Wo bleibt es denn?«

- Achten Sie auf Ihre Ausreden. Sie werden nie das große Geld machen, wenn Sie nach Ausreden suchen, die Ihr Ventil verschließen, nach dem Motto „Nicht gut genug ausgebildet«, »Sie stellen nur interne Mitarbeiter ein«, »Ungeeignetes Personal«, »Schlechtes Timing« etc. Auch wenn Sie alle »passenden« Eigenschaften mitbringen wie Ausbildung, Erfahrung oder Status: Das alles ist in dem Moment null und nichtig, in dem Sie sich auf Ausreden einlassen.

- Wenn Sie zur Zeit von negativen Menschen umgeben sind, die dem Mangeldenken stark verhaftet sind, ist das ein recht deutliches Zeichen dafür, auf welcher Ebene Sie noch immer schwingen. Dann sollten Sie am besten eine Bestandsaufnahme machen.

- Wollen Sie wissen, wie viel Negativität es in Ihrem Leben gibt? Dann schauen Sie sich einmal an, wie viel Geld bei Ihnen hereinkommt. Diejenigen, die ihr Leben lang um jede Mark kämpfen mussten, strahlen oft Negativität aus und haben auch entsprechend wenig Geld! Denn ob das Geld kommt oder geht, steht in direktem Verhältnis zu der negativen Energie, die wir aussenden – oder auch nicht.

- Denken Sie auch immer daran, dass das, was war, nicht das Geringste damit zu tun hat, was alles sein kann! Wenn Ihr Leben bislang ausgesprochen schwer war, haben Sie jetzt die Möglichkeit, das zu ändern. Wenn Sie nicht den Umsatz gemacht haben, den Sie erwartet hatten, wenn das Gehalt, die Anerkennung, der Erfolg, der Frieden, die Freude und/oder die Fülle in Ihrem Leben nicht dem entsprachen, was Sie sich gewünscht hatten, können Sie das alles jetzt ohne weiteres ändern.

Wie schnell? Sie müssen nur anfangen, auf einer anderen Ebene zu schwingen – und zwar regelmäßig. Dann wird sich eine neue Welt vor Ihnen auftun, so sicher wie die Nacht auf den Tag folgt. Es muss so kommen. So will es das kosmische Gesetz, die Physik des Universums.

9

Beziehungen und andere Schätze

Vieles in diesem Kapitel spreche ich nur ungern an, da ich zum Thema intime Beziehungen im Zusammenhang mit dem bewussten Schöpfungsprozess persönlich nicht viel beitragen kann. Mein ganz privates Resümee aus etwa 40 bis 50 Jahren Beziehungen stammt aus grauer Vorzeit, als ich noch nichts vom Energiefluss wusste – und die Beziehungen liefen auch entsprechend! Ich war ein perfektes Opfer, eine unrealistische Romantikerin, eine erstklassige Co-Abhängige und eine richtige Unschuld vom Lande. So viel zu meinen Glanzleistungen in puncto Partnerschaft.

Wie dem auch sei, ich gebe hier jetzt die wesentlichen Prinzipien weiter, wie Sie mit Hilfe des Energieflusses gute Beziehungen aufbauen können. Der Prozess läuft genauso ab, wie wenn Sie etwas anderes erschaffen wollen. Im Grunde ist jede Art Verbindung, ob zu einem Menschen oder zu einer Sache, eine Beziehung. Also, auf geht's.

Es liegt nicht an den Macken

In Beziehungen, egal ob zu einem Ehepartner, zu einem Freund, einer Freundin oder einem Kollegen, geht es – wie in allen anderen Lebensbereichen auch – um unsere Schwingungen. Punkt. Und unsere Schwingungen hängen von unseren Gefühlen ab. Punkt!

Wenn dem so ist, braucht man kein Intelligenzbolzen zu sein, um erkennen, worum es geht: Wenn wir uns alles andere als zufrieden mit uns selbst fühlen und unseren Partner nicht wirklich akzeptieren und schätzen können (viel Glück), werden unsere

Schwingungen die Beziehung allmählich zerrütten, auch wenn wir noch so sehr davon überzeugt sind, dass es gar nicht an uns liegt, sondern nur am anderen.

Wenn wir dem anderen mental oder verbal Vorwürfe machen, schimpfen oder meckern, ziehen wir Negativität an.

Wenn wir uns gefangen fühlen, missachtet oder vernachlässigt, unsicher oder missverstanden und meinen zu kurz zu kommen, ziehen wir Negativität an.

Wenn wir unbedingt gefallen, den anderen retten oder beschwichtigen wollen, ziehen wir Negativität an.

Ich höre jetzt schon Ihr »Ja, aber«:

»Ja, aber Sie kennen meinen Partner nicht!«

»Ja, aber wie würden Sie sich denn fühlen, wenn Sie mit diesem Menschen zusammenleben oder mit jenem zusammenarbeiten müssten?«

Natürlich gehören immer zwei dazu, und jeder bringt seine ganz speziellen Schwingungen in die Beziehung ein, die nur äußerst selten übereinstimmen. Dennoch sind wir der alleinige Urheber unseres Erlebens und können nicht unserem Partner oder unseren Eltern – ja, nicht einmal unserem Boss, der uns gerade gefeuert hat – die Schuld in die Schuhe schieben.

So ungern Sie es auch hören mögen: Es geht immer nur darum, uns *unser eigenes* Ventil genau anzuschauen, *unsere eigenen* Reaktionen, *unseren eigenen* Fokus, *unseren eigenen* Energiefluss. Denn solange wir nur das sehen, was uns nicht behagt (sowohl in der Vergangenheit als auch in der Gegenwart), bekommen wir nicht nur mehr davon, sondern blocken auch all die Dinge ab, die wir viel lieber hätten.

Wenn wir uns also auf die kleinen Marotten unseres Partners oder eines anderen Menschen, mit dem wir in irgendeiner Beziehung stehen, fixieren und sie als störend empfinden (was letztendlich ein Nicht-haben-Wollen ist), bringt uns das letztendlich nicht weiter. Es führt nur dazu, dass diese beknackten Ticks, die wir so gern ausschalten würden, immer weiter bestehen bleiben, weil wir sie durch unsere Schwingungen förmlich festhalten.

Durch die anhaltende – wenn auch unbeabsichtigte – Konzentration auf unangenehme Eigenschaften, so unbedeutend sie auch sein mögen, sackt die Stimmung in einer Beziehung immer mehr ab – wie eine Spirale, die nach unten verläuft. Wenn sich irgendein kleines, unbedeutendes Ärgernis lawinenartig zu einem großen Problem auftürmt, weil wir uns ständig darauf fixieren und negative Energien produzieren, ziehen wir jedoch noch mehr unangenehme Ereignisse mit der gleichen Wellenlänge an. Das heißt nicht nur, dass der berüchtigte Deckel nie mehr auf der Zahnpastatube sein wird. Eine solche Unstimmigkeit kann im Endeffekt sogar zu einer außerehelichen Affäre eskalieren oder zu einem Autounfall, einer Entlassung oder selbst zu einer Scheidung führen.

»Denn erstens kommt es schlimmer, und zweitens als man denkt!«, erinnern Sie sich? Ewiger Ärger über irgendetwas führt früher oder später zu einer Katastrophe. Muss er auch. Gleiches zieht schließlich Gleiches an.

Klar, wenn jemand bei Ihnen einen bestimmten Knopf drückt, wollen Sie unbedingt »zurückdrücken«. Aber es ist gar nicht das, was wir in einer Partnerschaft *tun*, was auf uns zurückkommt. Nie! Es geht auch nicht darum, welche Energie unser Partner ausstrahlt. Wie beim allem, was wir erleben, hängt auch hier alles von den Gefühlen, Schwingungen und Energien ab, die wir selbst ausstrahlen.

Man kann es einfach nicht anders formulieren: Wenn Sie die Bedingungen in Ihrer Partnerschaft verändern wollen, müssen Sie Ihre Schwingungen verändern.

Der Übeltäter heißt Schuld

Die meisten von uns denken bei dem Wort Schuld an einen melodramatisch erhobenen verknöcherten Zeigefinger, der auf jemanden weist, der ein skandalöses Unrecht begangen hat. Wir suchen im Grund tagtäglich die Schuld im Außen – beim Wetter, bei unverschämten Autofahrern, bei offenen Zahnpastatuben; von morgens bis abends beschuldigen wir alle und alles und merken es nicht einmal.

Natürlich haben wir sehr oft Recht mit unseren Anschuldigungen, aber was bringt's? Nicht ein Quäntchen Wohlgefühl kann durch die niedrige, zähe Schwingung der Schuldzuweisung zu uns durchdringen – ob gerechtfertigt oder auch nicht. Die Energie der Schuldzuweisung ist elektromagnetisch so stark aufgeladen, dass sie sogar Menschen, die normalerweise recht stabil sind, etwas anhaben kann. Wenn Sie diesen negativen Energiefluss dann auch noch auf jemanden richten, der sich sowieso schon gemein, blöd oder beleidigend verhalten hat, verstärkt das nur noch die Situation, die Sie gern ganz anders erleben würden.

Ein paar Freunde von mir, deren Gepäck im falschen Flieger gelandet war, schimpften und fluchten in ihrem Hotel stundenlang über die Unfähigkeit der Fluggesellschaft. Ihr Gepäck wurde zwar einmal kurz gesichtet, schien sich dann aber ganz in Luft aufgelöst zu haben. Keiner wusste auch nur, wo man mit der Suche hätte beginnen können. Meinen Freunden wurde schließlich bewusst, was sie da taten, und so schalteten sie vom Beschimpfen der ansonsten sehr fähigen Flugangestellten auf Anerkennung um. Innerhalb von Minuten – *Minuten!* – bekamen sie einen Anruf, dass ihr Gepäck gefunden worden sei und in einer Stunde im Hotel sein würde. Die ganze Wut- und Schuld-Energie, die sie vorher so geballt ausgesendet hatten, führte dazu, dass aus einem kleineren Zwischenfall bei der Fluggesellschaft ein heilloses Durcheinander wurde.

Ein Kreditgeber, bei dem ich einen Kredit beantragt hatte, rief mich an und sagte, er könne ein wichtiges Original nicht finden. Da ich genau wusste, dass ich es ihm geschickt hatte, regte ich mich über die Inkompetenz der Mitarbeiter gewaltig auf, und die Telefonanrufe wurden immer unangenehmer. Jetzt fehlten noch andere Angaben, und dieses und jenes stimmte nicht – Probleme über Probleme. Je mehr ich mich in Vorwürfen über die Mitarbeiter erging, desto mehr brach alles vor meinen Augen zusammen.

Schließlich wurde mir klar, auf was ich mich da eingelassen hatte, und ich begann dem normalerweise sehr kompetenten Team Anerkennung zukommen zu lassen. In weniger als einer Viertelstunde rief bereits jemand zurück, um sich zu entschuldigen; die Unterlagen waren vollständig und der Kredit konnte gewährt werden.

Eine Teilnehmerin an einem meiner Seminare konnte nicht damit aufhören, ihrem Ehemann die Schuld dafür in die Schuhe zu schieben, dass ihre Zwillinge stotterten. Nach dem Seminar stimmte sie widerwillig zu, sich täglich auf eine Reihe von kurzen Anerkennungssätzen gegenüber ihrem Mann einzulassen. Sechs Monate später rief sie mich an und berichtete, wie schwer ihr dieser Schritt anfangs gefallen war. Aber als sie den Dreh erst einmal heraushatte, konnte sie sich beim nächsten Schuldzuweisungs-Anfall zurückhalten, ihr Ventil öffnen und sowohl ihren Mann als auch den beiden Mädchen etwas Anerkennung zukommen lassen. Ihrem letzten Anruf nach sprechen die beiden Kinder inzwischen fast normal. Was aus dem armen Mann geworden ist, weiß ich leider nicht.

Es geht einfach darum, dass die Energie der Schuldzuweisung eine schwierige Situation immer noch weiter verschlimmert. Wirklich immer!

Nehmen wir mal an, es gibt einiges in unserer Partnerschaft, was uns stört: ein paar schwerwiegende Aspekte, aber auch ein paar ganz triviale Kleinigkeiten, die wir eigentlich zu ignorieren glauben. Aber »Kleinigkeiten« gibt es nicht; gerade diese »Kleinigkeiten« sind unsere größten Probleme. Wenn wir einer Sache schon einen Namen geben, auch wenn wir sie nur als »Kleinigkeit« bezeichnen, können wir nicht behaupten, dass wir sie ignoriert oder akzeptiert hätten, auch wenn sie noch so banal ist. Unser Fokus liegt auf dieser verflixten »Kleinigkeit«, also laden wir sie mit Energie auf und machen sie damit noch größer.

Das Entscheidende ist, dass wir negative Energie anziehen, wenn wir wegen irgendetwas genervt sind – ob gerechtfertigt oder nicht; so funktioniert es nun mal! Vielleicht ärgern wir uns nur ein bisschen über in der Gegend herumliegende Klamotten. Vielleicht geht es auch um etwas Dramatischeres wie Angst vor Missbrauch. Ganz unabhängig von der emotionalen Intensität wird die negative Konzentration auf das, »was ist«, jedoch immer noch größere Probleme hervorrufen, weil das unserem Drehbuch entspricht.

Natürlich können wir nicht in das Skript eines anderen eingreifen, wenn er es nicht will. Wenn sich jemand nicht ändern will, dann können wir nur unser eigenes Ventil öffnen, indem wir ein neues Drehbuch schreiben oder ihm Anerkennung zufließen lassen. Wenn wir diese Energie dann aussenden, kann es uns sogar passieren, dass der andere bockig wie ein Maulesel wird und nichts von dem, was wir ihm anbieten, annehmen will. Das kann durchaus ein Hinweis darauf sein, dass wir uns besser trennen sollten.

So funktioniert Magnetismus. Wenn Sie mit einem Partner zusammen sind, der sich auf keinen Fall ändern will, Sie aber sehr an sich arbeiten, wird das kosmische Gesetz eingreifen und sie beide ein für alle Mal trennen. Das klingt vielleicht schrecklich, aber mal ehrlich: Würden Sie gern mit jemandem zusammenleben, der sein Leben auf einer negativen Energieebene verbringt?

Vergessen Sie das Ventil Ihres Partners. Oder besser gesagt, vergessen Sie Ihren Partner! Fixieren Sie sich nicht auf das, was um Sie herum geschieht, sondern nehmen Sie sich fest vor, Ihr eigenes Ventil zu öffnen – egal wie. *GANZ EGAL WIE!*

Die einzige Möglichkeit, eine Beziehung so zu leben, wie Sie es sich vorstellen, besteht darin, ein entsprechendes Drehbuch zu schreiben und dabei zu bleiben, bis es sich verwirklicht. Ob mit Ihrem derzeitigen Partner oder mit jemandem, dessen Schwingungen besser mit den Ihrigen harmonieren (und mit dem Sie – falls Sie es noch nicht erraten haben – sehr viel glücklicher sein können), wird sich dann schon zeigen.

Wir haben die Wahl

Wenn Sie jemand sind, der still vor sich hin leidet, so wie ich es getan habe – dann viel Glück. Woran Sie auch immer leiden mögen, es wird sich wie Unkraut vermehren. Genauso wird es Ihnen ergehen, wenn Sie jemand sind, der ständig kontrolliert, nörgelt, sich Sorgen macht oder sich übermäßig anpasst. Sie müssen Ihre Aufmerksamkeit, die so zum reinsten »Beziehungs-Killer« werden kann, von dem *abwenden*, was Ihr Ventil verschließt, und *auf* das *richten*, was Sie in Ihrem Leben realisieren möchten. Anders ausgedrückt, verlagern Sie Ihren Fokus vom Nicht-haben-Wollen auf Ihre Wünsche, und bleiben Sie auch dabei.

Wenn Sie mit einem Säufer zusammenleben, öffnen Sie Ihr Ventil und schreiben Sie ein neues Drehbuch.

Wenn Sie einen arbeitslosen Partner haben, öffnen Sie Ihr Ventil und schreiben Sie ein neues Drehbuch.

Wenn Sie beide sich über Geld streiten, öffnen Sie Ihr Ventil und schreiben Sie ein neues Drehbuch.

Fangen Sie an, mit Ihrem Partner darüber zu sprechen, was Sie sich wünschen und warum, und nicht mehr darüber, was Sie sich nicht wünschen und warum nicht.

Was ich hier behaupte, klingt vielleicht sehr unbekümmert – als ob es nichts Leichteres gäbe, als das Verhalten von so einem Hornochsen, der die Schuld an der ganzen Misere in Ihrem Leben trägt, einfach zu ignorieren. Die Schuld auf andere zu schieben ist das übliche Spiel; den Zeigefinger mal auf uns selbst zu richten erschien uns bisher immer sinnlos.

Während ich an diesem Kapitel schrieb, musste ich eine Pause einlegen, um einkaufen zu gehen. Anschließend wollte ich noch in die Sauna, um wieder einen klaren Kopf zu bekommen. Ich brauchte etwas Abstand zum Thema, um sicherzugehen, dass ich nichts Wesentliches auslaß. Abstand? Dass ich nicht lache!

Auf dem Weg zum Supermarkt ließ ich mich auf einen ziemlich ätzenden inneren Dialog mit meinen Mietern ein, die in dem kleinen Haus auf meinem Grundstück wohnen. Sie hatten seit einigen Monaten die Miete nicht bezahlt, und ich verrannte mich total in dieses Thema. Außerdem war das Auto ein hervorragender Ort, um in Ruhe vor Wut zu schäumen, also machte ich die ganze Zeit weiter, immer wieder durchsetzt von scheinheiligen Untertönen des Mitgefühls und des Verständnisses. Ich kochte regelrecht vor Wut und dachte keine Sekunde an meine Schwingungen. Und ich schrieb gerade ein Buch darüber! Du lieber Himmel!

Zum Glück wurde mir meine schlechte Laune im Supermarkt bewusst. Als ich zum Hundefutter griff, wurde mir klar, wie mies ich drauf war. Ich fragte mich also: »Was nervt mich denn so?«, und wusste sofort, dass es mein Festhalten an dieser leidigen Mietergeschichte war.

Zuerst war ich sauer auf mich, dann ärgerte ich mich noch mehr, weil ich gar keine Lust hatte, meine Stimmung zu ändern. Ich erledigte meine Einkäufe und fuhr dann direkt in die Sauna. Auf der Fahrt beruhigte ich mich langsam, so dass ich bereit war, ein neues Drehbuch zu schreiben, als ich endlich in der Sauna saß.

Zuerst etwas Anerkennung: »Nette Leute, angenehmer Umgang.« Es fühlte sich nicht gerade überwältigend an, aber besser als vorher. Ich spürte, wie mein Widerstand langsam dahinschmolz – zumindest ein bisschen.

»Ein Glück, dass sie auf meinen Hund aufgepasst haben, als ich verreisen musste. Keine anderen Mieter waren bisher bereit zu so etwas. Und keine anderen Mieter haben mir jemals ihre Hilfe beim Streichen des Hauses angeboten.« Es fühlte sich schon besser an.

»Sie kümmern sich auch sehr um ihr Häuschen, sie haben es so nett eingerichtet.« Mein Ventil war mittlerweile offen genug, um ein neues Drehbuch zu schreiben. Also machte ich mich auf den Weg zum leeren Wasserbecken, wo ich allein war und in Ruhe laut vor mich hinreden konnte, ohne krumm angeschaut zu werden.

»Ihr habt beide Arbeit gefunden? Fantastisch! Das freut mich sehr. Ich weiß doch, dass ihr von neuen Möbeln träumt, das könnt ihr ja jetzt in Angriff nehmen.«

Ich machte immer weiter, malte mir alles in den buntesten Farben aus, hörte kurz auf, als ich anfing zu übertreiben, fuhr fort, als es sich wieder gut anfühlte.

Ich war gerade zehn Minuten zu Hause, als die beiden zu mir kamen und von einem Ohr zum anderen grinsten. Sie hatten zwar keine langfristige Arbeit gefunden, aber eine Möglichkeit, um die Miete wieder bezahlen zu können. Ab sofort! Wenn das kein promptes Ergebnis war!

Obwohl sie sich durchaus darüber im Klaren waren, kein Geld für die Miete zu haben, lag ihr Fokus doch auf der Liebe zu ihrem Häuschen und auf ihrem Wunsch, es möglichst schön herzurichten – und eben nicht auf dem Geldmangel; unsere Schwingungen stimmten also überein. Wenn ihr Fokus auf Angst und Sorgen gelegen hätte, hätte keine Anerkennung der Welt einen Unterschied ausgemacht.

Das Pingpongspiel der Schwingungen

Eine meiner ersten Arbeitsstellen nach der Uni war bei der damals weltweit größten Firma im Bereich Katalog-Fotografie in New York City. Sie machten die Modefotos für viele bekannte Unternehmen.

Das Beste an meiner Tätigkeit war die Zusammenarbeit mit den Stylistinnen, den Frauen, die für den richtigen Sitz der Kleider zuständig waren und vom Nudelholz bis zur Bierdose alles einsetzten, um Hohlräume an der richtigen Stelle auszustopfen. Den ganzen Tag über schwirrten die Top-Models durch die Studios. Ich kümmerte mich nicht viel um sie, bekam aber mit, dass es da eine auffällige, gertenschlanke Rothaarige gab, die ständig zur Zielscheibe für irgendwelche Witze wurde. Jedes Mal, wenn sie im Studio auftauchte, kursierten schon wieder neue Witzeleien über sie im Büro, noch bevor sie wieder verschwunden war.

Diese Frau hatte anscheinend ein Dauerproblem mit Männern. Jedes Mal, wenn sie einen Fototermin hatte – und das hieß ein paar Mal in der Woche –, war sie entweder am Boden zerstört wegen eines Verflossenen oder ganz außer sich vor Begeisterung über einen neuen Lover. Es war wie bei einem Pingpongball; sobald er übers Netz flog, hatte sie schon wieder Schluss gemacht.

»Dieser Schweinhund! Er hat auf keinen einzigen Anruf reagiert. Er ist wie alle anderen, so eingenommen von seiner eigenen kleinen Welt, dass er für mich keine Zeit hat. Aber anscheinend für seine anderen Freundinnen.«

Sie konnte nur endlos mit Vorwürfen um sich schmeißen und zog damit in so rasantem Tempo immer mehr von der gleichen Sorte an, bis es schließlich zum Firmenwitz wurde. Ab und zu hatte jemand Mitleid mit ihr und sagte dann in etwa: »Wie kann so ein hübsches Mädchen wie sie nur so viel Pech haben? Bei alldem, was sie so macht – wie kann das nur passieren?«

Pech? Keinesfalls. Diese schöne junge Frau war gefangen in ihrem alten Drehbuch und in ihrem alten Männerbild und zog so immer die entsprechenden Männer an. Ihr Drehbuch änderte sich nie. Sie wusste, dass sie Männer anzog wie der Honig die Bienen, aber es waren letztendlich immer die gleichen, die in den Bann der Schwingungen gerieten, die sie ausstrahlte. Einer nach dem anderen tauchte auf, nur um wieder in die Versenkung zu verschwinden. Mit jeder Litanei des negativen Nicht-haben-Wollens zog sie dann wieder den Nächsten an und so ging es endlos weiter. Ihre dominante Schwingung in Bezug auf all ihre Ex-Freunde war »dieser Mistkerl«, also traf sie auch auf nichts anderes als Mistkerle. Die Schuldzuweisungen, die sie in ihrem Gedächtnis gespeichert hatte, sendeten hoch energetisierte Schwingungen aus, die jede Chance auf eine andere Art der Begegnung zunichte machten.

Vergeben – was heißt das?

Erst kommt die Schuldzuweisung, und was kommt dann? Vergebung? Vielleicht. Vielleicht auch nicht.

Selbstverständlich kann man die erhabene Position der Vergebung erst einnehmen, wenn man jemanden für schuldig erklärt hat. Das bedeutet jedoch, dass Vergebung sich für uns üblicherweise nicht sehr von Schuldzuweisungen unterscheidet. Und das heißt, dass wir selten wirklich aufrichtig vergeben.

Irgendetwas passiert, jemand sagt irgendetwas, und wie dressierte Seehunde bellen wir prompt auf der Schwingungsebene zurück. Wenn wir es dabei belassen würden, ginge es uns ja noch gut. Aber wir lassen zu, dass unsere negativen Emotionen überschwappen und – WOM! – schon sind wir im Schuld-Modus gelandet.

Nehmen wir mal an, dass wir jemandem vergeben wollen. Wie schön. Der Clou ist: Vergebung bedeutet, *unseren* Widerstand gegen die positive Energie aufzugeben, es geht gar nicht um den Missetäter, den wir so wohlwollend in Vergebung anlächeln. Vergebung bedeutet vor allem, das zu vergessen, was irgendwann mal vorgefallen ist. *Haha*!!!

Wenn wir jemandem vergeben, erkennen wir für gewöhnlich an, dass derjenige uns ein Unrecht angetan hat, was durchaus wahr sein kann. Auch wenn wir sagen, dass wir ihm vergeben, halten wir dann jedoch insgeheim noch an dem Vorwurf fest. Wahre Vergebung bedeutet aber, uns gar nicht mehr über die Angelegenheit, die uns anfangs so aufgebracht hat, aufzuregen (oder uns darauf zu fixieren). Und das gilt für alles – egal, ob es vor fünf Minuten oder vor fünfzig Jahren passiert ist. Warum? Wenn wir etwas nicht wirklich loslassen, werden wir immer mehr davon anziehen, das ist der Grund. Wenn wir an etwas festhalten, manifestiert es sich auch in unseren Schwingungen. Dann ziehen wir das Gleiche oder Ähnliches an. Wieder und immer wieder.

Wenn man vergeben will, muss vorher irgendeine Schuldzuweisung oder Verurteilung stattgefunden haben, sonst gäbe es
keinen Grund dazu. Und jemanden zu verurteilen oder zu beschuldigen heißt, sich auf ein Nicht-haben-Wollen zu fixieren.
Der erste Schritt zur Vergebung (und das hören Sie jetzt wohl
weniger gern) liegt darin, den Widerstand aufzugeben, der überhaupt erst zur Beschuldigung geführt hat, das heißt einfach sagen
zu können: »Was soll's!? Ist doch total egal! Vielleicht hat sich der
Idiot ja völlig daneben benommen, was ziemlich geschmacklos
war. Na und!?«

Worum es hier im Grunde geht, ist jene aufrichtige, bedingungslose Liebe, die bestimmt nicht einmal einer von fünfzig Millionen Menschen jemals richtig verstanden hat. Ich jedenfalls
nicht. Für mich bestand bedingungslose Liebe darin, jemanden
trotz seiner Macken zu lieben, was natürlich hieß, dass ich mich
immer noch auf seine Macken fixierte, was sich auch in meinen
eigenen Schwingungen niederschlug.

Bedingungslose Liebe bedeutet in Wirklichkeit jedoch:

»Ich werde mein Ventil für die Energie des Wohlbefindens
offen halten, ganz egal, was für verrückte Sachen du getan hast.«
(Denken Sie daran, dass Sie das weder ändern noch gut finden
müssen; Sie müssen nur Ihren Fokus verlagern!)

Das heißt: »Die Bedingungen müssen nicht hundertprozentig
stimmen, damit ich mich wohl fühlen kann. Ich werde deine albernen Angewohnheiten einfach nicht mehr beachten, da für mich
nicht alles perfekt sein muss, um dich lieben zu können.«

»Du kannst gemein sein und verletzende Dinge sagen, aber das
ist deine Entscheidung, und sie kann meinem Entschluss nichts
anhaben; ich werde weiterhin mein Ventil offen halten und mich
gut fühlen. Für meine Stimmung sind weder irgendwelche negativen Umstände noch deine negativen Angewohnheiten verantwortlich!!!«

Klar, ich weiß, dass das fast unmöglich klingt, aber was muss
noch alles geschehen, damit wir es uns endlich gestatten, glücklich
und zufrieden zu sein? Das Gute an der Einstellung »Es ist mir

völlig gleichgültig, was du tust oder getan hast, mein Ventil bleibt trotzdem offen« ist ja, dass Sie sich damit automatisch für die Bedingungen öffnen, die *Sie sich wünschen* – genau darum geht es nämlich. Wie Sie Ihr Leben erfahren, hängt dann nicht mehr vom Verhalten anderer Menschen ab.

Behaupte ich denn, dass man einem Alkoholiker vergeben muss? Nein, zumindest niemals in der gewohnten, herkömmlichen Form, weil Sie dadurch das Negative in Ihren Schwingungen nur weiter festhalten und noch mehr vom Gleichen anziehen. Ich will nur sagen, dass Sie sich nicht darauf konzentrieren, sondern Ihr Ventil öffnen, ein neues Drehbuch schreiben und sich so aus der unerträglichen Situation »hinausschwingen« sollten.

Behaupte ich, dass Sie einem Partner, der fremdgegangen ist, vergeben müssen? Nein, zumindest nicht in der gewohnten Form. Wenn Sie beide sich auf eine monogame Beziehung geeinigt haben, dann vergessen Sie es und öffnen Sie Ihr eigenes Ventil, wenn Sie nicht wollen, dass sich das Ganze in dieser oder der nächsten Beziehung wiederholt. Entweder ziehen Sie durch Ihre Schwingungen dann die Verbundenheit an, die Sie sich wünschen, oder eben einen neuen Partner.

Will ich damit nun sagen, dass Sie nicht vergeben sollen? Ganz im Gegenteil, man sollte immer vergeben – und zwar auf der Stelle. »Ob ich dir verzeihen kann? Ja klar, und was gibt es sonst noch Neues?« Das hört sich ganz anders an als: »Ich weiß wirklich nicht, ob ich dir vergeben kann, Liebling, dein Verhalten war doch ziemlich mies.«

Es hilft bereits, zuerst nur ein kleines bisschen zu vergeben und dann immer ein bisschen mehr, wenn Sie es anders nicht schaffen. Aber eins ist gewiss: Wenn Sie nicht mehr die gleiche Situation erleben wollen, bedeutet vergeben letztendlich vergessen!

Tatsache ist, dass Sie niemals das bekommen werden, was Sie sich in einer Partnerschaft wünschen, wenn Ihr Fokus auf dem liegt, was Sie nicht haben wollen. Nicht einmal in Milliarden von Jahren. Damit sich eine Beziehung nach Ihrem Geschmack entwickeln kann, ist Folgendes wichtig:

Nehmen Sie Ihren Fokus *von* der unangenehmen Situation; Richten Sie Ihren Fokus *auf* das Öffnen des Ventils – und zwar Ihres eigenen Ventils.

Nur so wird sich die unliebsame Situation jemals verändern und Ihre Beziehung von Dauer sein.

Wie kann ich helfen?

»Mein Freund ist behindert. Wie kann ich ihm helfen?«

»Mein Freund ist arbeitslos. Was kann ich tun, um ihm zu helfen?«

»Mein Bruder verzweifelt an der Welt. Wie kann ich ihm nur helfen?«

Wir alle haben ein Helfersyndrom. Wir wollen etwas geben, tun oder sagen, damit es dem anderen besser geht.

Aber Vorsicht; eine helfende Hand ist nicht immer das, was sie zu sein scheint.

Wenn Sie sich diese Fragen kurz durch den Kopf gehen lassen, werden Sie feststellen, dass der Fokus hier ganz klar auf dem anderen liegt. Und wenn der Fokus auf dem Leid des anderen liegt, lassen Sie sich auf dessen Schwingungen ein, die sich dann mit Ihren eigenen vermischen, bis Ihr Ventil genauso zu ist wie seins. Ihr Fokus liegt auf dem negativen Umstand, wodurch Sie sich noch mehr Negativität einhandeln als Sie anfangs hatten. Und was noch schlimmer ist: Sie verhelfen Ihrem Freund dazu, noch negativer zu schwingen als zuvor.

Wie kann man also helfen? Als Erstes sollten Sie auf eine positive Gefühlsebene kommen und Ihr eigenes Ventil öffnen – und zwar, bevor Sie anfangen, an den anderen zu denken. Dann können Sie versuchen, den anderen dazu anzuregen, sein Ventil ebenfalls zu öffnen – aber wirklich nur anzuregen, nicht einzugreifen. Sie versuchen dann nicht mehr, das Bild des anderen mitzugestalten. Sie bieten ihm einfach nur Pinsel und Farbe an.

Wenn Sie jedoch ständig daran denken, wie furchtbar es für

den Betroffenen sein muss, dass er an Krebs erkrankt oder arbeitslos ist oder sein Haus durch einen Brand verloren hat, verstärkt diese Schwingung des Mangels nur noch seine eigene negative Schwingung.

Stattdessen sollten Sie sich denjenigen so vorstellen, wie Sie es sich für ihn wünschen. Wenn sich etwas in ihm weiterentwickeln will, wird die liebevolle Energie, die Sie ihm zukommen lassen, sein Denken, Fühlen und Sein sehr positiv beeinflussen.

Auch bei Gebeten für Kranke sollten wir daran denken. Wenn wir denjenigen, für den wir beten, als jemanden betrachten, dem irgendetwas fehlt, gehen wir von einer Einstellung des Mangels aus. In unseren Augen mangelt es diesem Menschen an etwas; dabei ist er doch genau so vollkommen wie alles andere im Universum auch. Er hat es nur vergessen – und wir, die wir für ihn beten, auch.

Der Vater einer meiner Freundinnen war drauf und dran, an dem Mangel an Erfüllung in seinem Leben zu sterben, fünftausend Kilometer weit entfernt auf der anderen Seite des Landes. Jede Nacht schickte sie ihm vor dem Einschlafen heilende Gedanken, in der Hoffnung, dass er sich wieder erholen würde. Aber in ihrer eigenen Trauer sah sie ihn immer nur in seiner Bedürftigkeit vor sich – allein, melancholisch, das jämmerliche Bild eines Mannes ohne Freunde, ohne Ehrgeiz, ohne Lebenswillen. Es ging ihm von Tag zu Tag schlechter.

Dann kam sie mit dem Gesetz der Anziehung in Berührung und erkannte, dass sie genau das Gegenteil von dem getan hatte, was sie ursprünglich erreichen wollte. Sie fing also abends im Bett an, sich ihren Vater so vorzustellen, wie er früher gewesen war: vital, lustig, geistreich und gesellig. Sie versetzte sich zurück in die wunderbare Zeit, als sie zusammen Tennis gespielt oder jede Menge Spaß beim Schlittschuhlaufen auf dem See hatten. Sie spürte förmlich, wie sie ganz in die glücklichen Gefühle von damals eintauchte. Innerhalb von drei Tagen – *drei Tagen!* – rief ihr Vater sie an und erzählte ihr, es ginge ihm besser und er käme sie gern mal besuchen!

War sie verantwortlich für diesen Wandel? Nur in der Hinsicht, dass sie ihrem Vater die Gelegenheit gegeben hatte, Pinsel und Farbe selbst in die Hand zu nehmen. Sie half ihm mit ihren Schwingungen wieder auf die Beine, so wie man jemandem einen Rettungsring zuwirft. Er kann ihn nehmen oder auch nicht; die Wahl liegt allein bei ihm.

Schluss machen

»Soll ich – soll ich nicht? Soll ich – soll ich nicht?« Wir alle kennen sie, diese nervenaufreibenden Situationen, wenn wir genau wissen, dass wir etwas tun müssen, die Lösung aber auf sich warten lässt. Oder wir wollen sie einfach nicht wahrnehmen.

Wenn Sie sich mit den Feinheiten des bewussten Schöpfungsprozesses und dem Gesetz der Anziehung auseinander gesetzt haben, Ihr Partner aber nicht, wird es wohl darauf hinauslaufen, dass Sie sich entweder trennen oder Ihr guter alter Partner endlich mitzieht. Wenn Sie ihn bereits bis zum Schwarzwerden Pinsel und Farbe angeboten haben, ohne ihn zu einer Reaktion zu bewegen, dann ist wohl doch Trennung angesagt. Oder Sie sind ohnehin schon so weit, dass Sie Schluss machen wollen. Wie auch immer, schauen wir uns mal die verschiedenen Möglichkeiten dieser Trennungssituation an.

Wir haben es hier wieder mit einem dieser emotional enorm aufgeladenen Wörter zu tun. Dieses Mal ist es der Begriff »Beziehung«. Der steht sicherlich nicht sehr weit oben auf der Wohlfühlliste der meisten Leute. Allein das Denken daran enthält schon fast so viel Sprengstoff wie das Wort »Geld«. Vielleicht fing das bereits in unserer Herkunftsfamilie an oder auch erst in unseren eigenen problematischen Partnerschaften – vielleicht trifft sogar beides zu. Es spielt keine Rolle. Allein schon das Wort »Beziehung« ruft in einem Atemzug ein seltsames Gemisch aus Sehnsucht und Gänsehaut hervor.

Es leuchtet ein (die Vorstufe zum bewussten Schöpfungsprozess), dass der Gedanke an eine neue Verstrickung nicht gerade verlockend ist, wenn wir mitten in einer Trennung stecken oder Sie soeben hinter uns gebracht haben. Aber genau das tun wir; wir stürzen uns gleich wieder in die nächste Zweisamkeit nach demselben Drehbuch oder einem noch schlimmeren. Nur die Mitspieler haben gewechselt.

Wir müssen das Drehbuch ändern! Wenn wir eine andere Art von Beziehung haben wollen, müssen wir uns ein anderes Drehbuch ausdenken und uns auf der Gefühlsebene darauf einlassen. Wenn wir eine Änderung wollen, *müssen wir das Drehbuch ändern.*

Nehmen wir an, Sie leben inzwischen allein. Sie genießen die Möglichkeit, bewusst Ihr Leben zu gestalten und haben auch schon einige Übung darin. Jetzt sind Sie bereit, sich auf einen neuen Partner einzulassen. Aber woran denken Sie als allererstes? An den letzten Partner!!!! Und in neun von zehn Fällen sind diese Gedanken mit intensiven negativen Schwingungen belegt. Genau wie das bildschöne Model, das einfach nie den Mann kennen lernte, den es sich wünschte, fangen Sie wieder an, ein genaues Ebenbild Ihres letzten Partners anzuziehen oder sogar noch eine schlimmere Ausgabe der gleichen Art.

Sie müssen das Skript ändern und die Schwingungen, an denen Sie festhalten, *AUFLÖSEN!* Sie müssen es irgendwie hinkriegen, Ihre Gefühle gegenüber Ihrem Ex zu verändern. Sonst werden Sie sich für alle Zeit auf den alten Ärger, den Unmut und das Bedauern fixieren, und Ihre nächste Beziehungsrunde wird wieder genau nach dem alten Muster ablaufen oder sogar noch schlimmer, weil Sie die entsprechenden Schwingungen auch aussenden: Ärger, Unmut, Bedauern. Sie bekommen das, was Sie ausstrahlen. Wenn sich Ihre Gedanken nur um »damals« drehen und Ihre Schwingungen dem entsprechen, können Sie nicht erwarten, dass Sie »heute« etwas noch nie Dagewesenes erleben.

Das hört sich womöglich nicht gerade aufregend neu an, aber Beziehungen sterben nie. Sie hören nie auf. Aufgrund der Tatsache, dass Sie beide (oder Sie drei oder zwanzig) zusammen in einem Haus, einem Büro oder einem Club waren, sind Sie über Ihre Schwingungen verbunden, und diese Verbindung lässt sich nicht einfach auflösen. Wenn da also immer noch etwas Negatives mitschwingt … na ja, denn Rest können Sie sich ja denken. Sie werden diese Schwingungen immer ausstrahlen und damit Gleiches anziehen.

Vielleicht hat Ihr Partner Sie körperlich missbraucht oder er war ein Idiot. Wenn Sie so etwas nicht noch einmal erleben wollen, müssen Sie etwas Liebenswertes an ihm finden, etwas, was Sie wertschätzen können. Nur so können Sie die negativen Schwingungen, die Sie noch an ihn binden, auflösen. Egal was für lange Pausen Sie zwischen den einzelnen Partnerschaften eingelegt und wie viel sogenannte »Heilungsarbeit« Sie inzwischen geleistet haben, Sie werden immer noch die gleichen üblen Dinge anziehen, die Sie an Ihrem Ex nicht leiden konnten. Solange Sie noch darauf fixiert sind, sich über ihn zu beklagen, Freunden zu erzählen, wie froh Sie sind, dass Sie ihn endlich losgeworden sind und letztendlich wütend auf sich selbst werden, weil Sie sich so lange mit diesem üblen Typ abgegeben haben, werden Sie nicht von ihm loskommen. Solange Sie noch in diesen Gedanken und Gefühlen feststecken, werden Sie auch die entsprechenden Schwingungen ausstrahlen und *nichts anderes* anziehen.

Das Gleiche gilt, wenn Sie sich darauf fixieren, dass Ihre Eltern an allem Schuld sind. Wir erhalten das, worauf wir unseren Fokus legen. Wenn Sie also eine schwierige Kindheit hatten und noch daran festhalten, sind Sie prädestiniert dazu, die gleiche Art von Beziehungen wieder anzuziehen – ob zu einem Partner, zu den Nachbarn oder zu den Arbeitskollegen.

Aber nun zurück zu Ihrer ursprünglichen Situation. Sie stecken noch in einer Beziehung, leben oder arbeiten noch zusammen und fragen sich, ob Sie bleiben oder gehen sollen. Dann ist es Zeit aufzuhören, sich auf die jeweilige Situation zu fixieren und sich stattdessen zu fragen, was Sie genau stört. Dann können Sie anfangen, Ihre negativen Schwingungen umzuwandeln. Das kann die Beziehung verändern, vielleicht aber auch nicht. Auf jeden Fall wird es jedoch dazu führen, dass Sie sich nicht mehr total auf das Problem fixieren; dadurch öffnen Sie sich für Antworten, zu denen Sie nur

Zugang finden (in Form von Inspiration, Ideen usw.), wenn Sie Ihren Fokus verlagern und auf eine höhere Schwingungsebene gelangen.

Lieben Sie also Ihren Partner, ob er nun liebenswert ist oder war oder auch nicht. Anerkennen Sie ihn, selbst wenn Sie jedes Recht der Welt hätten, eine Voodoo-Puppe von ihm mit Nadeln zu spicken. Durchbrechen Sie die Kette negativer Anziehung, und Sie werden die Antwort finden, ob Sie in der Beziehung bleiben oder gehen sollen. Und selbst wenn Sie schließlich gehen, werden Sie sich nie mehr aufgrund Ihrer alten negativen Schwingungen das alte Übel in neuer Verpackung einhandeln.

Die Leidenskette

Eine langjährige Freundin von mir rief mich etwa jeden zweiten Monat aus einer anderen Ecke des Landes an, um ihren recht zähen Seelenmüll bei mir abzuladen. Das war zu einer Zeit, als ich noch nichts davon wusste, wie stark man in den Sog der negativen Energie eines anderen Menschen geraten und wie sehr einen das herunterziehen kann.

Das ging so über Jahre: Bei jedem Anruf ergoss sich ein unendlicher Schwall von ewig gleichen Problemen über mich, die mit der Zeit immer größer wurden.

Bei jedem neuen Anruf stieg ich sofort voll auf ihre negativen Gefühle ein und dachte, ich würde ihr damit helfen. Ich hatte Mitleid mit ihr, bedauerte sie, zeigte Verständnis – bis ich mich selbst so schlecht fühlte, dass ich anschließend erst einen Spaziergang in der Natur machen musste, um mein inneres Gleichgewicht wiederzufinden.

Ohne es zu wissen, bestärkte ich sie damit nicht nur in ihrer Negativität, sondern verwickelte auch mich selbst immer mehr darin! Es war schrecklich; ich wusste einfach nicht, wie ich da herauskommen konnte, ohne ihr zu sagen, sie solle mich nicht mehr anrufen. Das brachte ich jedoch nicht übers Herz. Um die

Sache noch schlimmer zu machen, stellte ich mir – selbst, wenn wir nicht miteinander telefonierten – vor, wie sie bis zum Hals in Problemen steckte, umgeben von nichts als Mangel; eine wandelnde Zeitbombe, die jederzeit explodieren und nur noch mehr Chaos verursachen könnte.

Als mir endlich klar wurde, was für Auswirkungen das Ganze auf der Ebene der Schwingungen hatte, fing ich an, ihr andere Gedanken zu schicken. Ich sah sie inmitten von Fülle, Freude, Zufriedenheit usw., obwohl mir das nicht gerade leicht fiel. Aber sie wollte nicht aus ihrem Leid heraus und schon gar nichts von den Pinseln und der Farbe wissen, die ich ihr da anbot.

Eines Tages rief sie schließlich an und las mir gründlich die Leviten: Ich würde sie nicht mehr unterstützen, ich sei abgestumpft, gefühllos, egoistisch und noch einiges mehr, das ich mir hier verkneifen werde. Sie hatte vielleicht sogar Recht, da ich ja kein Glied mehr in ihrer Leidenskette sein wollte. Ich musste sie im Stich lassen, sonst wäre ich mit ihr untergegangen; dagegen wehrte ich mich jedoch. Seitdem habe ich nie wieder etwas von ihr gehört, stelle sie mir aber weiterhin in den erfreulichsten Umständen vor, die ich mir ausmalen kann. Vielleicht eines Tages …

Sosehr wir es auch versuchen, erste Hilfe funktioniert so nicht. Wenn wir der Meinung sind, dass wir jemanden irgendwie aufbauen müssen (wie ich es bei meiner Freundin war), sehen wir nur das, was den Leuten angeblich »fehlt« und überfluten sie mit negativer Energie.

Wenn wir dagegen etwas finden können – *irgendetwas* –, was wir an ihnen schätzen, und mit unseren positiven Schwingungen den Samen für ein potentielles Wachstum einpflanzen können, bereiten wir den Weg für Veränderung.

Wenn Sie jemandem helfen wollen, aus seinem momentanen Leid herauszukommen, kann bereits ein einfaches »Es wird alles wieder gut« ihn beruhigen und für einen Moment ein wohliges Gefühl auslösen. Das tröstet ihn, und Sie können kurz Luft holen. Sie haben ihn so weit gebracht, dass er Pinsel und Farbe, die Sie ihm anbieten, annehmen kann oder auch nicht. Wenn er nicht will, dann soll es so sein. Wenn Sie sich jedoch ganz auf sein Leid einlassen, auch wenn es aus aufrichtigem Mitgefühl geschieht, vertiefen Sie den Schmerz nur noch durch die verstärkten negativen Schwingungen: seine *und* Ihre.

Jeder Mensch auf dieser Welt hat eine innere Führung, mit deren Hilfe er seinen Weg finden kann, wenn er es wirklich will. Manchmal müssen wir jemanden jedoch auch untergehen lassen, wenn er sich dafür entschieden hat, sonst werden wir mit in die Tiefe gerissen, weil wir auf der Schwingungsebene mit seiner Leidenskette verbunden sind.

Familie und Harmonie?

Wenn jemand aus Ihrer Familie Sie regelrecht verrückt macht und Sie sich darauf fixieren, wird nicht nur das immer schlimmer, sondern auch jeder andere Bereich Ihres Lebens davon beeinflusst. Ein geschlossenes Ventil wegen eines problematischen Kindes wirkt wie ein geschlossenes Ventil gegenüber dem Leben als Ganzes. Wie kann man also Menschen, die unter einem Dach wohnen, dazu bewegen, eine einigermaßen einheitliche Richtung einzuschlagen, wenn auch auf unterschiedlichen Wegen? Eine gute Freundin von mir tat Folgendes und hatte erstaunlichen Erfolg damit.

Wir wollen hier nicht ins Detail gehen. Jedenfalls fungierte der Sohn, damals ein Teenager, als Katalysator für die unliebsamen Gefühle aller Beteiligten. Die ganze Familie wurde durch seine Drogenexperimente auseinander gerissen.

Als Peg, seine Mutter und meine Freundin, sich immer tiefer mit dem Gesetz der Anziehung auseinander setzte, versuchte sie, die gesamte Familie dazu zu bewegen, ihren individuellen Absichten eine einheitlichere Richtung zu geben. Das fiel allen zuerst sehr schwer, weil jeder in der Familie sein Nicht-haben-Wollen ganz auf den Sohn konzentrierte, anstatt auf sein eigenes Ventil zu achten.

Trotzdem führten sie eine Art Familienrat ein, um sich gegenseitig ihre Wünsche mitzuteilen. Wie ja auch zu erwarten war, brachte jeder in den ersten Runden zuerst einmal seine lange Liste des Nicht-haben-Wollens vor, allen voran der Sohn. Aber nach einiger Zeit – einer recht langen Zeit – fingen dann alle an, ihre positiven Wünsche ganz offen und mit Begeisterung vorzutragen.

Der nächste Schritt bestand darin, die Frage nach dem Warum anzugehen. Erfolg auf der ganzen Linie! Kaum hatten sie damit angefangen, kamen schon die wahren Wünsche in allen Schattierungen zum Vorschein. Alle wollten sich besser fühlen, als es im Augenblick der Fall war; also erklärten sie dieses Bestreben zu ihrer gemeinsamen Absicht. Von da an geschah ein Wunder nach dem anderen.

Zum ersten Mal in ihrem Leben wollten wirklich alle zusammen sein und gemeinsam etwas unternehmen; sie wollten sich wie eine Familie fühlen. Und es funktionierte! Obwohl der Sohn es nicht gerade zum Klassenbesten brachte, änderte er sich doch so weit, dass er an der Schule bleiben konnte, und seine Eltern ließen ihn jetzt auch mehr oder weniger in Ruhe. Da sie fest entschlossen waren, ihr Ventil offen zu halten und ihren Sohn als einen zufriedenen, gut gelaunten jungen Mann zu sehen, vermischten sich ihre Schwingungen mit der unterschwelligen Absicht des Sohnes, so dass sich sein Drogenproblem allmählich von allein löste.

Peg und ihre Familie waren jedoch noch weit davon entfernt, jetzt alles im Griff zu haben. Sie fielen immer wieder auf ihre alte Einstellung herein, dass die Umstände erst absolut stimmen müssten, bevor sie wirklich glücklich sein könnten. Aber sie waren sehr engagiert und behielten ihren wöchentlichen Familienrat bei, um ihre Absichten und Wünsche vorzubringen. Wenn einer in der Familie in Schwierigkeiten geriet, konnten die anderen ihre eigene Verbindung zum Höheren Selbst aufrechterhalten. Damit war sowohl demjenigen als auch ihnen selbst geholfen, bis alle wieder mit ihrer inneren Quelle verbunden und ihre Ventile geöffnet waren.

Egal wie, ganz egal wie

Wie auch alles andere nimmt das Leben eine völlig neue Qualität an, wenn wir erst einmal aufgehört haben, uns in den Umständen zu verlieren und uns eher um unser Ventil kümmern. Wenn wir mehr Wertschätzung und Anerkennung ausstrahlten würden anstatt ständig zu kritisieren und zu beschuldigen, könnten wir zu einem regelrechten Katalysator für positive Erlebnisse für uns selbst und alle anderen werden.

Achten Sie besonders auf Aussagen, die Ihr Ventil verschließen können, wie: »Ich liebe dich, aber …« oder »Warum machst du nie …?«

Konzentrieren Sie sich lieber auf Sätze, die Ihr Ventil öffnen: »Ich weiß nicht, wie es für dich sein wird, aber ich weiß für mich, dass es wunderbar werden wird« oder »Ich mache mir keine Sorgen um dich oder um uns, weil ich weiß, dass alles gut werden wird.« Es gibt keinen besseren Ort, um an positiven Aspekten zu arbeiten, als die Familie!

Noch etwas spricht dafür, die Familie besonders zu respektieren; wenn Ihr Ventil erst einmal geöffnet ist, ist es für alles offen, nicht nur für Ihre Familie. Wenn Sie Ihren derzeitigen oder Ihren Ex-Partner achten, wird Ihnen plötzlich ein neuer Job angeboten! Oder Sie sind eine allein erziehende Mutter, die Ihre Kinder respektiert, und auf einmal taucht ein neuer Partner auf! Oder Sie schätzen Ihre Wohnung, und Ihre Problemkinder sind plötzlich wie umgewandelt!

Es geht immer um Energie, um Schwingungen, die durch Ihre Gefühle ausgelöst werden. Schreiben Sie also Ihr neues Drehbuch, und machen Sie sich keine Sorgen über das Wie und das Wann; denken Sie nicht mehr daran, dass es sich noch nicht manifestiert hat; konzentrieren Sie sich nicht andauernd auf das Ventil des Partners, sondern finden Sie Wege, Ihr eigenes zu öffnen. Noch bevor Sie es richtig merken, wird es Ihnen völlig egal sein, was irgendein anderer in Ihrer Umgebung oder sonst irgendwo auf der Welt macht, weil Sie nicht mehr einfach nur reagieren, sondern Ihr Leben ganz bewusst selbst erschaffen.

Also öffnen Sie Ihr Ventil, egal wie, *GANZ EGAL WIE!* Der Rest wird sich von selbst ergeben. Garantiert.

10

Der Körper lebt, der Körper stirbt

Ich hoffe, dass ich jetzt nicht den Eindruck hinterlassen habe, ich könnte übers Wasser laufen oder Goldmünzen aus dem Nichts hervorzaubern. Ich besitze auch noch kein halbes Dutzend Ferienvillen, in die ich mich in einem meiner vier Lamborghinis flüchten kann, wenn mir die ganzen Angestellten auf meinen Ländereien mit Blick auf die Karibik zu viel werden.

Hat sich mein Leben verändert, seitdem ich gelernt habe, meine Energie zu steuern? Um hundertachtzig Grad! Klar, ich habe immer noch ein große Palette von alten Glaubenssätzen auf Lager, die im Handumdrehen wieder einmal einen negativen Fokus, negative Gefühle, ein geschlossenes Ventil und schlechte Laune auslösen können – bis ich sie packe und umwandle. Manchmal läuft dieser Prozess blitzschnell ab, ein anderes Mal schleppt er sich so lange dahin, dass ich schließlich das Gefühl habe, es müssten erst noch mehrere Leben vergehen, bevor ich mich aus dem tiefen Loch wieder herausholen kann.

Es gibt jedoch etwas in meinem jetzigen Leben, das mir noch mehr Freude bereitet als die finanzielle Freiheit und all die anderen Errungenschaften, und das ist mein Körper.

Als ich in den Vierzigern war – mitten in den schlimmsten Jahren meines Opferdaseins –, hatte ich einen total kaputten Rücken. Manchmal kam ich eine Woche lang überhaupt nicht mehr aus dem Bett. Ein anderes Mal packte mich der Schmerz dann so heftig, dass ich nur noch schreien konnte – so laut, dass es sicherlich bis in die nächste Stadt zu hören war. Mit Hängen und Würgen hievte ich mich ins Auto und schaffte es gerade noch bis zum

Büro, konnte dort aber nur im Stehen oder Knien arbeiten, da das Sitzen ungeheuer schmerzhaft war.

Als ich diesen Zustand endlich durch ein striktes Übungspro-gramm unter Kontrolle gebracht hatte, begann eine weitere Odyssee zu einer ganzen Legion von Ärzten, um herauszufinden, warum mein Herz ständig Rumba tanzte, anstatt bei einem gleich-mäßigen Rhythmus zu bleiben. Ein holistischer Arzt gab dem Gan-zen schließlich einen Namen: »schwere Hypoglykämie« (zu wenig Blutzucker), »wahrscheinlich durch Stress hervorgerufen«. Eine leichte Untertreibung.

Ich fühlte mich weder emotional noch körperlich, weder geis-tig noch spirituell auf der Höhe. Damals hatte ich schon mehr als zwei Jahrzehnte bei den Anonymen Alkoholikern hinter mir, aber nichts funktionierte so richtig, außer dass ich trocken blieb. Ich hätte beim besten Willen keinen Zugang zu einer spirituellen Ebene finden können, selbst wenn es um mein Leben gegangen wäre – was zu diesem Zeitpunkt tatsächlich der Fall war. Meine Situation war ziemlich ausweglos.

Als Nächstes wollten sich meine Gelenke nicht mehr bewegen, ich litt an Übergewicht, Energiemangel, nachlassendem Sehver-mögen, schlechten Zähnen und Haarausfall; alles sichere Anzei-chen von – von was eigentlich? Von einem normalen Alterungs-prozess? Nein, das alles waren sichere Anzeichen für ein Leben, dass sich mehr mit geschlossenem als mit offenem Ventil ab-spielte, ein Leben, das nicht in Verbindung mit der Energie der höchsten Quelle stand, ein Leben, das weitaus mehr negative als positive Schwingungen ausstrahlte. Und genau darum geht es beim Altern.

Aber warum hatte ich mich dermaßen abgeschottet? Woher kam die ganze Negativität, die meinen Körper so übel zurichtete? Ich war doch kein Ungeheuer und auch keine alte Schreck-schraube, die nur Negativität versprühte. Eigentlich war ich als ganz normales Kind in ganz normal gestörten Familienverhältnis-sen der oberen Mittelklasse aufgewachsen. Ich hatte alles richtig gemacht, war auf die richtigen Schulen gegangen, hatte die richtige Kleidung getragen, die richtigen Jobs gehabt und an den richtigen Orten gelebt – alles mit einem makellos freundlichen Verhalten, mit dem richtigen Lächeln zum rechten Zeitpunkt. Dabei war jedoch die ganz »normale« Negativität, die bei allem mitschwang, zu meinem ständigen Begleiter geworden, und je älter ich wurde, desto mehr machte sie sich in mir breit.

Mal hatte ich Spaß, mal war ich glücklich. Nie im Leben hätte ich mich als negativ betrachtet, genauso wenig, wie es meine Freunde taten. Im Gegenteil, ich galt als die Verkörperung von Optimismus und Freude. Trotzdem machte ich mir immer Sorgen – über alles. Mit einem Lächeln und stets einem guten Spruch auf den Lippen, fixierte ich mich ständig auf den Mangel – sowohl bei mir selbst als auch bei anderen. All den Leuten, die ich kannte, ging es genauso.

Heute, zwanzig Jahre nach meinen Rückenproblemen, dem Drama mit dem niedrigen Blutzuckerspiegel und einigen Jahren der Auseinandersetzung mit dem Gesetz der Anziehung, fühle ich mich so wohl wie noch nie. Noch nie habe ich so gut ausgesehen, mich so gut bewegen können wie jetzt. Nicht einmal als Teenager hatte ich so viel Vitalität. Ich hätte schon in irgendein früheres Leben, das mir sicherlich nicht bewusst ist, zurückgehen müssen, um diese Begeisterung für das Leben wieder zu finden.

Heutzutage überfällt mich Angst nur noch selten, Sorgen oder Zweifel kenne ich kaum mehr. Das Geld fließt problemlos herein – jedenfalls meistens. (Dachten Sie, dass ich es schon längst zur Meisterschaft auf diesem Gebiet gebracht habe? Das kann ja nur ein Witz sein!) Ideen fliegen mir nur so zu. Die Arbeit geht mir mit Leichtigkeit und Freude von der Hand. Ich tue das, was ich will, wann ich will – zumindest meistens. Schübe negativer Gedanken halten nur kurz an oder eben so lange, wie ich sie haben will. Ich erlebe eine ganze Folge von wunderschönen Tagen. Und der Nebeneffekt von alledem? Tja, meine erstaunlich gute Gesundheit!

Unsere wichtigste Lebensader

Heutzutage weiß fast jeder, dass die körperliche Gesundheit eng mit dem seelisch-geistigen Wohlbefinden zusammenhängt. Sogar Ärzte stellen das inzwischen fest, kaum zu glauben! Wissenschaftler setzen Mäuse tierisch unter Druck und beobachten dann, wie Tumorzellen entstehen. Sie isolieren junge Schimpansen von ihren Müttern und beobachten, wie sie Diabetes entwickeln. Medizinern und Wissenschaftlern ist längst bekannt, dass es irgendeine Art Verbindung zwischen Körper und Geist gibt, sie wissen nur noch nicht genau, wie sie aussieht – jedenfalls bis heute. Werden sie nicht aus allen Wolken fallen, wenn sie entdecken, dass es dabei um nichts anderes als unsere eigene Energie geht?

(Ich kann mir die Karikatur schon genau vorstellen: Zwei Ärzte beugen sich am OP-Tisch über einen Patienten, den sie gerade aufgeschlitzt haben. Sagt der eine Arzt zum anderen: »Den Tumor habe ich gefunden und entfernt, aber wo ist dieses verflixte Ventil, das wir öffnen sollen?«)

Krankheit in jeglicher Form ist nichts anderes als negative Energie, die unseren Lebensfluss – diese höheren Frequenzen, die unserem natürlichen Zustand entsprechen – dermaßen beeinträchtigt, dass die einzelnen Körperzellen beschädigt werden.

Klar, wir sind immer zumindest durch eine Art Schnur mit der Lebenskraft verbunden, sonst wären wir gar nicht hier. Aber eine abgeklemmte Schnur (ein verschlossenes Ventil) und ein weit geöffnetes Ventil, das die Lebensenergie frei durch uns hindurchfließen lässt, sind zwei völlig verschiedene Dinge. Ersteres entzieht dem Körper seine natürliche Lebenskraft und Leben spendende Energie, Letzteres nährt den Körper. Daraus folgt, dass Krankheit erst gar nicht entstehen kann, wenn der Zustand höherer Schwingungen einigermaßen stabil beibehalten wird. Es ist einfach nicht möglich.

Der Körper ist nicht vom Universum abgetrennt; jeder unserer Gedanken lässt die entsprechenden Schwingungen sowohl durch den Körper als auch in alles andere fließen. Harmonieren diese Schwingungen mit der ursprünglichen Programmierung des Körpers auf Wohlbefinden (offenes Ventil), dann blühen auch die Körperzellen auf.

Wenn wir hingegen negative Energie aussenden, haben die Zellen nicht mehr genügend Kraft, um ihre Arbeit zu verrichten. Sie können dann nur noch auf die physische Nahrung zurückgreifen, die wir unserem Körper zuführen. Das reicht jedoch nicht aus, damit sie gut funktionieren können. Ohne die hohen Frequenzen der Lebensenergie, die die Zellen zum Überleben brauchen, werden sie allmählich schwächer und sterben vor ihrer Zeit ab, da sie sich nicht mehr normal reproduzieren und den Körper gesund erhalten können.

Krankheit entsteht nur aus einem Grund: wenn jemand mehr niedrig schwingende als hoch schwingende Energie ausstrahlt. Deshalb gibt es ja auch so viele Krankheiten. Ein rundum glücklicher Mensch, der sich immer wieder von den negativen Emotionen befreit, ist auch ein gesunder Mensch. Immer! Menschen, die krank sind, haben sich in irgendeiner Form von ihrer Lebensader abgeschnitten. Es mag von außen vielleicht nicht so erscheinen, aber irgendwie haben sie ihr Ventil verschlossen und sich von ihrer inneren Energiequelle abgetrennt – durch Sorgen, Vorwürfe, ein schlechtes Gewissen oder was auch immer.

Kranke Menschen sind, wie wir alle, einfach nicht richtig aufgeklärt. Sie können zutiefst religiös sein, ehrliche und rechtschaffene Bürger und zuverlässige Freunde, aber wenn sie ihrer höchsten Energiequelle nicht erlauben, durch ihr Leben zu fließen, sagen sie damit Nein zum Leben. Tatsächlich stellt jede Krankheit – ohne Ausnahme – eine Abwehr gegen diesen höheren Energiefluss dar und ist damit letzten Endes eine Folge der eigenen negativen Emotionen.

Wenn Sie krank sind

Wenn Sie derzeit an irgendeiner Krankheit leiden, würde ich Ihnen unbedingt raten, bei Ihrem Arzt und seinen Behandlungsmethoden zu bleiben, da Sie ja zweifellos daran glauben. Es bringt nichts, etwas zu überstürzen. Zuerst müssen Sie die neuen Glaubenssätze und veränderten Schwingungen wirklich integriert haben.

Seit Jahrhunderten haben wir uns an der Doktrin festgehalten, dass nur etwas von außen uns heilen kann. Solange wir diesen tief verwurzelten Glauben nicht ablegen, wird auch nur eine Aktivität, die dieser Überzeugung entspricht – z.B. weiterhin im Außen ärztlichen Rat zu suchen –, den Heilungsprozess in Gang setzen können. Die Heilung mag dann allerdings nicht umfassend oder anhaltend sein, denn solange Sie Ihre Gedanken und Ihren Energiefluss nicht verändern, wird Sie diese Krankheit oder eine andere wohl immer wieder heimsuchen. Also bleiben Sie auf jeden Fall bei Ihrem Arzt!

Wenn Sie krank sind, möchte ich Sie jedoch dazu auffordern, sich in tiefster Seele bewusst zu machen, dass jede Krankheit heilbar ist. Obwohl es möglicherweise nichts Schwierigeres gibt, als seelisch im Gleichgewicht zu bleiben, wenn man sich körperlich ganz mies fühlt, ist es dennoch machbar und auch schon vielen, vielen Menschen gelungen.

Auch Norman Cousins, ein Verleger, der an Krebs zu sterben drohte, schaffte es. Er erklärte: »Ich checke keineswegs aus«, und entschloss sich, seine Zeit mit Lachen zu verbringen. Instinktiv wusste er, dass er sich selbst heilen konnte, wenn es ihm gelingen würde, die Schwingungen seines Körpers umzuwandeln. Also schaute er sich von seinem Krankenbett aus nur lustige Filme an, las nur komische Bücher, ließ sich von Freunden Witze erzählen und heilte sich so schließlich vollständig vom Krebs. Dann schrieb er ein Buch darüber. Ich muss schon sagen: Er ist ein sehr engagierter Mensch – und auch ein guter Lehrmeister.

Norman Cousins Heilung ist ein wunderbares Beispiel für das, worum es hier geht: Es liegt nicht an unseren Genen, nicht an unserem Sexualverhalten, nicht an verdorbenen Nahrungsmitteln und auch nicht an der Ansteckungsgefahr, wenn wir krank werden. Einem Menschen, der ganz mit seiner Energie und seiner Lebenskraft verbunden ist und diese durch seinen Körper fließen lässt, können all diese Dinge nichts anhaben. Was den Körper krank macht, ist der Entzug von Lebensenergie, die nun einmal über Gesundheit und Wohlbefinden entscheidet.

Unsere erste Reaktion, wenn wir krank werden – besonders wenn es sich um eine ernsthafte Krankheit handelt –, besteht offensichtlich darin, in Hektik zu geraten, zum Arzt zu rennen und ständig nur noch an unseren Zustand zu denken. Wir haben Angst, also reagieren wir auch entsprechend. Gerade durch den ständigen negativen Fokus auf die Krankheit blockieren wir jedoch das wichtigste Mittel, das uns helfen könnte: die heilenden Kräfte der höheren Schwingungsebene.

Vom leichten Köcheln bis zum Überkochen

Krankheiten oder Unfälle künden sich nicht über Nacht an. Missgeschicke brauchen eine Weile, um »gar« zu werden, normalerweise einige Jahre. Dass Ihre Energie über Jahre hinweg mehr im Tief- als im Hochzustand war, ist in der Tat die Ursache dafür, was Sie derzeit erleben – ob es Ihnen gefällt oder nicht. Das hat aber nicht das Geringste damit zu tun, was alles sein könnte!

Haben Sie beispielsweise einen ernsthaften Autounfall gehabt, ist es sicherlich nicht aus heiterem Himmel dazu gekommen. Wenn Sie auf die letzten Jahre zurückblicken, werden Sie womöglich feststellen, dass Ihre Einstellungen und Gedankenmuster sich eher auf einer niedrigen Schwingungsebene eingependelt hatten: wütend auf die Familie, genervt durch die Umstände, süchtig nach Anerkennung, Angst vor dem Versagen, Vorwürfe, Geldsorgen, latente Schuldgefühle wegen irgendetwas. *Es muss so gewesen sein, denn sonst hätten Sie keinen Unfall gebaut.* Diese negative Energie baut sich über die Jahre immer weiter auf, bis Sie mit Ihrem selbst gemachten negativen Energiefeld schließlich jemand anderen anziehen, dessen Stimmgabel genau mit Ihrer Frequenz in Resonanz steht. Dann treffen Sie aufeinander – oftmals auch frontal.

Niedrige Schwingungen sind die Ursache, körperliche Schäden – ob Krankheit oder Unfall – die Wirkung, egal, ob sich diese negative Energie nur über Wochen oder über Jahrzehnte aufgebaut hat.

Die Intensität spielt ebenfalls eine wichtige Rolle. Auch eine leichte, sozusagen lauwarme Negativität über einige Jahre hinweg ist und bleibt trotzdem eine negative Schwingung, und Ihr Körper reagiert entsprechend darauf – zumeist mit einem leichten, lauwarmen Problem. Nach demselben Prinzip bewirkt intensive negative Energie über Jahre (oder Monate) hinweg eine ernsthafte Krankheit oder einen schweren Unfall.

Was auch immer das körperliche Problem sein mag, es kommt daher, dass die Schwingungen des Körpers missbraucht wurden. Etwas, was schneller wieder bereinigt werden kann, als es entstanden ist.

Den Erwachsenen auf die Schippe nehmen

Um eine Krankheit auflösen zu können, wenden wir wieder ein paar Tricks an, damit der Verstand höhere Schwingungen produziert; dadurch können sich die Körperzellen regenerieren. Das ist jedoch kein Allheilmittel – was es sowieso nicht gibt –, denn nur eine Veränderung der Energie auf allen Ebenen bringt die Transformation in Gang. Es geht um einen Anfang, aber um einen, der tatsächlich Wunder möglich macht.

Dieser Trick funktioniert ähnlich wie das Schreiben eines Drehbuchs, es gibt aber noch ein paar zusätzliche wichtige Kniffe, um ein ganzes Warenlager an alten, angestaubten Glaubensgewohnheiten auszuräumen. Wir spielen ein Kinderspiel, das »So tun als ob« heißt, und ich verspreche Ihnen, dass sich Ihr Ventil öffnen *wird*, wenn Sie sich richtig darauf einlassen und aus ganzem Herzen mitspielen. Zunächst also der erste Teil des Spiels:

So tun als ob – Teil 1: »Was wäre, wenn ...?«
Zaubern Sie zuerst ein Lächeln auf Ihre Lippen, dann fangen Sie an zu vibrieren durch das zarte innere Lächeln. Wenn Sie so weit sind, gehen Sie in der Zeit zurück zu dem kleinen Kind in Ihnen. Wir fragen dann nach dem »Was wäre, wenn ...?«
»Was würde ich tun, wenn ...?«
»Wo würde ich hingehen, wenn ...?«
»Wie würde ich spielen, wenn ...?«
Wenn was?!
... wenn ich eine Rossnatur hätte?
... wenn ich jung wäre und unverschämt gut aussehen würde?
... wenn ich das ausgelassene, lebenslustige Kind von damals wäre?
... wenn ich drei Wünsche frei hätte und alles haben und machen könnte, was ich wollte?
Steigern Sie sich richtig hinein, bis Gefühle der Freude und Begeisterung Sie durchfluten. (Wenn Sie sich lächerlich vorkommen, ist das ein eindeutiges Zeichen dafür, wie verklemmt Sie als Erwachsener sind, und entsprechend sehen auch Ihre Schwingungen aus – nämlich meistens negativ.)

So tun als ob – Teil 2: »Damals«
Denken Sie jetzt an irgendeine Zeit zurück, als Sie vollkommen glücklich und gesund waren, und spüren Sie die wunderbaren Gefühle, die damit verbunden waren.
Vielleicht erinnern Sie sich an ein Eishockeyspiel nach der Schule auf dem zugefrorenen Teich. Vielleicht sind Sie im Sommer an einem gemächlich fließenden Bach entlanggeschlendert und haben Brunnenkresse gepflückt. Oder Sie haben mit Ihrer

ersten großen Liebe eine wunderschöne Vollmondnacht im Heu verbracht. Was auch immer es war, gehen Sie im Geist dorthin zurück, und lassen Sie die Glücksgefühle von damals wieder in sich aufsteigen.

So tun als ob – Teil 3: »Verschmelzen«

Jetzt vermischen Sie beides. Springen Sie zwischen den beiden Gefühlen hin und her, und verschmelzen Sie allmählich das »Was wäre, wenn …?« mit dem »Damals« zu einem Gefühl. Lassen Sie die beiden Stimmungen zu einer Sinfonie aus freudigen Schwingungen zusammenfließen, bis die Glücksgefühle von »Damals« die Wunschvorstellungen von »Was wäre, wenn …?« überlagern. Sie verschmelzen zu einer Empfindung, zu einem Hochgefühl, zu einer glückseligen Erinnerung. Das Entscheidende ist, *dass sie jetzt zu einem Ganzen geworden sind!*

Wenn Sie darauf fixiert sind, Ihre Krankheit unbedingt loswerden zu wollen, können Sie nicht erwarten, dass sich gleichzeitig Ihr Ventil für ein Gefühl des Wohlbefindens öffnet. Genauso wenig, wie Sie sich wohl fühlen können, wenn Sie sich darauf konzentrieren, dass Sie zu wenig Geld haben. Es kann nur eins von beidem sein; entweder ist das Ventil offen oder geschlossen. Wenn Sie sich gut fühlen und die Lebenskraft durch sich hindurchströmen lassen, werden Sie gesund; wenn Sie furchtbare Angst haben, schneiden Sie sich vom Lebensfluss ab und verlängern damit die Krankheit. Krebs ist eigentlich gar nicht die Todesursache bei einem Menschen; es sind immer die Angst, die Wut, die Schuldzuweisungen oder all die anderen negativen Schwingungen, die uns von der Lebenskraft abschneiden.

Wenn Sie sich wirklich einlassen können auf das Spiel »Was wäre, wenn …?« und »Damals« und damit aufhören, so ein verknöcherter Erwachsener zu sein, *werden* Sie auch an die Gefühle herankommen, die körperliche Veränderungen bewirken können. Sobald Sie sich genauso gesund *füüüühlen*, wie Sie es damals waren oder jetzt sein wollen, *und das bis in die Tiefen Ihrer Seele nachempfinden können*, erschaffen Sie sich selbst neu. Diese neue

Schöpfung Ihres Selbst ist so sicher in das Energiefeld Ihrer positiven Gedanken eingebettet wie ein Baum, der geschützt mitten im Wald steht. Sie können den Baum im Schutz des Waldes vielleicht nicht sehen, aber er steht trotzdem dort. Sie wissen, dass er da ist; also ignorieren Sie ihn jetzt nicht.

Gehen Sie in Gedanken öfter an diesen Ort, um die neue Gestalt, die Sie erschaffen haben, zu betrachten. Nehmen Sie die Gefühle mit, die Sie im Spiel miteinander verschmolzen haben. Wenn Sie sich mit diesen Glücksgefühlen verbunden haben, schlüpfen Sie in die neue Gestalt. Entdecken Sie ihre Form und Größe, spüren Sie, wie sie sich anfühlt, wie sie funktioniert, ja sogar, wie sie riecht. Tun Sie immer wieder so als ob und *spüüüren* Sie alles.

Wenn Sie unter Schmerzen leiden, warten Sie, bis sie etwas nachgelassen haben, und begeben Sie sich dann in die Welt des »So tun als ob«. Gehen Sie so oft wie möglich dorthin. Stehen Sie sich dann aber nicht selbst im Weg, fixieren Sie sich also nicht darauf, dass noch nichts geschehen ist, und lassen Sie das Universum das Seine tun.

Sein Äußeres verändern

Bei einem meiner Vorträge wurde ich letztens gefragt (wie so oft), wie man sich in das Gefühl »dünn« hineinmanövrieren kann, wenn man doch offensichtlich sehr dick ist. Es ging also wieder um das »So tun als ob«, auch wenn man nicht »dünn« denken – geschweige denn werden – kann, wenn man sich doch dick fühlt.

Eine Frau aus der hintersten Reihe, die sich wie wild zu Wort meldete, erzählte ihre Geschichte mit einer solchen Begeisterung, als ob sie gerade im Lotto gewonnen hätte. Sie hatte tatsächlich etwas zu sagen und traf damit den Nagel auf den Kopf.

Sie wollte etliche Kilo loswerden und probierte alle möglichen Diäten aus, nahm ab, nahm wieder zu, nahm ab, nahm wieder zu –

wir alle kennen das ja. Schließlich fing sie mit Visualisierungen an, im Grunde eine gute Idee, die ihr aber auch nicht weiterhalf, bis sie versuchte, die Visualisierungen mit Gefühlen aufzupeppen. Das brachte den Stein ins Rollen.

Zunächst hatte sie die Idee, in ein Fitness-Studio zu gehen. Ein guter Anfang, aber sie musste feststellen, dass sie sich nicht einmal vormachen konnte, dort vielleicht hingehen zu wollen, solange sie sich so dick fühlte! Noch wichtiger war jedoch die Erkenntnis, dass die Fixierung auf ihr Gewicht jede Diät bis auf den Verlust der ersten paar Pfunde null und nichtig machte.

Sie fing also mit dem Visualisieren und den »So-tun-als-ob«-Spielen an, bei denen sie sich anfangs regelrecht dazu zwingen musste, ihr Wunschgewicht wirklich zu *spüüüüren*. Es funktionierte. Solange sie sich vormachte, dünn zu sein, sich dünn fühlte und nicht auf das Dicksein fixierte, konnte sie ihre nicht allzu strenge Diät relativ leicht durchhalten und musste sich auch nicht mehr mit Gewalt dazu zwingen, ins Fitness-Studio zu gehen. Ich weiß ja nicht, wie viele Kilo sie vorher drauf hatte, aber jetzt hatte diese Frau eine fantastische Figur und passte perfekt in Größe achtunddreißig.

Es geht nicht nur um ein simples »Dünn-Sein- oder Sich-wohlfühlen-Wollen«. Es reicht nicht, einfach nur zu wollen und dann zu erwarten, dass es auch passiert. Sie müssen sich ständig erneut darauf konzentrieren und ganz in dieses Gefühl hineingehen – wieder und immer wieder. Ihr Körper wird immer auf das Bild reagieren, das Sie ihm vorsetzen – vorausgesetzt, es ist mit dem entsprechenden Gefühl aufgeladen: dick oder dünn, krank oder gesund.

Das Geheimnis, mit dem Sie alle körperlichen Aspekte umwandeln können, liegt darin, sich nicht mehr darauf zu fixieren, was Sie nicht wollen. Stattdessen sollten Sie alles tun, um die Empfindungen hervorzurufen, die Ihrem Wunsch entsprechen, und sich bewusst machen, dass die Gesetze des Universums am Werk sind, um Ihre gefühlsintensive Vision Wirklichkeit werden zu lassen – solange Sie ihr nicht selbst den Boden entziehen.

»Ist etwas nicht in Ordnung?« – ein schlechter Ansatz

Es macht keinen Sinn, nicht mehr zum Arzt zu gehen, wenn Sie davon überzeugt sind, dass ein Arzt Sie heilen kann. Auch wenn sich meine Gesundheit und meine Figur in eine sehr positive Richtung entwickelt haben, weiß ich dennoch, was mein Verstand akzeptiert und was nicht. Deshalb suche ich gelegentlich durchaus noch einen Arzt oder Zahnarzt auf.

Wenn Sie es sich mal genau überlegen: Wozu sind Ärzte da? Um Sie zu heilen? Klar, das ist das Ziel, sobald sie herausgefunden haben, was bei Ihnen *nicht in Ordnung* ist.

Herauszufinden, »was nicht in Ordnung ist«, ist ihr Geschäft, ihre Existenzberechtigung. In der Tat will ein Arzt helfen, aber wenn er nichts bei Ihnen findet, wie kann er Ihnen dann helfen? Da er nach dem sucht, was »nicht in Ordnung« ist – und Sie auch erwarten, dass er etwas findet –, wird er (und Sie) genau das anziehen: Etwas, was nicht in Ordnung ist.

Ist Ihnen eigentlich schon einmal aufgefallen, dass man bei Arztbesuchen leicht das Gefühl bekommen kann, entweder kurz vor dem Ausbruch einer Krankheit oder bereits mit einem Bein im Grab zu stehen? Ich will die Ärzteschaft keineswegs kritisieren; ich schätze sie und bin froh, dass sie jetzt beginnt, ein umfassenderes Verständnis für den Prozess der Genesung zu entwickeln. Wir brauchen die Einstellung eines Arztes aber nicht zu übernehmen, wenn sie dazu führen kann, noch mehr von dem anzuziehen, was wir gern loswerden wollen. Und wir brauchen auch sicher nicht in Angst zu geraten und unser Ventil zuzumachen, wenn wir einen aufsuchen.

Wenn Ihnen mitgeteilt wird, dass Sie sich in der »Vorstufe« zu irgendeiner Krankheit befinden, und Sie zu Tode erschrecken, beruhigen Sie sich wieder und schauen Sie sich erst einmal an, was Sie mit dieser Reaktion anrichten können. Durch Ihre Angst hat sich Ihr Ventil geschlossen, Sie ziehen Negatives an und steuern direkt auf die unvermeidbare Erfüllung der ärztlichen Diagnose zu. Jeder Arzt auf dieser Welt weiß, dass sich eine Krankheit verschlimmert, sobald dem Patienten die Diagnose mitgeteilt wurde. Machen Sie sich das einmal klar!

Gehen Sie auf jeden Fall zum Arzt, aber machen Sie sich Ihre Reaktionen bewusst – Ihre Ängste, Ihre Überzeugungen, Ihre Ablehnung. Achten Sie also auf Ihr Ventil. Ignorieren Sie die Statistik der sogenannten unheilbaren Krankheiten, die einem nur Angst einjagt. Dadurch wird der Arzt für Sie ein Mittel zum Zweck, das Ihnen weiterhilft, und nicht die Ursache für noch mehr Angst.

Der Tod – ein Witz

Wir haben viel über die reine positive Energie gesprochen, die Welten erschafft, jene Energie, mit der wir immer verbunden sind, der wir uns jedoch selten wirklich öffnen. Wenn unser Körper aber sozusagen eine Ausdehnung dieser ursprünglichen Lebenskraft ist, wie kommt es dann, dass wir sterben?

Nehmen wir einmal an, Sie sind Schauspieler, also verkleiden Sie sich und schlüpfen auf der Bühne mit Freude in eine andere Rolle. Wenn das Stück vorbei ist, ziehen Sie Ihr Kostüm aus, legen die Rolle ab und sind wieder Sie selbst.

So ist es auch mit Ihrem Höheren Selbst. Es ist auf die Welt gekommen und spielt hier in einem (Ihrem) Körper seine Rolle – aus reiner Freude am Lernen und all den neuen Erfahrungen. Wenn es genug davon hat, wird es wieder etwas anderes machen, aber es verlischt nicht einfach wie eine Kerze. Das kann es auch gar nicht, da es aus reiner Energie besteht, und Energie kann man nicht auslöschen.

Aber obwohl Energie unzerstörbar ist, können negative Schwingungen Körperzellen sehr wohl zugrunde richten – eine Methode, die wir anscheinend mit erschreckender Beständigkeit einsetzen. Fokussieren Sie sich verängstigt auf einen körperlichen Zustand, den Sie nicht haben wollen, wird die Verbindung zur höchsten Energie, die wir in Wahrheit sind, so drastisch reduziert, dass die Körperzellen aus Mangel an Lebenskraft zu verkümmern beginnen. Der Körper kämpft dann ums nackte Überleben und stirbt letztendlich, weil seine Zellen kläglich ersticken. Aber es ist *nur* der Körper, der stirbt, nicht die Lebenskraft, die Sie ursprünglich sind.

Wenn sie zu ersticken drohen, werden die armen Zellen, die ja auf die Lebenskraft angewiesen sind, dazu gezwungen, anders auf die negativen Schwingungen im Körper zu reagieren. Da ihr eigenes Wohlergehen durch den Mangel an dieser entscheidenden Energie gefährdet wird, bleibt ihnen nichts anderes übrig, als dem »Un-wohlsein« (engl. »dis-ease«, bedeutet auch Krankheit, Anm. d. Übers.) oder eben einer Krankheit Raum zu geben. Wenn die Behinderung der Lebenskraft weiter anhält, können die Zellen sich nicht mehr reproduzieren. An diesem Punkt können sie auf der körperlichen Ebene nicht mehr existieren und gehen einfach wieder ein in die reine positive Energie des Wohlbefindens, aus der sie ursprünglich gekommen sind. Und so ergeht es auch Ihnen.

Wir nennen es Tod, aber das Einzige, was aufhört zu existieren, ist Ihre physische Form – und nicht Ihr Selbst.

Wissenschaftler sind bereits jetzt davon überzeugt, dass der Körper viel länger leben könnte, als es zur Zeit der Fall ist, vielleicht sogar Jahrhunderte. Dieses unglaubliche Instrument, das wir einfach als gegeben hinnehmen, kann allerdings ohne Treibstoff nicht funktionieren; wenn wir die Begeisterung für das Leben verlieren und die Energie nicht mehr in uns pulsiert, wird es zu dem kommen, was wir Tod nennen. Das betrifft aber nur den Körper, nicht das Selbst.

Es ist gar nicht der schädliche Rauch der Zigaretten, der einen umbringt; es ist die Tatsache, dass die Lebensenergie nicht mehr ungehindert durch die Lebensader fließen kann. Es ist nicht der Herzinfarkt, der einen umbringt; es ist die Unterdrückung der Lebensenergie, die überhaupt erst dazu geführt hat. Wenn wir die Lebensenergie gleichmäßig und ungehindert durch uns hindurchfließen lassen, kann uns im Grund nichts etwas anhaben.

Es ist doch interessant, dass die größte Angst, die wir durch unsere Schwingungen ständig ausstrahlen, dann wieder zu verdrängen versuchen und damit noch verstärken, die Angst vor dem Tod ist. Die Angst vor dem Tod ist eine antrainierte Reaktion, die wir bedauerlicherweise schon vor ewigen Zeiten von einer Gruppe von machtbesessenen Fanatikern – ob religiös oder was auch immer – übernommen haben, die das Spiel »Kontrolle der Massen« spielten. Und das gelang ihnen hervorragend. Man braucht nur einem Haufen von Leuten Angst vor dem Tod einzujagen, und schon hat man sie genau da, wo man sie haben will – unter seiner Fuchtel.

So kamen die albernen Gerüchte über den Teufel, das Böse, die Hölle und irgendeinen allmächtigen Richter im Himmel überhaupt auf: Indem Angst als Mittel zur Kontrolle eingesetzt wurde. Da Energie aber nun einmal nicht sterben kann und wir alle mit Sicherheit im Wesentlichen aus Energie bestehen, ist die Angst vor dem Tod nichts anderes als eine enorme Zeitverschwendung, die nur noch mehr negative Energie hervorruft. Leider wurde uns die Todesangst so geschickt eingeflößt, dass wir darüber völlig vergessen haben, wie man eigentlich lebt.

Wenn Sie sich also eines Tages doch entschließen, Ihr Kostüm abzulegen, passiert nichts anderes, als dass Sie sich von der physischen Existenz zurückziehen, sich vom Körper trennen. Das »Selbst«, das Sie sind, hört nie auf zu existieren. Dieser Teil von Ihnen ist auf alle Ewigkeit mit dem unendlichen Bewusstsein verbunden.

Was wir fälschlicherweise Tod nennen, ist nur eine Verlagerung des Fokus, ein Übergang von einer Frequenz zur nächsten. Werden Sie jemals wieder der Mensch sein, der Sie jetzt sind? Nein. Aber würden Sie das überhaupt wollen? Dennoch hören Sie nicht auf zu existieren. Das geht gar nicht! Sie sind die unendliche Lebensenergie, die hier auf diesem besonderen Spielplatz Erde herumtollt. Sie sind die reine positive Energie des Wohlbefindens – und *Energie kann man nicht umbringen!*

Diese Angst aufzulösen ist keine unbedeutende Aufgabe – ganz im Gegenteil. Denn selbst wenn wir alles andere, was wir nicht haben wollen, in Wünsche umwandeln können, aber dieser eine angsteinflößende Dorn, genannt Tod, nach wie vor in unserem Fleisch steckt, senden wir noch immer Schwingungen der Angst aus. Diese Angst wird dann alles andere unterwandern und den Weg zu Gesundheit und Glück mehr als beschwerlich für uns machen.

Es ist der einfachere Weg, sich von der Angst vor diesem schrecklichen, von Menschen geschaffenen Mythos zu befreien und sich ganz auf die höhere Schwingungsebene jenes größeren Teils von uns zu konzentrieren, die Essenz von Allem-was-Ist. Dann könnten wir so viel Himmel hier auf unsere kleine Erde herunterholen, wie wir nur verkraften können – so, wie es ursprünglich auch gedacht war.

Alles ist eine Koproduktion

Vor vielen Jahren kam die Mutter meiner besten Freundin bei einem ebenso absurden wie tragischen Autounfall ums Leben. Als sie und ihr Mann auf eine Unterführung der Autobahn zufuhren, warf irgendein psychisch gestörter Jugendlicher einen Steinbrocken von der Fußgängerbrücke herunter. Er fiel durch die Windschutzscheibe direkt auf den Beifahrersitz ihres Wagens, und Frau T. wurde tödlich getroffen.

Klingt wie einer von diesen furchtbaren Zufällen, oder? Leider Pech gehabt? Nein, nichts dergleichen. Es war sozusagen eine Koproduktion in Sachen negative Energie.

Wenn Frau T. oder ihr Mann stärker mit der eigenen inneren Führung verbunden gewesen wären, hätten sie eine andere Straße genommen, wären später losgefahren oder hätten die Fahrt ganz verschoben.

Aber noch viel entscheidender ist die Tatsache, dass dieses Ereignis nicht aus dem Moment heraus entstanden war. Wie jeder Unfall, jede Krankheit oder jedes Unglück hatte es sich auf der Schwingungsebene bereits über längere Zeit hinweg zusammengebraut. Frau T. hatte viele Jahre mit geschlossenem Ventil gelebt, immer ein süßes Lächeln und ein paar nette Worte auf den Lippen, im Inneren jedoch voller Groll gegenüber dem Leben. Sie war ein Musterbeispiel für die typische Opferrolle und hatte sich über lange Zeit hinweg dem Fluss des Lebens und des Wohlbefindens widersetzt. Genauso erging es auch dem jungen Täter.

An diesem Punkt kommen wir zurück zu dem Sketch »Wer ist auf dem ersten Mal?«. Wessen Schwingungen waren denn nun für das Unglück verantwortlich? Die von Frau T., die ihren Pessimismus so viele Jahre lang verdrängt hatte? Oder die des Jugendlichen?

Wie immer bei solchen sogenannten Unfällen, waren es letztlich die Schwingungen von Frau T., die ihren Tod herbeiführten, auch wenn es sich um eine Koproduktion auf der energetischen Ebene handelte. Sie vibrierte auf einer bestimmten Frequenz und zog damit alles an, was die gleiche Wellenlänge hatte. So kam es schließlich leider zu diesem tödlichen Unfall. Im Grunde geht es einfach um Physik: Man bringt eine bestimmte Stimmgabel zum Schwingen, und alle anderen mit derselben Frequenz reagieren darauf.

Gehen wir von einer Skala von eins bis zehn aus – wobei die Zahl Zehn ein weit geöffnetes Ventil darstellt –, dann lagen die emotionalen Schwingungen von Frau T. durch ihre ständige Sorge bei einer destruktiven Vier. Auf der anderen Seite steckte der junge Täter zwar erst seit ein paar Jahren voller Minderwertigkeitsgefühle gegenüber seinen gleichaltrigen Freunden und voller heftiger Wut auf das Leben. Seine Gefühle waren jedoch so stark – und daher auch seine magnetische Anziehungskraft –, dass er ebenfalls bereits die destruktive Vier auf der Skala erreicht hatte.

Ihre Wege waren vorgezeichnet. Früher oder später musste er einer anderen Vier mit den gleichen Schwingungen der Minderwertigkeit begegnen. Und was Frau T. angeht: Wenn sie der Felsbrocken nicht getroffen hätte, wäre etwas genauso Verheerendes von einer anderen Vier auf sie zugekommen.

Wie ein Taucher, dessen Sauerstoffversorgung unterbrochen wurde, schlug dieser verzweifelte Junge wild um sich vor lauter Schmerz und Zorn darüber, dass er nicht mehr mit seiner höchsten Energiequelle verbunden war. Ähnlich erging es Frau T. auf ihre Art; beide wurden durch ihr jeweiliges persönliches Leid voneinander angezogen – ein perfektes Beispiel für eine Koproduktion auf dieser Ebene. Sie hatte ihr Schicksal angezogen und er seines.

Es braucht nur jemand oder etwas Ihrer Frequenz zu entsprechen, und schon setzt die Anziehung ein. Wer oder was (Ereignis, Mensch, Umstand) wird zuerst bei Ihnen ankommen? Das mit der stärksten Intensität. Und so wird es endlos weitergehen – immer wieder anziehen und aufeinander treffen –, bis Sie die Nase schließlich so voll haben von diesem Trauerspiel, dass Sie vielleicht wie Frau T. endgültig aussteigen. Oder Sie verändern Ihre Schwingungen.

Wenn zwei oder mehr Personen in einen Unfall verwickelt sind, haben sie immer gemeinsame Sache gemacht in puncto negativer Anziehung. Wenn in einen Unfall auch Kinder hineingezogen werden, die noch zu jung sind, um schon eigene negative Gefühle entwickelt zu haben, dann haben sie die Schwingungen ihrer Umgebung aufgenommen. Wenn es um einen Flugzeugabsturz geht, haben alle Passagiere, egal wie alt, durch ihre negativen Schwingungen zu diesem Geschehen beigetragen.

Ob Katastrophen, Überschwemmungen, Missgeschicke oder Krankheiten: Das Gebräu aus negativen Emotionen, das mit der Zeit zu diesen schlimmen Ereignissen geführt hat, ist durch die Vermischung negativer Energiefelder entstanden, die mit ihrer starken elektromagnetischen Anziehungskraft bestimmte Abläufe in Gang setzen: Dann bildet sich z. B. Eis an den Tragflächen eines Fliegers und zwingt ihn herunter, ein Bus stürzt eine Klippe hinab, weil die Bremsen plötzlich versagen, oder eine Feuersbrunst macht Menschen obdachlos, die bislang ein scheinbar völlig friedliches Leben geführt haben.

Wenn wir uns von der Verbindung zu unserer Lebenskraft abgeschnitten haben, wird uns früher oder später irgendetwas umhauen, sei es ein Auto, eine Flutwelle, ein Zug oder ein Tornado. (Haben Sie sich noch nie gewundert, wieso ein Tornado ein Haus völlig verwüstet, das andere direkt daneben aber unversehrt bleibt? Jetzt wissen Sie, warum!)

Wenn es nur eine kleine Beule an Ihrem Auto ist, war Ihr Ventil noch halbwegs geöffnet. Wenn es Sie und Ihr Auto bei einem Unfall richtig erwischt hat, war Ihr Ventil allerdings schon ziemlich zugedreht. Wenn Sie sich nur ein Bein auf der Skipiste gebrochen haben, war Ihr Ventil wenigstens halbwegs geöffnet. Wenn Ihr ganzer Körper in Mitleidenschaft gezogen wurde, war Ihr Ventil ganz schön zu.

Ich könnte hier weitermachen, aber mein Ventil verschließt sich zunehmend, wenn ich mich noch länger auf dieses Thema einlasse. Ich will nur darauf hinweisen, dass nichts – aber auch *gar nichts* – uns zufällig passiert. Weder ein Lottogewinn noch ein neuer Liebhaber noch irgendeine Krankheit noch eine sogenannte Laune der Natur noch ein Unfall. Alle diese Dinge sind durch Gefühle und Schwingungen elektromagnetisch angezogen worden. Nichts auf dieser Welt ist uns oder wird uns jemals widerfahren, was wir nicht durch unsere Schwingungen selbst eingeladen haben.

Jetzt geraten Sie nicht gleich in Panik, wenn Sie Ihr Leben lang nur ein erschöpftes Nervenbündel waren. Dadurch ziehen Sie nicht automatisch Krebs an. Es geht zwar in diese Richtung, aber keineswegs automatisch! Sie brauchen sich nur der Freude zu öffnen, Ihr Ventil mit der entsprechenden Schwingung aufzudrehen, und die Jahre des Trübsinns sind wie ausgelöscht. Sie bauen möglicherweise noch einen kleinen Unfall mit Blechschaden, aber das war's dann auch. Keine große Sache. Oder Sie bekommen eine leichte Erkältung. Keine große Sache. Das sind nur kleine Erinnerungen daran, dass Sie den Schwingungen des Wohlbefindens noch etwas Widerstand entgegensetzen.

Wer sind also die Hauptakteure in diesem Spiel der Anziehung? Wir selbst – immer! Es sind unsere Gefühle, unsere Ventile, unsere Widerstände. Es wird nicht mit uns gemacht. Wenn wir Negatives anziehen, dann deshalb, weil wir negative Schwingungen aussenden und etwas oder jemanden in unsere Sphäre ziehen – in dem immer während Tanz der Koproduktion im Bereich der Energie.

Der Schalter fürs Wohlfühlen

Fazit von alledem ist, dass wir überhaupt keinen Grund dazu haben, krank zu werden, Unfälle zu bauen, alt zu werden oder sogar zu sterben. Da wir aber gewohnheitsmäßig den Schalter fürs Wohlfühlen auf »Aus« stellen und die Körperzellen mit negativen Emotionen von ihrer Lebensquelle abschotten, muss ja irgendetwas schief gehen.

Es wäre mal interessant zu beobachten, wie Sie sich eigentlich ausdrücken. Wenn Sie sagen: »Ich *will* gesund sein«, Ihre dominante Schwingung jedoch: »Hilfe, ich *will nicht* krank werden« ausstrahlt, was werden Sie dann wohl anziehen?

Wenn Sie krank sind und sich sagen: »Bei Gott, ich werde dieses Ding besiegen, ich werde diesen Kampf gewinnen«, wo liegt Ihr Fokus bei dieser defensiven Haltung?

Es spielt keine Rolle, wie viele Menschen Sie lieben, wie viel Geld Sie den Armen geben, wie gut Sie Ihre Firma führen, was für ein angenehmer und freundlicher Mensch Sie sind; solange Sie irgendeine negative Schwingung ausstrahlen, auch verbal, werden Sie nur irgendwelche enttäuschenden Ereignisse anziehen.

Zugegeben, wir sind von allen Seiten von den Schwingungen des Massenbewusstseins umgeben, einem permanenten Ausstoß intensiver negativer Energie, von der wir uns beeinflussen und hin- und herwerfen lassen wie ein Boot ohne Ruder im Sturm. Dadurch wird unser Weg oft recht beschwerlich. Das muss aber nicht so sein. Sie brauchen niemals Opfer des Massenbewusstseins oder der negativen Energie irgendeines Menschen zu werden; egal, ob es um Ihren Arzt, Ihre Familie, Ihre Freunde, Ihren Geliebten oder um eine Gruppe in Ihrem Umfeld geht.

Bekräftigen Sie einfach täglich Ihre Wünsche, schreiben Sie neue Drehbücher (und sprechen Sie den Text auch laut aus) über Ihren Körper, Ihre Gesundheit, Ihr Aussehen, Ihr Leben. Und tun Sie so als ob. Spüren Sie genau in das hinein, was Sie sich vormachen, und lassen Sie Ihre eigene Energie ganz intensiv fließen; strahlen Sie Schwingungen der Freude aus, die alle anderen Schwingungen, die Sie oder jemand anders vorher ausgesendet hat, aufheben. Dann fühlt sich nicht nur Ihr Körper wohl, auch die Unfälle hören auf.

Ist das so einfach? Nein, es ist überhaupt nicht leicht, seinen Fokus von einer ernsthaften Krankheit, einem furchtbaren Schmerz oder ungewolltem Übergewicht zu nehmen. Aber Sie können sich gut zureden, Schritt für Schritt. Sie können Ihr Ventil langsam öffnen und Ihren Körper allmählich umstimmen.

Sie sind viel mehr als nur Ihr Körper, also zweifeln Sie nie daran, dass Sie es schaffen. Lachen Sie mehr, und nehmen Sie alles ein bisschen leichter. Sie brauchen nur eins zu tun, damit Sie mit Ihrem Körper zufrieden sein können: Finden Sie Möglichkeiten, um glücklich zu sein. Erst Schritt für Schritt, bis alles andere auf der Welt unwichtig geworden ist – Ihr Körper, Ihre Familie, Ihre alten Zweifel; Sie konzentrieren sich ganz aufs Glücklich-Sein. Letztendlich ist es genau das, worum es bei Gesundheit und Wohlfühlen wirklich geht.

11

Ihre Hülle des Wohlbefindens

Der Staat Washington hat einen reichen Bestand an Bäumen, um es einmal milde auszudrücken. Es gibt hier sicherlich mehr Nadelbäume als Insekten. Obwohl ich Laubbäume, die in jeder Jahreszeit anders aussehen, eigentlich lieber mag als Nadelbäume, sind mir die wunderbaren Wesen, die meine zwei Hektar Land dort zierten, doch sehr ans Herz gewachsen.

Wenn Besucher kamen, stellten sie als Erstes immer fest, wie wunderschön dieses Fleckchen Erde sei und wie außergewöhnlich die Bäume aussähen. Auf meinem Grundstück standen richtige Riesen, die einzigen weit und breit; aus dem gleichen Stamm wuchsen oft faszinierend unterschiedliche Arten. Auch die wenigen Laubbäume, die den Platz bereicherten, hatten beachtliche Ausmaße.

Meine ganz besonderen Freunde waren jedoch eine Reihe von jungen Bäumchen direkt vor meinem Zaun, recht nah an der Straße. An allen Landstraßen in Washington stehen viele Grüppchen von jungen Bäumen, die ihr Bestes tun, um zu wachsen und zu gedeihen. Vor meinem Grundstück stand also eine ganze Reihe von ihnen. Sie wuchsen sehr schnell, und nach etwa drei Jahren waren sie bereits so in die Höhe geschossen, dass sie einen guten Schutzwall gegen den Verkehrslärm bildeten.

Ich liebte sie. Ich wusste auch nicht recht warum. Vielleicht war es ihr Mumm, ihre feste Entschlossenheit, fast seitwärts aus der aufgewühlten Erde herauszuwachsen und auch bei schlechtesten Bodenverhältnissen zu überleben. Keine Ahnung warum, aber ich liebte sie über alles.

Obwohl ich in den ersten Jahren in Washington bereits so etwas wie einen spirituellen Weg eingeschlagen hatte, war ich noch weit davon entfernt, mein Ventil wirklich zu öffnen. Meistens machte ich das Wetter für meine Launen verantwortlich. Ich machte mir Sorgen über die etwas abgeschiedene Lage meines Grundstücks. Ich vermisste meine Freunde aus Kalifornien. Und obwohl ich es sehr genoss, mein erstes Buch zu schreiben, fixierte ich mich doch sehr auf meinen Geldmangel und strahlte entschieden mehr negative als positive Schwingungen aus, eine regelrechte Einladung für irgendeine Art von Katastrophe.

Eines Tages im Sommer – den Tag werde ich nie vergessen – hörte ich dann draußen die Geräusche einer schweren Maschine. Ich schaute aus dem Fenster und sah ein riesiges Fahrzeug der Stadt, das alles Unkraut – und meine kleinen Bäumchen am Straßenrand gleich mit – einfach absäbelte. Ich rannte schreiend zur Straße, aber es war zu spät. Das letzte der schönen Bäumchen, die ich von klein auf bis zu einer Höhe von etwa 1,80 Meter hatte heranwachsen sehen, war der Maschine gerade zum Opfer gefallen. Ich kann mich nicht erinnern, jemals so aus tiefstem Schmerz heraus geheult habe. Sie hatten mir gerade meine heiß geliebte Familie weggenommen, und ich war am Boden zerstört.

Während der nächsten paar Sommer begannen sie wieder nachzuwachsen. Sosehr ich mich auch darum bemühte, sie nicht in mein Herz zu schließen, es gelang mir nicht. Ich war so stolz auf ihren Mut und die Beharrlichkeit, mit der sie einfach wieder zu wachsen begannen. Sie hatten noch nicht die Höhe erreicht, bei der die Stadt wieder eingreifen würde, also dachte ich, dass wir noch für ein paar Jahre in Sicherheit wären.

Als die Bäume langsam wieder die Ein-Meter-Marke überschritten, wusste ich, dass der gefährliche Zeitpunkt näher rückte. Dieses Mal war ich aber mit dem Gesetz der Anziehung schon recht vertraut und sorgte nach besten Kräften für ein offenes Ventil. Ich empfand nur noch wenig Angst in meinem Leben, war nicht mehr dem Sicherheitsdenken verhaftet und hatte das nasskalte Wetter in dieser Gegend inzwischen zu lieben und zu schätzen gelernt. Meine Schwingungen waren durchaus positiv. Ich war zufrieden, mein Ventil eher offen als geschlossen und ich wusste –

ich wusste es einfach –, dass meine zähen kleinen Freunde in Sicherheit waren, solange ich dort lebte.

Im Sommer kam wieder der Tag, an dem ich das schwere Fahrzeug anrollen hörte, und ich ging nach draußen. Ganz ohne Panik lief ich einfach nur zur Straße. Das Fahrzeug hatte gerade eine lange Reihe von Bäumchen an der Straße meines Nachbars abgeschnitten. Dann fuhr es auf meine Reihe zu, ließ sie jedoch links liegen und fing erst beim nächsten Grundstück wieder an, die Bäumchen niederzumachen. Ich winkte dem Fahrer zu, damit er anhielt, und fragte ihn, warum er meine Bäume ausgelassen hatte. »Och, weiß nicht, Madam, sie sahen da so hübsch aus. Ich dachte, Sie würden sie vielleicht gern behalten. Soll ich sie noch abschneiden?«

Sicher, geborgen und glücklich

Unser Höheres Selbst schwingt auf einer Frequenz, die wir – wenn wir sie spüren könnten – als reine, unverfälschte Ekstase bezeichnen würden (muss das schön sein!). Es leuchtet ein, dass der umfassendere Teil unseres Wesens auf einer bestimmten Frequenz oder Höhe schwingt, die uns derzeit noch nicht sehr vertraut ist; wir würden sie wohl als *wiiiirklich* glücklich bezeichnen. Da Glückseligkeit und Wohlbefinden dasselbe ausdrücken, bedeutet das auch, dass es einen Teil in uns gibt – und das ist der größere Teil –, der nichts als bedingungsloses, zeitloses Wohlbefinden kennt. Denn wenn wir das eine (hoch schwingende Glückseligkeit) empfinden, müssen wir nach den Gesetzen der Physik auch das andere (Wohlbefinden) verspüren.

Jetzt kommt's: Wenn wir positive Schwingungen aussenden und uns wohl fühlen, vibrieren oder etwas wertschätzen; wenn wir mit unserer Quelle verbunden sind und uns nur auf unsere Wünsche konzentrieren und nicht auf das frustrierende Nicht-haben-Wollen; wenn wir in einem Seinszustand sind, der irgendwo zwischen Zufriedenheit und Euphorie liegt; wenn unser Ventil offen ist und wir der Urenergie erlauben, uns zu durchfluten, *dann gibt es nichts, aber auch gar nichts auf dieser Welt, was uns Schaden zufügen kann.* Überhaupt nichts! Weder im Geschäft noch zu Hause noch auf der Autobahn noch im Körper und auch nicht, wenn es um die heiß geliebten Bäume auf unseren Grundstücken geht. Es kann absolut nichts Schlimmes geschehen, denn wenn wir in dieser Energie sind, leben und strahlen wir die Energie unseres allmächtigen Selbst aus, das nur das reine, unverfälschte Wohlbefinden kennt und sich nicht die Bohne um irgendwelche negativen Schwingungen schert.

Das Einzige, was dieser größere Teil von uns kennt, ist unerklärbare Freude, Kraft, Unabhängigkeit und unendliche Sicherheit, weil er das unermessliche Wohlbefinden *ist.* Und – *UND* – das ist genau das, was wir in Wahrheit sind: der physische Ausdruck dieser Kraft. Reines, unbegrenztes Wohlbefinden. Wir brauchen uns nur zu erlauben, es auch zuzulassen!

Ich trete das Thema hier vielleicht etwas breit, aber es geht einfach um »ein gutes Leben«. Wenn wir an die hoch schwingende Energie angeschlossen sind, wenn wir nicht von Ängsten gebeutelt werden, sondern vor Freude strahlen, wenn wir keine negativen Energien der Sorge, der Bitterkeit, des Zweifels oder der Schuld versprühen, sind wir automatisch mit dem guten Leben in Wohlbefinden verbunden. Dort kann uns nichts jemals physisch bedrohen. Ja, genau! *Nichts ist für uns eine Bedrohung!!!* Weder ein Straßenräuber noch unser altes Auto noch ein Besoffener auf der Autobahn, nicht einmal die Macht von Naturgewalten.

Ein Erdbeben? Klar, Ihr Haus wird vielleicht beschädigt, wenn Sie nur wenig positive Schwingungen ausgesendet haben. Aber Sie werden in Sicherheit sein. Wenn nicht, überprüfen Sie am besten Ihr Ventil (wenn es Ihnen wieder besser geht). Den Grad der Verbundenheit mit Ihrer höchsten Energiequelle und wie weit Ihr Ventil geöffnet war, können Sie immer am Grad der Zerstörung in Bezug auf Ihr Haus, Ihren Körper, Ihr Auto oder Ihre Arbeit erkennen. Ein Raubüberfall in der Wohnung? Eine ernsthafte Krankheit? Ein verheerender Wirbelsturm? Geschlossenes Ventil!

Und bitte vergessen Sie nicht, »geschlossenes Ventil« kann nicht gleichgesetzt werden mit gemein oder schlecht. Nur weil jemand bei einem Hurrikan oder einer Bombenexplosion umgekommen ist, heißt das noch lange nicht, dass er kein liebevoller und wunderbarer Mensch war. Es bedeutet lediglich, dass er sich unbewusst von all den negativen Schwingungen des Massenbewusstseins hat beeinflussen lassen, die das Leben zu einem Kampf machen.

Wenn unser Ventil jedoch offen ist und unsere Schwingungen nur eine winzige Nuance mehr zum Positiven neigen, hüllen wir uns in göttlichen Schutz. Wenn wir also an unsere Quelle angeschlossen sind und die höheren Frequenzen frei durch uns hindurchfließen, können wir uns nicht einmal mehr Sorgen darüber machen, dass wir uns Sorgen gemacht haben über etwas, worüber wir uns gewohnheitsmäßig Sorgen machen, was natürlich nur noch mehr von dem angezogen hat, worüber wir uns ursprünglich Sorgen gemacht haben.

Wenn Ihr Ventil offen ist, wenn Sie sich dazu entschließen, Freude in Ihrem Leben zuzulassen, *egal wie*, umgibt Sie automatisch eine Hülle von absolut unangreifbarem Wohlbefinden, die Sie vor allen negativen Ereignissen schützt. Auf diesen hohen Schwingungsebenen kann Ihnen einfach nichts »Schlimmes« zustoßen.

Abgesehen davon, dass wir *große* schreckliche Ereignisse abwenden können, indem wir uns auf eine höhere Energieebene begeben, geschehen dann auch immer mehr schöne *kleine* Dinge, wie z. B., dass meine geliebten Bäumchen von der Mähmaschine verschont blieben.

Wenn Sie beispielsweise Maulwürfe im Garten haben, werden die Maulwurfshügel nur noch dort auftauchen, wo sie keiner sieht oder überhaupt nicht mehr, jedenfalls nie in Ihrem Vorgarten.

Eichhörnchen machen sich bei den Nachbarn über das Vogelfutter her, aber nicht bei Ihnen.

In Ihrem Haus gibt es vielleicht Termiten, sie ziehen jedoch bald weiter.

Die Bäume Ihres Nachbarn stürzen bei einer Überschwemmung um, aber Ihre halten stand.

Streunende Hunde treiben sich auf dem Grundstück Ihres Nachbarn herum, jedoch nicht auf Ihrem.

Ihre Freunde bleiben in einem Schneesturm stecken, Sie aber kommen sicher nach Hause.

In Ihrer Gegend wird Post gestohlen, Ihre Post bleibt jedoch unberührt.

Geht Ihnen das Benzin aus, wenn Sie gerade in einer gottverlassenen Gegend sind, kommt sicherlich jemand vorbei, der Ihnen weiterhilft.

Wenn der Grippevirus gerade zuschlägt, bleiben Sie verschont. Und Sie erwischen *nie* das Flugzeug, das dann abstürzt.

All das – und vieles andere mehr – geschieht, weil Sie in Ihre Energie des Wohlbefindens eingehüllt sind, die Schwingungsebene, die unser Wohl garantiert.

Schreckliche Zustände

Jedes Mal, wenn ich in meinen Gruppen über das Fließen der Energie spreche, kommen Fragen zum Weltgeschehen und zu all den schrecklichen Dingen auf, die überall passieren oder passiert sind. »Warum gibt es so viel Hunger in der Welt?«, »Was ist mit den Indianern?« usw.

Ich möchte nicht auf alle Einzelheiten eingehen, denn in gewissem Sinn haben wir ja bereits darüber gesprochen. Aber betrachten wir einmal kurz einige der gängigsten Fragen und versuchen wir, ein allgemeines Verständnis dafür zu entwickeln, dass seit Anbeginn unserer Zeit jede Erfahrung im Leben jedes Menschen durch den individuellen und/oder kollektiven Energiefluss zustande gekommen ist.

Ich bin nun wirklich keine kaltblütige Sadistin und will mich in den nächsten Abschnitten nicht so verstanden wissen, dass es angebracht ist zuzuschauen, wie jemand von einem anderen zusammengeschlagen wird. Und auch nicht so, dass ich die Grausamkeiten in der Welt mit einem lässigen »Na ja, Pech gehabt« kommentiere.

Ich will hier nur verdeutlichen, wie das alles funktioniert. Denn alles, was geschieht, lässt sich immer wieder auf ein Prinzip zurückführen: Wenn wir uns gut fühlen (oder glücklich, zufrieden und begeistert sind oder Liebe empfinden), als Einzelner oder als Gruppe, laden wir auch angenehme Erfahrungen in unser Leben ein. Wenn es uns schlecht geht (aus Verbitterung, Schuldgefühlen, Abneigung, Verzweiflung), als Einzelnem oder als Gruppe, laden wir schlechte Erfahrungen ein.

Verbrechen

Jemand denkt voller Angst an das, was er nicht erleben will. Irgendwo anders gibt es einen Menschen, der die gleichen negativen Schwingungen ausstrahlt, aber nicht aus Angst, sondern aus einem Gefühl der Feindseligkeit heraus. Dieser Mensch denkt an etwas, was seiner Meinung nach seine Wut beschwichtigen und seine innere Leere füllen könnte. Die erste Person ist auf der Schwingungsebene der Angst, die andere auf der der Wut. Da die Frequenz der beiden übereinstimmt, kommt es zu einem unheilvollen Ereignis.

Wenn Sie sich nicht darauf fixieren, was Sie nicht erleben wollen, kann es auch nicht Teil Ihrer Erfahrung werden, da es nicht in Ihren Schwingungen enthalten ist. Sie können ein Gewaltverbrechen nur dann anziehen, wenn Sie sich emotional auch als Opfer fühlen oder – *oder* – wenn Sie andere negative Emotionen aussenden, die genau mit den Schwingungen des Angreifers übereinstimmen. Ihre Erfahrungen hängen von Ihren Emotionen ab.

Vorurteile

Leider gibt es auf allen möglichen Gebieten Vorurteile: Rasse, Religion, Hautfarbe, Geschlecht, Gewicht, Erziehung etc. Derjenige, dem das Vorurteil gilt, ist die stärkste Kraft in dieser Koproduktion auf der Ebene der Energien. Er strahlt nämlich intensive negative Schwingungen aus, da er sich verfolgt, abgelehnt, ungerecht behandelt und als Opfer fühlt.

Eine wichtige Anmerkung: Ich will mir hier keineswegs anmaßen, Werturteile darüber abzugeben, ob das Leid einer bestimmten Gruppe berechtigt ist oder nicht. Ich will damit nur sagen, dass eine anhaltende Fixierung auf ein Unrecht nur noch mehr Unrecht zur Folge haben kann.

Kleinkinder

Wie können wir uns aber nun die schreckliche Tatsache erklären, dass kleine Kinder missbraucht werden, in Afrika verhungern oder in Kriegen umkommen?

Traurigerweise haben sie in der Regel die negativen Schwingungen ihrer Familie aufgenommen – schon bevor sie überhaupt auf die Welt kamen. Diese Schwingungen nehmen leider noch weiter zu, und zwar im direkten Verhältnis zu den negativen Schwingungen der Erwachsenen, die sie erziehen. So geht es weiter, bis die Kinder groß genug sind, um selbst zu entscheiden, dass sie in ihrem Leben keine schlechten Erfahrungen mehr machen wollen. Diese Kinder sind tragischerweise Opfer der Standardprogrammierung geworden.

Wie helfen Sie nun aber einem kleinen Kind, das auf der anderen Seite des Globus verhungert, oder einem Baby hier bei uns, das Sie noch nicht verstehen kann? Geben Sie ihm Halt – körperlich oder in Gedanken –, und hüllen Sie es in tröstliche Schwingungen im Sinn von »Alles wird wieder gut, es geht vorbei, du wirst sehr geliebt« usw. ein. Achten Sie aber darauf, dass Sie niemanden beschuldigen – weder einen einzelnen Menschen noch eine Gruppe; das würde dem Misshandler (oder der Situation) und dem Misshandelten nur noch mehr negative Energie zuführen.

Das größte Problem haben diejenigen, die als Erwachsene schwingungsmäßig immer noch ihre Wut aus der Jugendzeit ausleben, z. B. die Wut auf den Missbrauch durch die Eltern, auf das soziale Umfeld usw. Nur wenn sie diese alten Reaktionsmuster des Hasses und des Misstrauens aufgeben können, haben sie eine

Chance, nicht mehr das wiederholen zu müssen, was sie als Kind erlebt haben. Wir erfahren das, worauf wir uns konzentrieren. Wenn Sie Ihre Aufmerksamkeit auf eine schreckliche Vergangenheit richten, dann manifestiert sich diese Vergangenheit leider auch in der Gegenwart und in der Zukunft.

Teenager

Selbstmorde, Autounfälle, ungewollte Schwangerschaften, Drogen, Waffen. Wenn Jugendliche in negativen Energiemustern (was sich eher im Verborgenen abspielt) heranwachsen und von Anfang an ständig dazu angehalten werden, unbedingt vorsichtig zu sein, reagieren sie hauptsächlich aus einer ängstlichen Verletzbarkeit heraus. Sie fühlen sich hilflos und produzieren nur negative Wünsche, während sie nach Möglichkeiten suchen, um sich wieder mit der positiven Lebensenergie zu verbinden. Sie versuchen, die Leere in ihrem Inneren mit Drogen, Sex und anderen Tabus zu füllen, weil sie gar keine oder nur sehr wenig Verbindung zu ihrer höchsten Energiequelle finden können.

Die scheinbar nicht selbst verschuldeten Unfälle mit tödlichem Ausgang, von denen es heutzutage immer mehr gibt, mögen auf die große Verletzbarkeit zurückzuführen sein, die ein Leben in der Abgetrenntheit mit sich bringt, oder auch nicht – jedenfalls geschehen sie nie zufällig. Die junge, aufgedrehte Disco-Queen, die nach Hause will, der berühmte Star, die jungen Leute auf dem Rücksitz: Ein Leben voller versteckter Ängste, Anspannung und Unruhe führt schließlich zu unsäglichem Leid.

Die Wirtschaft

In schlechten Zeiten sprechen die Menschen von nichts anderem, und alles ist schlecht, einfach nur schlecht. Aber selbst wenn es uns gut geht, finden wir sicherlich *irgendetwas*, was wir kritisieren können: zu hohe Preise, zu gewinnsüchtige Unternehmen, zu spezialisierte Arbeitsplätze, ein Präsident, der nicht mit offenen Karten spielt, eine Regierung, die gerade nicht ansprechbar und darüber hinaus auch noch total korrupt ist.

Auf irgendetwas – *ganz egal, was* – mit negativen Schwingungen des Vorwurfs oder einem »Ist das nicht furchtbar?« zu reagieren führt dem Objekt der Aufmerksamkeit noch mehr von der gleichen negativen Energie zu. Dadurch wird es noch größer, stärker und gefährlicher, als es ohnehin schon war.

Wenn Sie meinen, dass Sie erst glücklich sein können, wenn sich die Wirtschaftslage verändert hat, eine andere Regierung an die Macht gekommen oder sonst etwas anders geworden ist, können Sie unter Umständen lange warten. Sie brauchen aber nicht in das allgemeine Nörgeln mit einzustimmen, das nicht nur das Problem weiter aufbauscht, sondern auch noch Ihr eigenes Ventil total zudreht.

Wenn Sie in ein solches bedrückendes, negatives Geschwätz hineingezogen werden, können Sie entweder Ihren Fokus verlagern und das Thema wechseln, oder Sie gehen einfach weg. Wenn Sie dann wieder für sich sind und wirklich etwas bewirken wollen, können Sie ein bisschen positive Energie aussenden: an die Regierung, so, wie Sie sie gern hätten, an den Präsidenten, so, wie Sie ihn gern hätten, oder an die Großkonzerne, so, wie sie Ihrer Meinung nach am besten arbeiten würden.

Wir können uns nicht von dem Bewusstseinsstrom abkoppeln. Wir können nicht einfach sagen: »Ich bin doch nicht schuld daran, dass es so gekommen ist!« Oh doch! Jeder von uns war und ist schuld daran. Wir sind Teil des Bewusstseinsstromes, und unsere Energie beeinflusst das Ganze genauso stark wie einige Tropfen roter Tinte ein Glas Wasser verfärben; die Veränderung ist deutlich zu sehen. *Wir sind nicht vom Ganzen getrennt!* Alles, was wir denken und fühlen, hat gewaltige Auswirkungen auf die Schwingungen des Massenbewusstseins.

Visualisieren Sie die Dinge so, wie Sie sie sich wünschen, und lassen Sie sich gefühlsmäßig ganz darauf ein. Wenn nur ein paar von uns das regelmäßig tun würden, brächte es die gewünschten Veränderungen ins Rollen. Klingt wie ein recht hehres Ziel, aber es bewirkt auf jeden Fall mehr als das ständige Jammern über die jetzigen Umstände, das alles nur noch schlimmer macht.

Globale Konflikte, Bandenkriege

Wenn eine Gruppe von Menschen, egal welcher Art, ihren Hass und ihre Wut zum Ausdruck bringt, ist das ein sicheres Zeichen dafür, dass diese Menschen vom Lebensfluss des Wohlbefindens abgeschnitten und nicht in Harmonie mit ihrem Höheren Selbst sind. So viel Verbitterung und Zorn führt zu einem Leben mit unendlich vielen negativen Emotionen und einem fest geschlossenen Ventil.

Ist das Ventil eines Menschen offen, kann weder ein Bandenkrieg noch ein Regierungsultimatum ihn gegen seinen Bruder aufhetzen. Auch dann nicht, wenn es sich um eine sehr weit in die Geschichte zurückreichende Fehde handelt wie etwa im Nahostkonflikt.

Moralische Themen

Das Abschlachten von Delphinen, die Bedrohung der Regenwälder, die Ozonschicht, Kirchenraub, Sterbehilfe, bedrohte Tierarten – und so geht die Liste endlos weiter. Wenn Sie Ihre Aufmerksamkeit darauf konzentrieren und nur das Entsetzen sehen, die Vergehen nachempfinden, die Not erleben und mit einstimmen in den allgemeinen Chor »Ach, wie furchtbar«, dann tragen Sie dazu bei, dass all dies noch größere und dramatischere Formen annimmt.

Wenn Sie etwas ändern wollen, müssen Sie Ihre Einstellung dazu ändern. Nur darum geht es. Diese Dinge geraten so außer Kontrolle, weil sich die Massenmedien in ihrer Sensationslust auf nichts anderes mehr konzentrieren – und wir tun es folglich auch.

»Oh je!«, »Oh Gott, nein!«, »Unglaublich!«, »Wie entsetzlich!«, »Was machen wir jetzt bloß?«, »Wie konnten die nur!?«, »Grauenvoll!«, »Abschreckend!« Und je mehr wir uns in eine Angelegenheit hineinsteigern, desto größere Ausmaße nimmt sie an.

Gegen etwas zu sein macht die Sache nicht besser. Im Gegenteil: Sie wird nur schlimmer, weil Sie sie in Ihre Schwingungen einbeziehen und damit noch mehr »Ist es nicht furchtbar?« aussenden, was sich letztendlich mit den Gedankenmustern verbindet, die auf der gleichen Wellenlänge schwingen.

Wenn Sie noch immer glauben, dass Sie gegen etwas sein müssen, um für etwas anderes sein zu können, dann ändern Sie diese Einstellung. Visualisieren Sie stattdessen, was Sie gern erreichen möchten, und versetzen Sie sich hinein. Reden Sie in dieser Form darüber, schreiben Sie darüber, schauspielern Sie es; führen Sie der negativen Situation keine destruktive Energie mehr zu, indem Sie sich darauf fixieren. Finden Sie stattdessen Wege, um Ihr Ventil zu öffnen. Mit anderen Worten: Nehmen Sie Abstand vom Nicht-haben-Wollen, und lenken Sie Ihre Aufmerksamkeit auf das, was Sie erreichen wollen. In dem Augenblick, in dem Sie sich weigern, sich zusammen mit dem Rest der Welt in ewiger Unzufriedenheit zu suhlen, sind Sie es, der tatsächlich einen bedeutsamen Unterschied herbeiführen kann, indem Sie von Ihrer erhöhten Schwingungsebene aus unendlich viel Energie aussenden.

Massenmorde

Auch daran kommen wir leider nicht vorbei. Völkermorde, Blutbäder, Massaker: Wie auch immer wir es nennen wollen und so schrecklich es auch ist, Menschen haben sich seit Anbeginn stets bekämpft. Wird das jemals aufhören? Nein, jedenfalls nicht, bevor wir unser inneres Bedürfnis nach Verfolgung, an dem wir festhalten wie an einer noblen Familientradition, endlich aufgegeben haben.

Wenn wir diese entsetzlichen Ereignisse wirklich aus der Welt schaffen wollen, wäre es klug, uns nicht mehr auf die Gräueltaten der Vergangenheit zu fixieren, sondern uns auf Dinge zu konzentrieren, die uns dem Wohlbefinden und nicht dem Hass gegenüber öffnen. Denn genau diese Energie – der Hass und die bittere Wut über vergangenes Unrecht – trägt dazu bei, dass das weltweite Abschlachten von Menschen bis heute anhält. Wir bekommen das, worauf wir unseren Fokus legen.

Das Gesetz der Anziehung unterscheidet nicht. Was auf einen einzelnen Menschen zutrifft, trifft auch auf die Gruppe zu, unabhängig von Kultur, Religion oder Rasse. Ein negativer Fokus zieht negative Bedingungen an – im Einzelnen wie im Allgemeinen –, die sowohl uns als auch die Erde insgesamt treffen. So tragisch die Auswirkungen auch sein mögen: Gleiches zieht Gleiches an; wir ziehen das an, was wir durch unsere Energie ausstrahlen, und nicht das, wofür wir uns entschieden haben.

Der Planet, unser Spiegel

Es geht nicht um Recht oder Unrecht, und auch nicht um Gut oder Böse. Es geht darum, ob unser Ventil offen oder geschlossen ist, um Verbundenheit oder Trennung, um Glücklich-Sein oder Unglücklich-Sein.

Das gemeinste und gierigste Verhalten auf der Welt geht von Menschen aus, die sich wirklich gut fühlen wollen, aber nicht wissen, wie sie das erreichen können. Sie erleben die Hölle auf Erden und haben keine Ahnung, wie sie ihr entfliehen könnten, von der Erkenntnis, dass sie überhaupt die Wahl haben, ganz zu schweigen. Eins steht jedenfalls fest: Unser Hass gegen sie – egal, was sie verbrochen haben mögen – macht die Sache nur noch schlimmer. Und zwar für alle.

Wie können wir aber einfach glücklich weiterleben in dem Wissen, dass so viel Verabscheuungswürdiges in der Welt geschieht? Wie können wir es tolerieren, dass weitere Ungerechtigkeiten begangen werden? Wie können wir zufrieden sein, wenn es so viel Leid gibt? Wie können wir dem Ganzen den Rücken kehren, als ob es uns gleichgültig wäre?

Es mag vielleicht etwas überheblich und gefühllos klingen, aber die Antwort lautet nun einmal, dass wir alle hier sind, um durch unsere Erfahrungen zu lernen, ob wir dabei die Rolle des guten oder des bösen Helden spielen. Eine Ungerechtigkeit ist immer – *immer* – eine Lektion für beide Seiten.

So groß die Verwüstungen oder die Verluste für unsere Brüder und Schwestern überall auf der Welt auch sein mögen, wir müssen uns eingestehen, dass die Menschen überall erschreckende Szenarien schaffen, um ihre Lektionen zu lernen. Und immer geht es letztlich darum, welche Energie sie ausströmen. So entsetzlich die Bedingungen auch sein mögen, wenn wir uns auf all das Leid einlassen, verstärken wir es nur. Das Gleiche gilt für die Umstände, die es hervorgerufen haben. Damit helfen wir niemandem, ganz zu schweigen von den äußerst unangenehmen Ereignissen, denen wir uns selbst damit aussetzen.

Sie mögen sich schlecht fühlen, weil wir es dulden, dass Menschen verhungern. Aber genau diese Haltung verschließt Ihr Ventil und programmiert Sie möglicherweise dazu, einen Unfall zu bauen. Außerdem kann diese negative Energie noch weiter zum Hunger in der Welt beitragen.

Sie lehnen Atomtests vielleicht völlig ab, und diese Haltung verschließt Ihr Ventil und macht Ihren Körper beispielsweise anfällig für eine Erkältung.

Oder Sie sind entsetzt darüber, welche Feindseligkeit zwischen zwei Staaten herrscht, und das Verschließen Ihres Ventils führt möglicherweise zu einem Platten an ihrem Auto.

Wenn Sie ihnen wirklich helfen wollen, könnten Sie sich diese Menschen, die vom Hungertod bedroht sind, in einem gesunden und glücklichen Zustand vorstellen und es intensiv *spüüüüren*, dass für sie gesorgt wird. Dieses Öffnen Ihres Ventils könnte dazu führen, dass Sie schneller einen neuen Job finden. Zugleich bieten Sie damit denjenigen, die Sie energetisch in höhere Schwingungen einhüllen, sozusagen Pinsel und Farbe an. (Wir können das Malen für andere nie übernehmen; wir können sie nur energetisch dabei unterstützen.)

Sie könnten sich die Erde als atomfreies Gebiet vorstellen und es intensiv *spüüüüren*; das Öffnen Ihres Ventils könnte dann dazu führen, dass Sie eine reiche Ernte haben und damit gleichzeitig zum Wohl der Erde beitragen.

Oder Sie stellen sich vor und *spüüüüren* intensiv, wie sich zwei Staaten in Freundschaft neu begegnen; durch Ihr offenes Ventil könnte Ihre Ehe harmonischer werden, während gleichzeitig neue internationale Beziehungen geschaffen werden.

Aber es ist sicherlich »in«, über all das zu sprechen, was nicht stimmt, also werden wir auch eher in negative als in positive Schwingungen hineingezogen. Dabei schlittern wir dann unabsichtlich leicht in Gespräche nach dem Motto »Ach, wie furchtbar« hinein oder wir fangen selbst damit an – einfach aus Gewohnheit, weil wir nichts Besseres zu sagen haben. Diese Schwingungen, noch dazu aufgeladen mit denen aller anderen, schlagen sich dann eventuell in weltweiter Verwüstung und totalem Chaos nieder. In der Tat ist es die Vereinigung aller »Ach-wie-furchtbar«-Schwingungen, die zu Kriegen, Überfällen, Terrorismus und Anarchie führt. Diese Schwingungen stammen von uns allen – jeder trägt dazu bei.

Wir können uns nicht aus der Verantwortung ziehen, wenn es um die weltweiten Ereignisse geht, denn die Erde spiegelt genau die Schwingungsebene wider, die dort herrscht. Wir können nicht einfach behaupten, dass all das Grauen das Ergebnis der Bosheit, der Verbrechen oder der Beschränktheit anderer Menschen ist. Was den Menschen und unserem Planeten widerfährt, ist nur auf eins zurückzuführen: die Schwingungen unserer Gedanken und Gefühle. Von jedem Einzelnen! Nicht nur die eines Hitlers oder Custers oder Husseins oder Kahns (diese menschlichen Fehltritte wurden alle durch die Energie der Massen möglich). Es geht um die Energie von jedem Einzelnen!

Wenn wir statt »Ach, wie furchtbar« lieber sagen würden: »Nichts ist wichtiger als mein Wohlbefinden«, könnten wir langsam unser destruktives, negatives Ausdrucksmuster verändern. Dann fangen wir, bei Gott, wirklich an, im Weltgeschehen eine Veränderung zu bewirken.

Nehmen wir zum Beispiel die Regenwälder. Anstatt in das allgemeine Entsetzen über die Abholzung einzustimmen und damit denjenigen, die die Bäume abhacken, noch mehr Ablehnung entgegenzubringen – wodurch nur noch mehr abgeholzt wird –, könnten Sie die Schönheit der verbleibenden Regenwälder bewundern.

Schätzen Sie sie dafür, dass sie das Leben weiterhin erhalten, dass sie zur Sauerstoffversorgung der Erde beitragen, und halten

Sie sich fern von der »Ach-wie-furchtbar«-Energie, die die Sauer-
stoffvorräte viel schneller erschöpfen kann als Tausende von Holz-
fällern es jemals könnten. Wenn nur ein paar von uns diese Energie ausstrahlen würden, wäre die Abholzung der Regenwälder
bald kein Thema mehr!

Dann gibt es noch die zunehmende Erschöpfung der natürlichen Ressourcen, um die sich alle Sorgen machen, die schwindenden Vorräte an Wasser, Holz, sauberer Luft und weiß der
Himmel was sonst noch. Wir sollten uns verflixt noch mal wirklich Sorgen machen, denn wir gehen mit diesen Dingen genauso
um wie mit dem Geld: »Oh Gott, es wird immer weniger.« »Oh
Gott, es ist nicht genug vorhanden.« »Oh Gott, was machen wir
nur, wenn wir nichts mehr haben?«

Raten Sie mal, wer diese ganzen Engpässe geschaffen hat? Wir
selbst! Es ist die Sorge, dass nicht genug da sein könnte, die unsere Vorräte aufbraucht. Jeder Einzelne ist für diese Knapp-
heit verantwortlich, wobei im Grunde gar kein Mangel vorliegt:
Es gibt genügend Arbeit, Wälder, Gold und auch Liebhaber.
Es kann gar nicht anders sein, da das Universum nicht auf dem
Prinzip des Mangels basiert. Mangel ist genau genommen ein von
Menschen geschaffenes Phänomen. Wenn wir das, was da ist, wertschätzen und die enorme Fülle dieses perfekt ausgewogenen Planeten spüren können, anstatt uns auf die schwindenden Ressourcen oder die Gier einiger Plünderer zu konzentrieren, wird sich
der ganze Reichtum wieder manifestieren und den himmlischen
Spielplatz auf Erden schaffen, den wir als Menschen erfahren
sollen.

Wenn Sie sich Sorgen um Menschen machen, dann öffnen Sie
Ihr Ventil und lassen die tiefste Liebe, die Sie empfinden können,
zu diesen Menschen strömen. Visualisieren Sie sie in einem Zustand der Vollkommenheit und nicht des Mangels. Betrachten Sie
sie als glückliche und zufriedene Menschen, die nicht unter Kriegen, Seuchen oder Hungersnöten leiden müssen. Das bewirkt
mehr – und wirkt schneller –, als den Betroffenen nur Hilfsgüter
zu schicken, die unterwegs ohnehin oft zu verschwinden scheinen.

Denn es kann ihnen aus der Opfersituation heraushelfen und den ersten Schritt in Richtung auf ein besseres Leben ermöglichen. Damit stellen Sie diesen Menschen gewissermaßen Pinsel und Farbe zur Verfügung. Haben sie diese Einladung auf der Ebene der Schwingungen erhalten und streben alle Beteiligten aufrichtig eine Veränderung an, wird es auch dazu kommen. Dann werden Mauern fallen, Staaten sich zusammenschließen, Banden sich auflösen, Terroristen verschwinden und Wüsten zu fruchtbarem Boden werden, der alle ernähren kann.

Wenn es Ihnen Angst macht, wie sehr die Erde leidet, dann stellen Sie sie sich in bester Verfassung vor anstatt in schlimmem Zustand. Seit Äonen ist sie mit negativer Energie überschwemmt worden; also ist jetzt kaum der richtige Zeitpunkt, um ihr durch das Gerede über alle möglichen Katastrophen noch mehr destruktive Energie aufzubürden. Sprechen Sie über das, was gut ist, nicht über das, was im Argen liegt. Hören Sie auf, Energie nach dem Motto »Ach, wie furchtbar« auszustrahlen. Dann werden sich die Delphine vermehren, die Wälder gedeihen, das Ozonloch wird sich wieder schließen, das Wasser sauber und die Meere finden wieder ins Gleichgewicht.

Sehen Sie die Erde und alle, die dort leben, in ihrem ganzen Reichtum und Wohlergehen, und Sie helfen mit, diesen Zustand zu erreichen.

Sehen Sie die Erde in Frieden, und Sie tragen zu seiner Entstehung bei.

Das Einzige, was die Erde daran hindert, diese Wünsche Wirklichkeit werden zu lassen, ist die phänomenale Kraft der negativen Schwingungen, die Massen von Menschen ständig aussenden, was uns alle von der Lebenskraft des Wohlbefindens abschottet. Diese Lebensenergie ist so vollkommen, so absolut, dass sie als höchste lebensbejahende Kraft die depressiven Schwingungen von Milliarden Menschen auflösen kann. Wenn nur einige von uns an dieser Vision festhalten, unterstützt von Schwingungen der Freude, wird die Erde eine Wendung um hundertachtzig Grad erleben – und zwar schnell!

Es ist überall: Es ist das, was Sie sind!

Im Grunde geht es der Mehrheit der Menschen ziemlich gut. Schauen Sie sich Ihre Kollegen, Nachbarn, Schulfreunde oder Kumpel an. Die wenigsten sind in letzter Zeit auf der Straße überfallen worden. Die meisten haben halbwegs akzeptable Wohnungen und Positionen. Die meisten sind einigermaßen gesund, und wenn man genau hinschaut, kann man sogar feststellen, dass sie in Maßen glücklich sind. So ist es wohl in den meisten Ländern auf dieser Welt.

Wir werden mit Statistiken überschwemmt, die uns das Gegenteil beweisen wollen. Besorgniserregende Zahlen des Unheils, womit wir täglich von den Medien überschüttet werden, damit wir uns weiterhin auf die schrecklichen Umstände weltweit konzentrieren und darauf eingestimmt bleiben.

»Soundso viel Prozent der Weltwirtschaft brechen zusammen.«

»Soundso viel Prozent der Weltbevölkerung haben bereits Gott weiß was, und das nimmt monatlich um soundso viel Prozent zu.«

»Soundso viel Prozent der Teenager treiben ab oder begehen Selbstmord.«

»Soundso viel Prozent der Kinder an den Schulen sind in Besitz von Waffen.«

»Soundso viel Prozent der Männer mit lilafarbenen Augen werden ihre Bräune bereits vor der Eheschließung verlieren.«

»Wie furchtbar! Grauenhaft!«

Vergessen Sie die albernen Statistiken! Sie sind nur das Ergebnis der angstbesetzten Energie, die viele von uns aussenden, weil sie durch all das, was wir täglich sehen und hören, verunsichert sind. Wenn Sie nicht als Zahl in diese Statistik eingehen wollen, dann vergessen Sie sie!!! Solange Sie in der Energie des Wohlbefindens sind, kann keine Wirtschaftskrise, kein Virus, keine Kugel, keine Überschwemmung, kein Flugzeugabsturz Ihnen etwas anhaben. Es sei denn, Sie laden sie durch die entsprechenden Schwingungen dazu ein.

Man kommt einfach nicht dran vorbei; das weitaus größere Gewicht auf dieser Erde liegt auf Seiten des Wohlbefindens, *denn das ist der natürliche, allumfassende Zustand von Allem-Was-Ist, Sie und ich mit eingeschlossen!*

So schlimm das Leid auch sein mag, das wir mit anhören und mit ansehen müssen, so nimmt es doch nur äußerst wenig Raum ein im Vergleich zum gesamten Wohlbefinden. Wenn Menschen auf der Schwingungsebene das Wohlbefinden nicht zulassen können, weil sie nicht wissen, wie sie auf diese Wellenlänge umschalten können, kommt es leider zu solchen Resultaten.

Die Botschaft ist eindeutig: Wenn wir unser Ventil einer Sache gegenüber verschließen, so verschließen wir es auf breiter Front. Verschließen wir das Ventil des Wohlbefindens gegenüber allem Möglichen, was uns beunruhigt – von verhungernden Kindern bis hin zu aussterbenden Arten –, dann verschließen wir uns auch dem Wohlbefinden in allen anderen Lebensbereichen.

Sie verschließen Ihr Ventil, weil Sie keine Lust mehr haben, Schlange zu stehen. Sie verschließen es, weil man Ihnen die falsche Pizza gebracht hat. Oder Sie verschließen es, weil in der Vergangenheit Schlimmes geschehen ist. Es spielt keine Rolle, worum es geht. Verschließen heißt verschließen, und Sie verschließen sich damit automatisch gegenüber allem, was Sie durch diese höhere Energie erleben könnten, von Fülle über Gesundheit bis hin zu außergewöhnlicher Lebensfreude. Mal ehrlich, ist ein bisschen Ärger oder ein uralter, lebenslanger Groll tatsächlich eine solch gewaltige Entbehrung wert?

Sie werden sicherlich zunächst einmal verzweifelt sein, wenn Sie mitten in einer Scheidung stecken, einen geliebten Menschen verlieren oder sonst eine Tragödie erleben. Aber Sie sollten trotzdem beschließen, sich nur für kurze Zeit traurig und bedrückt zu fühlen. Sagen Sie sich dann: »Jetzt reicht's.« Es wird Zeit, sich selbst und allen Betroffenen Liebe und Anerkennung zukommen zu lassen. Es wird Zeit, sich auf Dinge zu konzentrieren, die Ihnen Freude bereiten, und dann weiterzugehen.

In dem Moment, in dem Sie sich entscheiden, Ihre Energie zu verändern, ob es nun um die Trauer über eine Scheidung oder um die Wut über verschmutzte Gewässer geht, wird sich die Fülle des Universums *sofort* bis in jeden Winkel Ihrer physischen Existenz ergießen. Das Universum umgibt und durchdringt Sie mit seiner gesamten Fülle. Das Einzige, was Sie tun müssen, ist *JAAAA!!!* zu allem und zum Leben selbst zu sagen und sich dafür zu öffnen, wie gut es sich anfühlt, sich gut zu fühlen.

Dann wissen Sie aus der Tiefe Ihres Herzens, dass im Grund alles in Ordnung ist. Egal, wie es aussieht, egal, wie es erscheint, egal, was die Medien Gegenteiliges berichten: Sie, dieser kostbare Planet und die meisten Menschen, die ihn bewohnen, werden immer in Sicherheit sein.

12

Dreißig Tage bis zum Durchbruch

Jedes Mal, wenn ich eine dreißig-tägige Wunderkur in irgendeinem Buch entdecke, schmeiße ich es sofort weg. Ich bin keine Befürworterin von 30-Tage-Programmen. Eigentlich verabscheue ich sie, was offensichtlich auch der Grund dafür war, dass ich für mich selbst gleich eins ausgearbeitet habe, kurz nachdem ich von den Gesetzen des bewussten Schöpfungsprozesses erfahren hatte.

Ich muss jetzt etwas verlegen eingestehen, dass diese unglaublichen dreißig Tage mein Leben tatsächlich verwandelten und mir zeigten, dass Veränderung wirklich möglich ist; die ersten zehn Tage waren jedoch ein Alptraum. Mich da durchzuarbeiten war das Schwierigste, was ich bisher erlebt hatte, vom Trockenwerden über das Aufgeben des Rauchens bis hin zu Schluss machen (was ich noch am besten konnte).

Die Ergebnisse waren jedoch verblüffend, sonst hätte ich sicherlich auch nicht weitergemacht. Nie hätte ich es für möglich gehalten, dass man ohne ein gewisses Maß an Sorgen, totalen Stress oder regelrechte Panikattacken leben könnte. Aber genau das war der Fall. Ich lernte dabei, ohne Sorgen zu leben! Es war einfach unglaublich. Anscheinend hatte ich eine Möglichkeit gefunden, genau das Gegenteil davon zu leben, was ich bislang für normal gehalten hatte.

Heute wende ich die vier Schritte des bewussten Erschaffens fast täglich an. Wenn ich jedoch das 30-Tage-Einführungsprogramm für mich selbst nicht zusammengestellt hätte, hätte ich wahrscheinlich nie weitergemacht. Meine Sucht nach negativen Emotionen saß so tief und war so sehr zu meinem Lebensstil geworden, dass ich sie nicht einfach im Handumdrehen aufgeben konnte. Ich hätte gar nicht gewusst, wo und wie ich anfangen sollte, auch wenn ich die Lehren noch so großartig gefunden hätte.

Da ich lernte, meine Energie zu beeinflussen und gezielt einzusetzen, bekam ich in den ersten dreißig Tagen so viel Oberwasser, dass ich fast jede ausgeprägtere Angst, die ich bislang gehabt hatte – ob bewusst oder unbewusst –, aus meinem Leben verbannen konnte. Klar, ich werde immer noch etwas nervös, wenn ich auf spiegelglatten Straßen fahren muss, also tue ich es nur, wenn es mir wirklich gut geht. Mir fällt es immer noch nicht leicht, mich in intimen Situationen mitzuteilen, also mache ich es nur, wenn ich weiß, dass mein Ventil offen ist. Dann ist es ein Kinderspiel. Manchmal schließe ich an schlechten Tagen die Türen zu, weil ich mich dann wohler fühle; aber wirkliche Angst vor einem Einbruch kenne ich nicht mehr.

Und Geld? Es fließt jetzt mit Leichtigkeit herein – und das schon seit einer ganzen Weile. Ich stellte gleich am Anfang meines Programms fest, dass der Geldfluss im direkten Verhältnis zu meinem Energiefluss stand. Wenn kein Geld hereinkam, wusste ich, dass ich mein Ventil durch Angst und Sorgen verschlossen hatte. Als ich dann wieder mehr Geld hatte, wusste ich, dass mein Ventil offener war. Wenn ich kein Geld hatte, musste ich öfter den »Kippschalter«, wie ich ihn nenne, betätigen, um meine Energie schnell vom Negativen ins Positive umzuschalten. Ich musste einen Weg finden, wie ich mich aus der Angewohnheit, mir ständig über alles Sorgen zu machen, herausholen und mein Ventil öffnen konnte. Sobald mein Ventil auch nur ein bisschen geöffnet war, hatte ich wieder Geld, aber eben auch nur in dem Maß, wie ich positive Energie zum Fließen bringen konnte.

Ich fixiere mich zwar immer wieder auf das Negative, aber nur noch für kurze Zeit – einige Augenblicke, ein paar Stunden, manchmal auch ein paar Tage, wenn mir danach ist, mich wieder so wie früher zu fühlen. Irgendwann reicht es mir dann und ich krempel mich wieder um. Ich bin nicht mehr bereit, meine Wünsche, Träume und mein Wohlbefinden für eine Ladung negativer

Gefühle aufgrund eines blöden negativen Ereignisses zu opfern. Und ich stürze mich auch nicht mehr wie der einsame Held auf unerwünschte Bedingungen, um sie um jeden Preis in Ordnung zu bringen. Es ist wirklich wahr, auch alte Hasen können noch neue Tricks lernen.

Ob nun alter Hase, junger Hase oder irgendwo dazwischen, es gibt keinen einzigen Grund, keine einzige Ausrede auf der ganzen Welt, warum Sie das nicht auch lernen könnten, wenn Sie es wirklich wollen. Dann erwartet Sie eine unendliche Freiheit, die ich gar nicht imstande bin, in Worten zu beschreiben; es ist eine so außergewöhnliche Freiheit, dass man sie nur begreifen kann, wenn man sie in Freude lebt.

Ich spreche hier von der totalen persönlichen Freiheit: Freiheit von Langeweile oder Monotonie, von der Notwendigkeit, sich zu erklären oder zu rechtfertigen, von dem Bedürfnis, etwas zu brauchen, von Befürchtungen und von allen einengenden »Sollte«-Sprüchen, denen wir uns so getreulich unterworfen haben.

Ich meine die Freiheit, so zu leben, wie wir es uns vorstellen, die Freiheit, alles zu erwerben, die Freiheit, unverschämt zu sein, wohlhabend und sogar die Freiheit, von sich reden zu machen, wenn man sich das wünscht.

Ich meine das Erschaffen Ihrer eigenen Utopie, nicht im nächsten Jahr, nicht in zehn Jahren, sondern jetzt.

Auf diese Ebenen führten mich die ersten dreißig Tage. Natürlich kam nicht alles auf einmal; dieser Prozess geht immer weiter – ein Leben lang. Manche Tage sind besser als andere, aber *alle* Tage halten mehr Lebensfreude bereit, als ich es jemals für möglich gehalten habe, denn ich habe jetzt den Schlüssel dazu. Ob ich ihn gebrauche oder nicht, liegt an mir, aber eines ist gewiss: Ich kann mich nicht mehr herausreden.

Trotzdem sollten Sie sich eines klarmachen: Wenn Sie sich wirklich voll und ganz auf diese Hundertachtzig-Grad-Wendung in dreißig Tagen einlassen wollen, müssen Sie sich eventuell auf einen größeren Kampf mit Ihren Ängsten gefasst machen. Alte Gewohnheiten wird man nicht so leicht los, und Ihren Ängsten wird es nicht gefallen, dass Sie sich von ihnen abnabeln wollen. Offen gesagt, Ihnen auch nicht. Aber es geht hier nur um Gewohnheiten. Das ist alles – nur bequeme alte Gewohnheiten.

Unser Bedürfnis, abhängig zu sein

Die hartnäckige Angewohnheit des negativen Denkens gehört so selbstverständlich zu dem, was wir als »normal« bezeichnen, dass viele von uns gar nicht mehr wüssten, wer sie eigentlich sind, wenn sie diese Eigenart aufgeben würden. Wir würden den Boden unter den Füßen verlieren, denn in dieser Schwingung zu leben ist wie die Sucht nach einer Droge; wenn wir erst einmal abhängig sind, kann das Leben ohne einen Fix nicht weitergehen.

Letztens hielt ich einen Vortrag über das Gesetz der Anziehung und den bewussten Schöpfungsprozess bei einem Treffen der Anonymen Alkoholiker und entdeckte einen interessanten Widerspruch. Einerseits fanden die Leute diese Grundsätze gut und waren zum Teil auch ganz begeistert davon, andrerseits hatten sie aber offensichtlich auch Angst davor, das Bedürfnis nach Abhängigkeit einfach loszulassen.

Eine Frau sagte: »Ich finde es aufregend, was Sie erzählen, aber eines haben Sie übersehen. Ich muss immer wieder zu diesen Treffen kommen, um mich weiterzuentwickeln. Ich brauche diese Leute, oder ich versumpfe wieder. Vor sechs Jahren, als ich hier anfing, war mein Ventil geschlossen, und diese Leute haben mir dabei geholfen, es zu öffnen. Wenn ich jetzt nicht mehr zu den Treffen gehen würde … na ja, ich hätte Angst davor. Ich hätte Angst davor, so allein zu sein.«

Ihr Ventil war *nicht* offen. Die Sucht dieser Frau nach Angst hatte sich vor langer Zeit in ein Bedürfnis verwandelt. Ihre Angst war ihr zur Falle geworden. Bei dem gewagten Vorschlag, sie könnte ihre Ängste für immer loswerden, wenn sie sich für Gefühle des Wohlbefindens öffnen würde, bekam sie sofort Angst, dann keine Unterstützung mehr zu haben. Das Thema auch nur anzuschneiden versetzte sie bereits in Panik. Angst war ihre Identität, ihr sicherer Hafen, und sie brauchte nicht allein zu sein; die gleiche Reaktion kam auch von vielen anderen. »Geben Sie mir die Schlüssel zum Glück, aber lassen Sie mir bloß meine Unsicherheiten, sonst fühle ich mich nackt und verletzbar.« Unser immer währendes Bedürfnis, abhängig zu sein.

Viele von uns haben die beklagenswerte Auffassung, dass wir erst den ganzen trostlosen alten Plunder aus unserem Inneren ans Licht zerren müssen, der sich in früheren Jahren angesammelt hat, bevor wir uns von Süchten oder emotionalen Störungen nachhaltig befreien können. Ein anderer Typ auf dem Treffen sagte dazu: »Ich kann es mir nicht vorstellen, wie man sich besser fühlen kann, wenn man nicht den ganzen Horror, den man in der Kindheit durchmachen musste, wieder ausspeit (seine genauen Worte!).« So verwandelt sich die Gewohnheit des negativen Denkens in ein Bedürfnis.

Unser Bedürfnis nach emotionalem Schmerz, um uns überhaupt lebendig zu fühlen, ist die allergrößte Sucht, die die Menschheit kennt. Wir werden wahrscheinlich immer wieder negativ reagieren, weil das physische Sein eben vom Unterschied lebt. Aber wir können auf jeden Fall lernen, den Unterschied – unsere Vorlieben und Abneigungen – zu leben, ohne so viel Negativität aussenden zu müssen.

Drei verzweifelte Monate

Früher wusste ich aber noch nichts von alledem. Als dann die Zinsen stiegen und mein einträgliches Kreditberatergeschäft den Bach runterging, bin ich völlig durchgedreht. Darlehen versiegten über Nacht, und ich schaltete, ebenfalls über Nacht, von positiv auf negativ um und gab den Umständen – der miserablen Marktlage – die Schuld für meine Gemütsverfassung. Aus »Mann, wie fantastisch!« wurde sofort »Lieber Gott im Himmel, was mach ich jetzt nur?«.

Ich fixierte mich total auf die sinkende Nachfrage und auf mein Bankkonto, das sich zunehmend leerte. Entsprechend besorgt blickte ich auf meinen Werbefilm, der in Kürze gesendet werden sollte. Bestimmt würde er mich aus diesem finanziellen Tief heraus- holen. Bestimmt wäre das meine Rettung. Bestimmt würde ich da- nach genügend Anfragen für dieses hervorragende Programm be- kommen, und dann würde das ganze Unternehmen – und damit auch ich – wieder florieren.

Meine Sucht nach Problemen wurde mal wieder zu meinem Sicherheitsnetz, was für den größten Teil meines Lebens ohnehin gegolten hatte. Eingehüllt in die vertrauten Schwingungen der Negativität fühlte ich mich wenigstens sicher. Ich versuchte zwar in dieses positive Vibrieren zu kommen, womit ich ja zu spie- len gelernt hatte, war aber zu besorgt und gab ziemlich schnell auf. Kein einziges Mal machte ich mich daran, ein neues Skript zu schreiben; mir war nicht klar, dass ich das überhaupt konnte. Alles, was ich tat, war schlecht zu schlafen, zu viel Kaffee zu trin- ken, die Hunde anzuschreien und mich mehr und mehr über die immensen Ausgaben und die Summen, die nicht hereinkamen, aufzuregen.

Dann tauchten die bekannten Fragen nach dem Motto »Was wäre, wenn …?« auf. Was wäre, wenn der Werbefilm keinerlei Erfolg hätte? Was wäre, wenn nicht genügend Bestellungen ein- gehen würden, obwohl ich die Einnahmen aus fünf Jahren in- vestiert hatte? Wie würde ich mir wieder meinen Lebensunterhalt verdienen können? Wie würde ich … was könnte ich … was wäre, wenn …?

Ich baute mal wieder ein kraftvolles, stark magnetisches und äußerst negatives Energiefeld auf, das mit jedem angstvollen Ge- danken noch größer wurde. Ich sagte mir immer wieder, dass das Jahr davor, in dem ich viel Geld verdient und den Film und die Show produziert hatte, sicherlich nicht so reibungslos gelaufen wäre, wenn die Show keinen Erfolg »hätte haben sollen«. Ha!

Der halbstündige Werbefilm wurde an einem verlängerten Wochenende in zwanzig verschiedenen Bereichen der USA ausgestrahlt, von Hawaii bis New York und allen Orten dazwischen. Ich brauche Ihnen nicht zu erzählen, wie es ausging. Nicht ein einziger positiver Wunsch im Universum hätte sich den Weg durch die dichten, zähen Schwingungen meiner negativen Wünsche bahnen können, die alle nur das Gleiche ausdrückten: »Ich will nicht, dass dieses Projekt fehlschlägt; oh, bitte, ich will nicht, dass dieses Projekt fehlschlägt.« Mein Ventil war versiegelt, die Tür zu meinem Spielzeugladen verrammelt und mein Widerstand gegen alles, was auch nur im Entferntesten einem Gefühl des Wohlbefindens ähnelte, war größer als die Milchstraße.

Das Ausmaß der Katastrophe löste noch tiefere Ängste in mir aus. Drei panische Monate lang lief ich wie ein kopfloses Huhn herum – voll von blindem Aktionismus und mit fest verschlossenem Ventil – und versuchte verzweifelt, Geld zu verdienen, während ich mich voll auf all das konzentrierte, was ich nicht haben wollte. Kein einziges Mal hörte ich damit auf, den Umständen die Schuld zuzuschieben und mich an meinen Sorgen festzubeißen. An jeder einzelnen von ihnen! Und davon gab es genug: die schlechte Marktlage, keine Ersparnisse, keine Einnahmen, das Fernseh-Desaster, die fälligen Rechnungen für die Produktion. Was ich mir ansehen musste, gefiel mir überhaupt nicht. Und je genauer ich hinschaute, desto mehr von diesem Schrott bekam ich natürlich geliefert!

Als Antwort auf meine verzweifelten Hilferufe hatte das Universum letztendlich wohl doch Mitleid mit mir und ließ mir ein wenig Unterstützung zukommen, nach dem Motto »Mach, was du willst«. Nicht in Form von Geld (keinen einzigen Pfennig) oder Ideen, nicht einmal von Menschen, die mir helfen wollten, sondern einfach nur in Form dieser kosmischen Lehren. Die Prinzipien des Gesetzes der Anziehung fielen mir ohne großes Brimborium ganz einfach in den Schoß.

Der Anfang – eine Einführung

So sehr mich diese neuen Lehren auch begeisterten, war es mir anfangs doch unmöglich, in die vier Schritte des Gesetzes der Anziehung ganz unbefangen einzusteigen. Ich steckte zu tief in meiner Angst drin. Achtzehn Stunden am Tag in ständig steigenden Existenzängsten gefangen zu sein, noch dazu mit einem negativen Fokus, negativen Gefühlen und negativen Schwingungen, war einfach zuviel. Ich wusste, dass ich bereits aufgeben würde, bevor ich überhaupt richtig angefangen hätte. Deshalb brauchte ich unbedingt irgendein Einführungsprogramm als Starthilfe.

Ich sagte mir also: »Okay, das sollte nicht zu schwierig sein; ich brauche nur einen Weg zu finden, um nicht mehr über die Dinge nachzudenken, die mich beuteln. Keine große Sache. Ich höre einfach für dreißig Tage auf, daran zu denken, und kann dann mit den vier Schritten weitermachen.«

Von wegen! Es war eine Riesensache. Aber da ich ganz tief abgestürzt war und wirklich nicht mehr weiterwusste, tauchte ich wild entschlossen in diese Materie ein und wollte auf keinen Fall aufgeben.

Wenn Sie sich tatsächlich auf die fantastische Reise begeben wollen, ein bewusster Schöpfer zu werden – wozu Sie ja auch hier sind –, empfehle ich Ihnen dringend, sich zunächst auf diese dreißig Tage einzulassen, bevor Sie mit irgendetwas anderem herumspielen. Wenn Sie dranbleiben, wird sich in diesen dreißig Tagen die Zähigkeit Ihrer negativen Gewohnheiten deutlich zeigen. Das gibt Ihnen einen unschätzbaren Maßstab an die Hand, an dem Sie Ihren Fortschritt messen können. Mir hat es jedenfalls sehr geholfen. Ich musste erst einmal herausfinden, wo ich eigentlich stand, bevor ich einen Kurs festlegen konnte. Mann, oh Mann, ich war ziemlich entsetzt, als ich herausfand, an welchem Punkt ich angelangt war.

So sah mein Ansatz aus, mein eifriger, wenn auch völlig naiver Ansatz, mich endlich von den schwingungsmäßigen Fesseln zu lösen, in denen ich jahrzehntelang gefangen war, ohne es zu wissen. Hier ist also nun das 30-Tage-Programm, das ich entworfen habe, direkt nachdem ich das Material über das Gesetz der Anziehung bekommen hatte. Ich möchte Ihnen erzählen, wie ich diese Zeit erlebt habe und was Sie möglicherweise im Verlauf dieses Prozesses erwartet.

Mein Einführungsprogramm umfasst lediglich zwei Schritte:

1. Nehmen Sie Ihren Fokus von *jedem größeren Problem*, das zur Zeit Unsicherheit (Beklemmungen, Angst, Verzweiflung, Stress etc.) in Ihnen auslöst *UND BLEIBEN SIE DAVON WEG!*

   Beachten Sie, dass ich nicht gesagt habe, Sie sollen den Fokus von allen negativen Dingen nehmen, sondern nur von momentanen, akuten Angelegenheiten, denn die sind am einfachsten aufzuspüren! Es ist immer ein größeres, eindeutiges Nicht-haben-Wollen, das Sie in Bedrängnis bringt.

   Wenn Sie bei dem Gedanken an Ihr Konto in Stress geraten, dann hören Sie *sofort* auf, daran zu denken, und schalten Sie auf Punkt 2 um. Wenn der Gedanke an Ihre Scheidung dieses flaue Gefühl im Magen auslöst, dann hören Sie *sofort* auf, daran zu denken, und schalten Sie so schnell wie möglich auf Punkt 2 um. Wenn Sie sich unwohl fühlen bei dem Gedanken an die bevorstehende Führerscheinprüfung, dann denken Sie *ab sofort* nicht mehr daran und schalten Sie direkt um.

   Während der ersten dreißig Tage schaffte ich es nicht, mir selbst gut zuzureden oder neue Drehbücher zu schreiben; das war mir damals alles noch zu kompliziert. Wenn Ihnen jedoch danach ist, dann tun Sie es. Denken Sie nur daran, dass es in den ersten dreißig Tagen äußerst wichtig ist, sofort ein Thema griffbereit zu haben, auf das Sie umschalten können, damit sich Ihre Schwingungen verändern können. Nur so konnte ich meine heimtückische Angewohnheit des »negativen« Denkens tatsächlich irgendwie durchbrechen.

2. Denken Sie sich für jeden Tag ein Thema aus, indem Sie jeweils eine Eigenschaft herausstreichen, die Sie *an sich selbst* schätzen.

Wenn Sie sich ein »Umschalt-Thema« für den jeweiligen Tag ausdenken, haben Sie es immer parat und können umschalten, sobald Sie merken, dass Sie wieder deprimiert, etwas missmutig oder auch nur ein bisschen unruhig werden. Sie haben das Thema dann griffbereit und brauchen nicht erst verzweifelt nach etwas zu suchen, was Ihr Ventil öffnet.

Glauben Sie nicht, dass es so eine Art Selbstbeweihräucherung ist, eine Eigenschaft zu finden, die Sie an sich schätzen. Ich sag's Ihnen, es ist verflixt schwer. Egal, was für eine Stellung wir im Leben einnehmen, die meisten von uns haben eine große Abneigung dagegen, ihre Qualitäten oder Talente wirklich zu schätzen. Die Vorstellung, jeden Tag etwas Neues in diese Richtung ausgraben zu müssen – und das dreißig Tage lang –, kann uns also ganz schön zu schaffen machen. Glücklicherweise ist es aber gerade unsere Abneigung dagegen, die diese Übung so effektiv werden lässt. Denn die tägliche Suche nach einer neuen positiven Eigenschaft und die Anstrengung, uns immer wieder darauf zu konzentrieren, nimmt uns dermaßen in Anspruch und nervt uns noch dazu so, dass wir letztendlich alle anderen Sorgen vergessen. Also, was gibt es nun Schätzenswertes an Ihnen? Wie wär's denn mit Ihren Haaren, Ihren sauberen Nägeln, Ihrer schönen Stimme, Ihrem rechnerischen Können, Ihrer Liebe zu Vögeln, Ihrem tollen Körper, Ihren Führungsqualitäten, Ihrem schauspielerischen Talent, Ihren kräftigen Händen, Ihrem pädagogischen Einfühlungsvermögen, Ihrer Technik beim Skifahren, Ihrer Position im Unternehmen oder Ihren Fähigkeiten im Marketing?

Wenn Sie meinen, dass Sie keine dreißig Dinge finden können, die Sie an sich schätzen, finden Sie sie trotzdem. Wenn sich dann eine gewohnheitsmäßige Sorge in Ihren Tag einschleicht und Sie in diesen hypnotischen Zustand geraten, in dem Sie sich von der Fixierung auf Ihre Sorge nicht mehr lösen können, haben Sie direkt ein Mittel zur Hand, um sich davon zu befreien. Sie schalten *POSTWENDEND* zu der Eigenschaft um, die Sie sich für diesen Tag vorgenommen haben.

Eines ist wichtig: Bleiben Sie den ganzen Tag über bei der Eigenschaft, an die Sie denken wollten, auch wenn es Ihnen möglicherweise völlig absurd erscheint. Das heißt, wechseln Sie nicht ständig Ihr Thema der Selbstachtung, nur weil Sie sich lächerlich vorkommen oder vielleicht eine andere Qualität besser finden. Mit der allgegenwärtigen Unterstützung Ihrer inneren Führung haben Sie sich diese eine Eigenschaft nicht ohne Grund ausgesucht, also bleiben Sie für diese vierundzwanzig Stunden dabei!

Denken Sie auch an diese Eigenschaft, wenn Sie gerade *nicht* in Angst und Sorge gefangen sind. Denken Sie jede Minute daran, wann immer es Ihnen einfällt. Diese Konzentration auf eine höhere Schwingungsebene wird Ihre gewohnte angstbesetzte Schwingung schneller auflösen, als Sie denken.

Die ersten zehn Tage

Das war mein ganzes Einführungsprogramm:

1. Mich nicht auf das zu fixieren, was mir Sorgen machte (hauptsächlich finanzielle Dinge) und
2. direkt umzuschalten zu einer persönlichen Eigenschaft, die ich an dem Tag wertschätzen wollte.

In den ersten drei Tagen hatte ich diese Umschalt-Methode noch nicht entwickelt, und diese Zeit war unglaublich zermürbend. Ich fühlte mich wie erschlagen vom Ausmaß der Hartnäckigkeit meiner eigenen negativen Ausrichtung. Von einem Augenblick zum anderen verfing ich mich wieder in meinen Ängsten. Ich hatte ständig Beklemmungen. Es kam kein Geld herein, ich hatte nichts als Ausgaben. Meine Anzeigen brachten nichts ein, und dasselbe galt für den Vertreter, den ich in einem Anfall von Panik eingestellt hatte – er war dem Mangeldenken noch mehr verhaftet als ich. Ich versuchte, mir darüber klar zu werden, was ich wollte, aber dabei kam nur heraus, was ich nicht haben wollte; ich gab also erst einmal auf, bis ich kapiert hatte, was eigentlich Sache war.

Es schien, als ob ich mir unterschwellig immer Sorgen machte, auch wenn ich mit anderen Leuten lachen oder mich vergnügt mit jemandem am Telefon unterhalten konnte. Sobald ich den Hörer auflegte, überfiel mich die Sorge, wo denn der nächste Kredit herkommen sollte. Ich erkannte zwar, was da ablief, und versuchte verzweifelt, an etwas anderes – irgendetwas – zu denken. Das funktionierte aber auch nicht, und langsam wurde das Ganze zur Qual.

Die Stunden wollten in den ersten drei Tagen überhaupt nicht vergehen. Ich war entsetzt darüber, wie oft ich in jeder Stunde an Mangel dachte, eine Angewohnheit, die ich mir nicht so recht erklären konnte, da das Geld noch ein paar Monate zuvor in Strömen hereingeflossen war. Aber ich hatte jetzt ja den Schlüssel zur Lösung und wollte nun wirklich herausfinden, wie das verflixte Ding funktioniert.

Am dritten Tag wurde mir klar, dass ich vermutlich siebenundneunzig Prozent meiner Tage damit verbrachte, mich in Sorgen, Ängsten, Unsicherheiten und Befürchtungen förmlich zu wälzen. Diese Erkenntnis gab mir den Rest; erst war ich frustriert, dann wütend, was sicherlich auch nichts brachte. Mir war noch nie aufgefallen, dass ich mir andauernd Sorgen machte, schlicht und einfach aus Gewohnheit. In dieser Verfassung war es hoffnungslos, mit mir selbst zu reden oder ein neues Drehbuch zu schreiben. Mir wurde klar, dass ich irgendetwas direkt Zugängliches finden musste, etwas, worauf ich mich leicht konzentrieren konnte, das aber hohe Schwingungen ausstrahlte. Dank meiner Führung entschied ich mich für die Selbstachtung, in dem Glauben, das sei schön einfach. Von wegen! Es war nicht nur viel schwieriger, als ich gedacht hatte, es war auch noch ungeheuer anstrengend, darauf konzentriert zu bleiben, was jedoch meine Entschlossenheit nur noch verstärkte.

Auf jeden Fall hatte ich mich für diese Idee mit der Selbstachtung entschieden und fand es gleich viel leichter, von einem negativen Zustand in einen positiven zu wechseln. Ich hatte jetzt etwas Konkretes, worauf ich mich fixieren konnte, auch wenn es mir schwer fiel, die Selbstachtung zu *spüüüüüren* anstatt nur daran zu denken – sie wirklich intensiv zu *spüüüüüren* –, um meine Schwingungen zu erhöhen, selbst wenn das Thema des Tages für mich einfach nur meine rasierten Beine waren.

Manchmal musste ich nach draußen gehen, weg vom Büro, und mich einfach unter einen Baum stellen, bis ich mit der Starthilfe des äußeren Lächelns das zarte innere Lächeln hervorrufen und das Thema, das ich mir für den Tag vorgenommen hatte, mit Gefühl aufladen konnte.

Am fünften Tag wusste ich, dass sich die Dinge allmählich zu verändern begannen. Irgendetwas geschah, zwar langsam, aber immerhin regte sich etwas. Obwohl ich es nur für ein Viertel des Tages schaffte, mich wirklich in Hochstimmung zu versetzen, verlief der Rest des Tages doch einigermaßen harmonisch, ohne diese ständige trübsinnige Fixierung auf Mangelzustände.

In den ersten zehn Tagen dachte ich, dass ich nicht durchhalten würde. Je mehr ich umschalten musste, desto frustrierter wurde ich darüber, dass diese strahlende Person (ich), die andere immer als sehr positiv, gut gelaunt und glücklich erlebt hatten, nichts weiter als eine ganz gewöhnliche Sorgentante war – genau die Sorte, vor der ich andere Leute immer gewarnt hatte!

Als die Tage sich so dahinschleppten, fing ich an, daran zu zweifeln, ob ich jemals die heiß ersehnte Phase erreichen würde, in der ich sechzehn bis achtzehn Stunden am Tag ganz ohne Sorgen sein könnte. Ich war manchmal so entmutigt, dass ich das Universum anschrie, in wütende Tränen ausbrach, meine Hände tief in die Hosentaschen stopfte, schmollend einen Spaziergang machte und mir dabei ausgiebig Leid tat.

In den ersten zehn Tagen erschien es mir tatsächlich oft hoffnungslos, jemals den Zustand zu erreichen, in dem ich ohne diese vertraute und fast schon beruhigende Schwingung der Sorge, die bislang meine beste Verbündete war, leben könnte. Was mir noch mehr zu schaffen machte, war die erschütternde Erkenntnis, dass ich überhaupt derartig viele Ängste hatte.

Nun, ich hatte es schließlich geschafft, andere Süchte zu überwinden, also würde ich verflixt noch mal auch mit dieser Sucht fertig werden, egal, wie schwer es sein sollte.

Am sechsten Tag (keine Sorge, ich gehe nicht alle dreißig Tage durch!) geriet ich ohne erkennbaren Grund in eine schwere Depression und vergoss viele Tränen. Ich war frustriert und wütend, wusste aber nicht, warum. (Erst später erfuhr ich, dass es mit Veränderungen in der Körperchemie zu tun hatte.) Schließlich ging ich raus und setzte mich eine Weile unter einen meiner Lieblingsbäume, um mich so weit zu beruhigen, dass ich mich überhaupt auf mein Umschalt-Thema für diesen Tag konzentrieren konnte. Ich brauchte eine Dreiviertelstunde, bis ich es schaffte, aber zu meiner freudigen Überraschung war ich dann für den Rest des Tages die zermürbenden Gefühle los.

Wenn ich heutzutage einen emotionalen Seitenhieb verpasst bekomme, stelle ich mir sofort die Frage, auf welches Nichthaben-Wollen ich mich mal wieder konzentriert habe oder was mich allgemein stört. Meistens finde ich die Antwort ziemlich schnell; dann kann ich mit mir darüber sprechen, mir gut zureden und das Ganze loslassen. Als ich damals jedoch noch am Anfang stand, versuchte ich erst einmal, das Gefühl zu verändern.

Als die ersten zehn Tage vorbei waren, nahm ich einschneidende Veränderungen in meinem Leben wahr. Die unguten Gefühle, die mich oft wie aus dem Nichts und ohne ersichtlichen Grund überfielen, waren enorm zurückgegangen – von einigen Dutzend auf vielleicht zwei Mal am Tag. Das erdrückende Übergewicht negativer Schwingungen hatte sich aufgelöst; diese Erkenntnis vermittelte mir ein Gefühl, als ob ich gerade den Mount Everest bezwungen hätte. Ich war im siebten Himmel!

In den ersten zehn Tagen entdeckte ich auch, wie schwer es mir fiel, mir das Fantasieren und das Wünschen zu erlauben. Klar, die üblichen Dinge wie mehr Geld oder mehr Freude an meiner Arbeit usw. konnte ich mir schon wünschen, aber ich traute mich nicht, so richtig in meine tiefsten Träume einzutauchen. Wenn mir schließlich doch einmal eine Fantasie bewusst wurde, wie etwa mein lebenslanger Traum von einer entlegenen Zweitwohnung an einem wunderschönen Bergsee, vergrub ich sie mit einem Seufzer schnell noch tiefer in meiner Seele, wo sie als verbotene Sehnsucht weiterlebte.

Ich beschloss, diese Macke gleich im Keim zu ersticken, und machte mich am achten Tag ans Holzhacken, eine besondere Leidenschaft von mir. Dabei schimpfte ich laut mit mir selbst, dass es zum Teufel noch mal höchste Zeit sei, dieses alte, lang unterdrückte Verlangen – und weitere Herzenswünsche, sobald ich sie entdeckte – aus der Mottenkiste zu holen, es zu einem offenen Wunsch zu machen und mich dafür zu begeistern, egal wie.

Das tat ich dann auch. Nachdem ich mich auf eine positive Schwingungsebene eingestimmt hatte, hackte ich eine wunderbare Stunde lang Holz und erzählte meinen Hunden und mir dabei von meinem Häuschen im Wald am See. Ich beschrieb die Gerüche, die Bäume, den Steg, das Häuschen, das Glitzern des Sees bei Sonnenuntergang. Die Stunde war im Nu vorbei. Ich hatte eine bislang undurchdringliche Mauer durchbrochen, die Mauer, die mich daran hinderte, mich um mein Selbst zu kümmern. Ich schwelgte in der Freude an meiner Fantasie und hatte sie in einen Wunsch verwandelt. Da wusste ich, dass es für mich jetzt wieder bergauf gehen würde.

In dieser Woche setzte dann tatsächlich das ein, was man die Synchronizität der Ereignisse nennt. Bereits am nächsten Tag sah ich »meinen Bergsee« im Fernsehen. Ich entdeckte ihn in einem Kalender. Ich sah ihn auf der Werbeseite einer Zeitschrift, als ob das Universum mir sagen wollte: »Wir haben dich gehört, Kleine, mach ruhig weiter so, und es gehört dir!« Ich war wieder ganz euphorisch.

Am neunten Tag waren einige Rechnungen fällig, und ich fühlte mich etwas unsicher. Wie würde ich wohl damit umgehen? Würde ich dieses Mal nicht in Panik geraten? Würde ich umschalten und meinen Fokus verlagern können?

Wild entschlossen, auf meine Gefühle zu achten, näherte ich mich dem Schreibtisch. Gott sei Dank war die monatliche Abrechnung dieses Mal einfacher, obwohl es mir immer noch schwer fiel, meinen Fokus auf die Selbstachtung zu verlagern und auch dabei zu bleiben. Also fing ich an zu singen. Warum auch nicht, wenn es doch diese alte Angewohnheit, vor dem Zehnten eines jeden Monats furchtbare Angst zu haben, aufbrechen konnte? Es klappte ganz gut, aber schließlich ging ich doch noch raus, um die blaue Stunde im Garten zu genießen und auf eine höhere Schwingungsebene zu kommen. Den ganzen restlichen Tag über tauchten keine negativen Gefühle mehr auf. In meinem Tagebuch ist dieser Satz unterstrichen!

Ich wusste, dass ich gerade eine Glückssträhne hatte. Die Ideen flogen mir nur so zu, und als ich einmal versuchte, ein negatives Gefühl zu provozieren, *ging es einfach nicht!* Sollte sich aber doch mal eins einschleichen, würde ich breit grinsen, mir dafür auf den Rücken klopfen, dass ich das Gefühl erkannt hatte, und auf eine andere Schwingung umschalten.

Endlich kam der Tag, der lang ersehnte Tag, an dem ich mich beim Thema Geld vollkommen entspannen konnte (auch wenn ich immer noch keins hatte) und mir wahrhaftig keine Sorgen mehr darüber machte. Mensch, was für ein fantastisches Gefühl das war!

Durch die jahrelange Gewohnheit rutschten mir immer noch alle möglichen negativen Sätze heraus, wie »Tut mir Leid, ich kann nicht mit dir ausgehen, ich bin gerade nicht flüssig«. Natürlich fühlte ich mich schlecht, sobald solche Sätze aus meinem Mund kamen. Aber es dauerte auch nie lange, bis mir klar wurde, warum ich mich so fühlte (immer ein Nicht-haben-Wollen) und dann schaltete ich sofort um.

Einen harten Tag nach dem anderen konnte ich beobachten, wie sich ein Leben voller unbewusster negativer Gedankenmuster und negativer Emotionen langsam auflöste. Ich befreite mich von einem Suchtverhalten, das so tief verwurzelt war, dass es mir nicht einmal bewusst gewesen war. Jetzt hatte ich keinen Zweifel mehr: Meinen Fokus und meine Gefühle zu verändern war nicht nur möglich, sondern es geschah auch tatsächlich. Ich wartete also ungeduldig auf lukrative Ergebnisse dieser Arbeit, was natürlich völlig blödsinnig war!

Von zehn auf dreißig

Die nächsten zwanzig Tage waren wie eine Achterbahnfahrt. An den Tagen, an denen ich in Hochstimmung war, flogen mir unendlich viele hervorragende Ideen zu, wie ich es zu mehr Einnahmen bringen könnte. Die schlechten Tage versetzten mir jedoch nicht einfach nur einen kleinen Dämpfer; ich kam mir vor, als ob ich in ein Loch mit den Ausmaßen des Grand Canyon gerutscht sei. Eine seltsam übertriebene Launenhaftigkeit machte sich bemerkbar, die mir neu war. Keiner hatte mich – und all die anderen, die bewusst mit ihren Energien umgehen wollen – davor gewarnt, dass es zu dieser ziemlich unangenehmen, aber doch häufigen Reaktion kommen kann, wenn man anfängt, den Körper höheren energetischen Schwingungen auszusetzen.

(Wir wissen jetzt, dass diese Stimmungsschwankungen dadurch bedingt sind, dass sich der Körper auf die längeren Perioden höherer Schwingungen einstellen muss, was wiederum eine tief greifende Veränderung der Körperchemie bewirkt. Da Emotionen – die negativ und physisch sind, wohingegen Gefühle positiv und ätherisch sind – chemisch hervorgerufen werden, sind diese Stimmungsschwankungen lediglich chemische Prozesse im Körper. Manche Menschen erleben diese Phasen sehr intensiv, andere wieder sind nur leicht davon betroffen, aber alle scheinen solche Auswirkungen zu kennen. Es geht jedoch vorüber. Schon nach etwa sechs Wochen wird es besser und nach drei Monaten ist dieser Umstellungsprozess ganz abgeschlossen.)

Diese Höhen und Tiefen kamen völlig unerwartet aus dem Nichts und trafen mich wie ein Schlag ins Gesicht. Es gab Tage, an denen ich ehrlich gesagt nur noch »Zum Teufel damit!« dachte und nicht einmal versuchte, mich mit einer Starthilfe wieder aus diesem Zustand herauszuholen. Aber am nächsten oder übernächsten Tag zog die schwarze Wolke weiter, und ich stieg wieder voll in mein Programm ein.

Unabhängig von der Stimmung, die vom Vortag noch in mir nachklang, machte ich jeden Morgen ein Ritual, das ich mir selbst ausgedacht hatte und sehr liebte. Ich begann den Morgen mit einem liebevollen Gespräch mit meinem Inneren Wesen/Höheren Selbst. Dazu kniete ich mich hin, aus Achtung vor dem Leben, das ich bin (und auch um zentriert zu bleiben, bis ich alles gesagt hatte), und formulierte meine Wünsche für den Tag, für die Woche und für die nächste Dekade. Bei jedem Wunsch blieb ich so lange, bis ich die entsprechende Gefühlsebene in mir spüren konnte. Es waren andachtsvolle Augenblicke, humorvoll und ergreifend, und ich schätzte sie als wesentlichen Teil meines selbst entwickelten Programms. (Wenn ich dieses Ritual mal ausfallen ließ, was mir öfter passierte, spürte ich eine regelrechte Leere und Ziellosigkeit in mir.)

An Tagen, an denen ich mich wohl fühlte, konnte ich mich im Nu in Hochstimmung versetzen und mich dann gefühlsmäßig auf mein Thema der Selbstachtung für den Tag einlassen. An Tagen, an denen es mir nicht besonders ging, dauerte es länger. Aber das Aufregendste für mich war – ob es mir nun gut oder weniger gut ging –, dass jegliche Form von Angst allmählich immer mehr in den Hintergrund rückte. An Down-Tagen lag mein Fokus nicht speziell auf irgendwelchen negativen Wünschen oder Stress, ich war nur ganz allgemein in trübsinniger Stimmung. Ich bekam einen leichteren Gang, hatte ein Lied im Herzen und auf den Lippen und fast immer ein Lächeln im Gesicht, empfand eine Lebensfreude und Achtung für die Schöpfung, die ich in dieser Form seit langem nicht gekannt hatte – seit ewigen Zeiten nicht.

Obwohl ich mir im Jahr zuvor schon das Vibrieren beigebracht hatte, ohne so genau zu wissen, was das eigentlich war, hatte ich es seit der Wirtschaftskrise vollkommen aus den Augen verloren. Damals war ich nur noch auf die besorgniserregenden Umstände fixiert. Aber jetzt nahm ich es voller Begeisterung wieder auf.

Ich verstand inzwischen, dass »in Gang bringen« zuallererst bedeutete, meine Aufmerksamkeit vom Nicht-haben-Wollen abzuwenden. Ob ich meine aktuellen Wünsche oder das Thema, das ich für meine tägliche Selbstachtungs-Übung ausgewählt hatte, mit positiver Energie auflud oder ob ich es nur zum Spaß machte, ich wusste, dass ich nun endlich nicht mehr in dem negativen Energiemuster der alten Standardprogrammierung steckte. Also vibrierte ich, verliebte mich (immer noch eines der schönsten Hochgefühle für mich), war hellauf begeistert vom Leben und spürte die hohen Schwingungen der Freude durch meinen Körper fließen.

Mittlerweile konnte ich entweder zu einem speziellen Wunsch umschalten oder zu einem Thema des Tages. Wenn ich mich dabei erwischte, wie ich mir über den nächsten Kredit wieder Sorgen machte und dabei sofort diese triefend nasse, dunkle Wolke um mich herum spürte, wusste ich, dass ich mich wieder auf den Mangel fixiert hatte, und zog mich spielend leicht aus der Affäre. Es war einfach herrlich.

Mein neues, aufregendes Spiel, nach dieser faszinierenden Synchronizität der Ereignisse Ausschau zu halten, die sich zeigt, sobald man einen Wunsch ausgesendet hat, wurde für mich fast zu einer Besessenheit. Aus einem Hochgefühl heraus beschloss ich, ein neues Restaurant mit tollem Ausblick, hervorragendem Essen und einer charmanten Bedienung zu finden, und ein oder zwei Tage später rief mich ein Freund aus dem sprichwörtlich heiteren Himmel an und machte mir genau diesen Vorschlag!

Ich setzte ein ganz bestimmtes weißes Arbeitshemd, das anscheinend nicht mehr in den Läden geführt wurde, auf meine Wunschliste. Drei Wochen später hatte ich die Eingebung, zu einem weit entfernten Discountladen zu fahren, um mir Kopierpapier zu besorgen. Bingo! Mein Hemd, *das einzige, das sie hatten,* hing direkt im Schaufenster!

Obwohl ich nicht viel Fleisch esse, packte mich eines Tages der Heißhunger auf einen schönen, saftigen Hamburger. Dann trieb es mich plötzlich zu einem neuen *Haushaltswarenladen,* und genau nebenan entdeckte ich einen ganz neu eröffneten Laden mit dem allerfrischesten Hackfleisch, das ich jemals gegessen hatte! Ständig tauchten also irgendwelche eindeutigen Beweise dafür auf, was sich auf diesen höheren Schwingungsebenen alles realisieren lässt.

Früher war jeder Tag eines Monats mit Verzweiflung oder Angst beladen – also volle dreißig Tage. Jetzt lag das Verhältnis etwa bei 17:0:13 (siebzehn Tage in Hochstimmung, kein Tag in Angst und Schrecken und dreizehn Tage in diesem seltsamen Tief), eine ungeheuer positive Entwicklung in jeder Hinsicht.

Mein Drang, endlich die Früchte meiner Anstrengungen ernten zu können, nahm mir etwas Wind aus den Segeln. Rückblickend muss ich sagen, dass ich mich im Grund auf einen Erfolg auf der finanziellen Ebene fixiert hatte, und das schon nach zwei Wochen – etwas sehr Dummes, da ich dadurch wieder nur das sah, was nicht da war.

Endlich kam der dreißigste Tag. Wo war denn nun mein überquellendes Bankkonto? Warum liefen bei mir nicht die Leitungen heiß vor lauter Kreditanfragen? Warum dauerte es so lange, bis sich meine Ideen umsetzten? Da hatte ich es wieder, ich war enttäuscht über das, was *nicht* passierte. Meine ständige Fixierung auf »Wo ist es bloß? Wo bleibt es denn?« entsprach genau dem alten negativen Muster, nur in einer anderen Verkleidung.

Eigentlich kam bereits etwas Geld herein, allerdings nur tröpfchenweise. Ich beobachtete den Ablauf ganz fasziniert. Dieser ungewöhnliche, konstante Zulauf von etwas hier und etwas dort stand im direkten Verhältnis zu meiner schwingungsmäßigen Ausrichtung. Mein Ventil war also eher offen als geschlossen, und ich entwickelte mich wenigstens nicht zurück. Mein Kontostand blieb entweder gleich (fragen Sie mich nicht wie) oder nahm ganz zaghaft zu. Er ist seitdem aber nie mehr rückläufig geworden!

Es dauerte ein paar Monate, bevor ich die Schleusen wieder richtig öffnen konnte, aber es geschah. Nicht auf einmal, sondern ganz allmählich. Ein Wunsch nach dem anderen fand den Weg zu mir, einige große und viele kleine, die einfach Spaß machten.

Mein *Life Course 101* – das audiovisuelle Programm, dass ich aus reiner Freude irgendwie zustande gebracht hatte, bevor ich das Gesetz der Anziehung überhaupt kennen lernte – schlug auf einmal in verschiedenen Ländern weltweit wie eine Bombe ein, ohne dass ich etwas dazu getan hätte, außer dieser hervorragenden Produktion tiefe Anerkennung zukommen zu lassen.

Ich würde Ihnen ja gern berichten, dass sich all meine alten Gewohnheiten nach diesen dreißig Tagen aufgelöst hatten, aber so lief es natürlich nicht. Selbst heute noch, wo das Geld in Fülle hereinfließt, erfordert es meine ganze Konzentration, daran zu denken, dass ich das alles nicht durch harte Arbeit oder meine Gewitztheit erreicht habe, sondern durch den bewussten Umgang mit meiner Energie. Ich schreibe also weiterhin neue Drehbücher, rede ständig mit mir selbst und schalte um, wann immer es nötig ist.

Anstatt eines täglichen Themas der Selbstachtung habe ich mir einen Wunsch des Monats ausgedacht, auf den ich immer wieder zurückgreifen kann. Das dient einem doppelten Zweck: Es gibt mir mehr Zeit, um die entsprechenden energetischen Schwingungen – und so durch mehr Begeisterung – zu entwickeln, um den Wunsch damit aufzuladen. Zugleich dient mir dieser Wunsch als Sicherheitsnetz, das mich immer auffängt, wenn ich es am dringendsten brauche.

Der Lernprozess

Wird es leichter? Und ob! Aber wenn Sie wirklich beschließen, Ihr Leben selbst in die Hand zu nehmen, die Dinge zu bekommen, die Sie haben wollen, die Dinge zu tun, die Sie sich wünschen, der Mensch zu werden, der Sie sein wollen, und nach Ihren

Vorstellungen zu leben, dann müssen Sie eines dabei in Kauf nehmen: Sie werden auf Lebenszeit lernen müssen.

Sie werden gute und schlechte Tage haben, fantastische und miserable Tage, äußerst emotionale Tage und solche, an denen Sie am liebsten das Handtuch werfen würden. Aber ich wette mit Ihnen, dass Sie es doch nicht tun werden, nicht jetzt, wo Sie schon so viel wissen und gelernt haben. Ob es Ihnen gefällt oder nicht, Sie werden vermutlich nie wieder auch nur den Ansatz einer negativen Emotion verspüren, ohne gleich zu wissen, dass Sie sich gerade wieder all den Dingen im Leben verschließen, die Sie sich wünschen – ob auf der materiellen, der physischen, der emotionalen, der spirituellen oder sonst einer Ebene.

Es geht hier also um ein Lebensthema, das Sie nicht komplett in den dreißig Tagen meistern werden. Sie können den Teufelskreis aus Angst und Sorgen jedoch tatsächlich durchbrechen. Dann heißt es aber, die Ärmel hochkrempeln und durch, mit ganzem Herzen alle Nuancen der vier Schritte zum bewussten Schöpfungsprozess durchleben. Auf diese Weise werden Sie alles erreichen: Reichtum, Sicherheit, Gesundheit, Freiheit, Freude, Lebendigkeit, Kreativität, Unabhängigkeit und Erfüllung – Ihren natürlichen Seinszustand. Denn genau so waren Sie ursprünglich gedacht, und so können Sie von jetzt ab sein, wenn Sie bereit sind, sich ganz auf diesen Prozess einzulassen.

Es ist Ihre Inszenierung

Dies hier ist Ihre Inszenierung, das war schon immer so und wird es auch immer sein. Keiner hat Sie jemals zu etwas gezwungen. Keiner hat Ihr Leben in die eine oder andere Richtung gedrängt. Es war von Anfang an Ihre Show, geprägt von Ihrem Energiefluss, geprägt von den Gefühlen, die Sie in jedem Augenblick eines jeden Tages hatten.

Jetzt läuft alles auf die Frage hinaus, was Sie aus dem Rest Ihres Lebens machen wollen und wie weit Sie dazu bereit sind, Ihre Gefühle dafür einzusetzen, es auch zu erreichen.

Hier habe ich die wichtigsten Punkte als kleine Gedächtnisstütze noch einmal zusammengefasst. Daran sollten Sie denken, wenn Sie sich mit der neuen, aufregenden Welt des bewussten Schöpfungsprozesses vertraut machen wollen. Zunächst die vier Schritte:

1. Schritt: Stellen Sie fest, was Sie nicht wollen.
2. Schritt: Stellen Sie fest, was Sie wirklich wollen.
3. Schritt: Fühlen Sie sich in diesen Wunsch richtig hinein.
4. Schritt: Öffnen Sie sich dafür, seien Sie aufmerksam und lassen Sie das Universum das Seine tun und
Schritt 4a: *Fixieren Sie sich verflixt noch mal nicht darauf, dass sich noch überhaupt nichts getan hat!*

Die wichtigsten Dinge, die Sie nicht tun sollten

- Fällen Sie nicht gleich ein Urteil, wenn sich die Realisierung Ihres Wunsches noch nicht abzeichnet. Entspannen Sie sich, und halten Sie Ihr Ventil offen.
- Hören Sie auf damit, andere Leute verändern zu wollen; das verschließt nur Ihr Ventil. Sie brauchen gar nichts zu verändern; Sie müssen nur aufhören, daran zu denken.
- Geben Sie die Einstellung auf, dass die Welt sich erst verändern muss, bevor Sie sich sicher oder glücklich fühlen können.
- Betrachten Sie die Ereignisse in Ihrem Leben nicht als unveränderbar – egal, ob gut oder schlecht, wichtig oder unwichtig. Sie kamen zustande, weil Sie sie energetisch angezogen haben. Also achten Sie darauf, wie Sie Ihr Leben gestalten.
- Hören Sie auf, sich darüber Sorgen zu machen, wie Sie Umstände beeinflussen könnten, die noch nicht besser geworden sind; fixieren Sie sich nicht darauf, und lassen Sie sie so, wie sie sind.
- Versuchen Sie nicht, einer schlechten Stimmung ein Etikett aufzukleben. Bezeichnen Sie sie nicht als Frustration oder Schuld-

gefühl oder was auch immer. Machen Sie sich lediglich bewusst, dass Sie nicht im Fluss sind, und suchen Sie einen Weg, wieder ins Gleichgewicht zu kommen.

• Hören Sie auf damit, so kleinkariert zu denken. Greifen Sie nach den Sternen, wenn es um Quantität und Qualität Ihrer Wünsche geht! Und hören Sie nie auf, sich neue Wünsche auszudenken. Die höchste Energie, die Sie verkörpern, braucht Ziele, zu denen sie fließen kann. Erschaffen Sie sie!

• Denken Sie nicht andauernd, dass etwas unmöglich ist. Diese Schwingung verhindert es garantiert.

• Warten Sie nicht, bis Sie sich gut fühlen, um gute Schwingungen auszusenden. Tun Sie es den ganzen Tag über. Machen Sie es sich zur Gewohnheit. Vibrieren Sie aus dem einfachen Grund heraus, hohe Schwingungen auszustrahlen, Ihr Ventil offen zu halten und Ihren Widerstand gegen die hoch schwingende Energie aufzulösen.

• Nehmen Sie das alles nicht so ernst; das verschließt nur wieder Ihr Ventil. Werden Sie fröhlicher, haben Sie Spaß dabei, und alles geht schneller.

• Unternehmen Sie nie, wirklich niemals etwas, wenn Sie nicht inspiriert sind und Ihr Ventil geschlossen ist oder wenn Sie mitten in einem Problem stecken. Öffnen Sie erst Ihr Ventil und hören Sie auf Ihre innere Führung, bevor Sie handeln.

• Versuchen Sie nicht, die hässlichen, schmerzhaften, abschreckenden Gründe für Ihre Probleme herauszufinden. Hören Sie auf damit! Sie fixieren sich damit nur auf etwas, was Sie gar nicht haben wollen.

• Fixieren Sie sich nicht auf das Ergebnis, indem Sie sagen: »Ich kann mich nicht wohl fühlen, solange es noch nicht passiert ist.«

• Machen Sie sich keine Vorwürfe, wenn Sie sich schlecht fühlen, und verschließen Sie Ihr Ventil nicht. Sie fühlen sich nur schlecht, wenn Sie etwas nicht haben wollen, also gratulieren Sie sich dazu, dass Sie das erkannt haben. Wie können Sie jemals erfahren, was Sie wirklich wollen, solange Sie nicht wissen, was Sie nicht wollen?

- Hören Sie auf, an Dinge zu denken, die Ihr Ventil verschließen könnten: irgendeine Angelegenheit, einen Menschen, eine
Situation, ein Ereignis, einen Umstand, einen Ort, einen Film,
eine Mahlzeit, einen Autofahrer, einen Boss, eine Szene – egal,
was, *EGAL, WAS!*
- Hören Sie auf, in das allgemeine Jammern von Menschen,
deren Ventile geschlossen und die nicht mit ihrer höchsten
Quelle verbunden sind, mit einzustimmen. Lenken Sie Ihre
Energie auf das, was Sie sich wünschen, und beeinflussen Sie
dadurch das Ganze positiv.
- Sprechen Sie nicht ständig über Ihre Krankheit; Sie erreichen
damit nur, dass sich Ihr Körper noch schlechter fühlt. Reden
Sie lieber darüber, wie er sich erholt, und öffnen Sie Ihr Ventil,
damit es geschehen kann.
- Hören Sie auf mit dem »Problem«-Spiel. Irgendein »Problem«
zu haben ist nichts anderes als eine Entschuldigung dafür, einem
negativen Energiemuster verhaftet zu bleiben.
- Vermeiden Sie das Gefühl der Sehnsucht. Dahinter verbirgt sich
die negative Einstellung, dass Sie etwas nicht haben.
- Vergessen Sie, dass es etwas außerhalb von Ihnen selbst gibt,
das einen Unterschied macht oder machen könnte.
- Haben Sie keine Angst davor, sich das anzuschauen, was Sie nicht
haben wollen. Betrachten Sie es von allen Seiten, und laden Sie
dann Ihren Wunsch oder Ihre Absicht mit Energie auf.
- Rechtfertigen Sie Ihre Gefühle nicht durch »Ich habe Recht
und du bist im Unrecht«, auch wenn es vielleicht stimmen mag.
Sie verschließen dadurch nur Ihr Ventil und verhindern, dass
die höheren Energien durch alle anderen Lebensbereiche fließen können. Denken Sie daran: Wenn Sie einen Bereich blockieren, blockieren Sie alle.
- Bereuen Sie nichts; das löst eine besonders negative energetische Schwingung aus.
- Fangen Sie niemals ein neues Projekt, ein Abenteuer, eine Un-
ternehmung, Aktivität, Beziehung oder *was auch immer* an, bevor Sie nicht ein neues Drehbuch dazu geschrieben und es *über*

einen längeren Zeitraum hinweg mit inspirierter Energie aufgeladen haben.

- Denken Sie nicht, sondern fühlen Sie.
- Denken Sie Ihre Reaktionen nicht, sondern fühlen Sie sie.
- Machen Sie sich nicht nieder. Wenn Sie Mist gebaut haben, na und? Beschließen Sie einfach, es zu ändern.
- Hören Sie auf, sich selbst finden zu wollen. Fangen Sie stattdessen lieber an, sich selbst zu leben. Sie haben das Recht auf ein wundervolles Leben. Sie *sind* Ihr Leben; deshalb *sind* Sie auch Ihr Recht.
- Vergessen Sie nie, dass Sie nicht Joe oder Sally sind, weder ein Zimmermann noch eine Sekretärin: Sie sind eine Verkörperung der Lebenskraft. Handeln Sie auch so! Werden Sie eins mit dieser Kraft!
- Geben Sie nicht auf; geben Sie niemals auf!

Die wichtigsten Dinge, die Sie tun sollten

- Nehmen Sie sich jeden Tag Zeit zum Träumen, zum Wünschen, zum Wollen und um bewusste Absichten zu formulieren, und laden Sie das alles mit Energie auf – wieder und immer wieder.
- Wenn Sie sich nicht besonders wohl fühlen, halten Sie inne, sammeln Sie sich und finden Sie einen Weg, sich ein bisschen besser zu fühlen, dann noch ein wenig besser und schließlich noch etwas besser. Jedes noch so kleine Bisschen Sich-besser-Fühlen erhöht die Schwingungen.
- Setzen Sie alle Mittel ein, die Sie kennen, um von einer negativen Fixierung loszukommen und zu einem angenehmen Gefühl zurückzufinden.
- Sprechen Sie jeden Tag darüber, was Sie sich wünschen und warum: große Dinge, kleine Dinge, unsinnige Dinge. Je mehr Wünsche Sie haben, je mehr Begeisterung Sie dafür entwickeln, desto intensiver wird Ihre Energie fließen.

- Treffen Sie täglich mehr Entscheidungen in Bezug auf Ihre Stimmung, Ihre Sicherheit, Ihre Arbeit, Ihre Beziehungen, Ihre Einkäufe. Ebenso wie Wünsche führen Entscheidungen zu einer Konzentration der Energie und schaffen Ziele, zu denen sie hinfließen kann.
- Fragen Sie sich ständig: »Was für eine Energie sende ich aus?«
- Konzentrieren Sie sich ganz auf Ihren Wunsch, und fixieren Sie sich nicht darauf, dass er noch nicht in Erfüllung gegangen ist. Er bahnt sich an, er verwirklicht sich allmählich, er ist unterwegs zu Ihnen. Glauben Sie daran!
- Reden Sie sich täglich gut zu. Laut.
- Achten Sie auf Hinweise, die zeigen, dass sich etwas entwickelt, auf »Zufälle«, auf die Synchronizität der Ereignisse.
- Schreiben Sie weiterhin ganz unbescheidene neue Drehbücher.
- Achten Sie darauf, wie Sie sich fühlen.
- Ersetzen Sie Ihre Liste »Dinge zu erledigen« durch eine Liste »Dinge zu fühlen«.
- Entdecken Sie neue Möglichkeiten, sich jeden Tag etwas besser zu fühlen. Seien Sie kreativ. Seien Sie erfinderisch. Seien Sie verwegen.
- Klopfen Sie sich selbst auf die Schulter für jedes selbst erschaffene Hindernis, dessen Sie sich bewusst werden. Ohne diese Stolpersteine wüssten Sie gar nicht, was Sie wirklich wollen.
- Denken Sie nur an Ihren Wunsch, nicht an den Mangelzustand.
- Akzeptieren Sie ein für alle Mal, dass Sie der Schöpfer Ihrer eigenen Erfahrungen sind.
- Beginnen Sie den Tag mit der Absicht, an allen Dingen und Menschen die positiven Seiten zu sehen. Bleiben Sie in dieser Absicht und finden Sie sie auch.
- Ignorieren Sie, wie jemand anders mit seiner Energie umgeht, konzentrieren Sie sich auf Ihre Energie, nur auf Ihre eigene.
- Denken Sie daran, dass es nichts – *nichts* – Wichtigeres gibt, als sich gut zu fühlen, selbst wenn es nur darum geht, sich ein bisschen besser zu fühlen.

- Setzen Sie Ihren Wunsch des Monats wie einen Rettungsring ein; er ist es tatsächlich.
- Fangen Sie mit etwas Kleinem an, um von einer negativen auf eine positive Schwingung umzuschalten. Bald wird dieser unbedeutende Gedanke so viel Schubkraft entwickeln, dass er Sie locker in eine bessere Stimmung versetzen kann.
- Rechnen Sie mit der Verwirklichung Ihrer Wünsche. Erwarten Sie sie!
- Lernen Sie, willentlich zu vibrieren, egal, wie Sie es anstellen. Wenn Sie sich mit Energie aufladen, öffnet sich Ihr Ventil, Ihr Widerstand löst sich auf; dann senden Sie positive Schwingungen aus und ziehen Positives an.
- Achten Sie darauf, wie Sie sich *füüüühlen*, und der Rest geht ganz einfach.
- Halten Sie sich von der Vergangenheit fern; sie existiert nicht.
- Machen Sie sich bewusst, in welchen Gefühlszuständen Sie von morgens bis abends herumlaufen. Wachen Sie auf. Machen Sie es sich bewusst!
- Fühlen Sie sich jeden Tag richtig in Ihren Wunsch hinein.
- Oder fühlen Sie sich einfach wohl und beobachten Sie, wie schnell sich Ihre Wünsche erfüllen.
- Wenn Sie in Hochstimmung aufwachen, laden Sie sie weiter mit Energie auf. Wenn Sie sich beim Aufwachen mies fühlen, ändern Sie es.
- Entspannen Sie sich, seien Sie weicher, natürlicher und stärker mit Ihrem Selbst verbunden.
- Spüren Sie diese wunderbare Süße tief in Ihrem Inneren auf. Finden Sie sie, fühlen Sie sie, lassen Sie sie zu, und schätzen Sie sie. Ob Mann oder Frau, sie ist in uns allen.
- Hören Sie auf Ihre innere Führung und handeln Sie erst dann; handeln Sie nie – wirklich nie – vorher.
- Folgen Sie Ihren Impulsen; in ihnen zeigt sich Ihre innere Führung.
- Lernen Sie, Gegensätze ohne negativen Widerstand zu betrachten.

- Üben Sie, Straßenschildern, Häusern, roten Ampeln oder anderen Objekten Ihre Wertschätzung zukommen zu lassen, während Sie mit dem Auto unterwegs sind.
- Machen Sie sich die ganz realen Hindernisse bewusst, die Sie sich durch Ihren Widerstand gegen Ihre höchste Quelle selbst in den Weg stellen.
- Wenn alles andere scheitert, produzieren Sie wenigstens ein aufgesetztes Lächeln. Allein das Hochziehen Ihrer Mundwinkel lässt Sie bereits höher schwingen.
- Wenn etwas Sie nervt, überwinden Sie es.

Es ist Ihre Reise

Sie können bei diesem Prozess nichts vermasseln. Sie können keinen Fehler machen und keine falsche Entscheidung treffen. Es ist unmöglich. Im Grunde genommen haben Sie nie einen Fehler gemacht; Sie haben nur für Lektionen gesorgt, die Ihnen dabei helfen, Ihre negativen Energiemuster abzulegen. Jetzt wissen Sie ja, wie!

Dieser ganze Prozess, unser Leben selbst zu gestalten, indem wir höhere energetische Schwingungen als bisher aussenden, ist für uns alle total neu. Es geht um eine ungeheure Wendung in unserem Leben, eine grundsätzliche Neuorientierung. Gehen Sie also sanft mit sich um, entspannen Sie sich, spielen Sie mit den Energien, seien Sie neugierig, lachen Sie mehr und probieren Sie die Dinge aus. Finden Sie heraus, wie lange Sie beim Vibrieren bleiben oder wie schnell Sie es in Gang setzen können. Entdecken Sie, was Ihnen Freude bereitet, und tun Sie es. Spielen Sie mit Ihren Wünschen. Spielen Sie mit allem, denken Sie aber immer daran, dass das alles sehr, sehr neu für Sie ist; also lassen Sie sich bitte nicht gleich entmutigen.

Wir sind wie kleine Kinder, die gerade in ihrer neuen Welt das Laufen lernen. Alles in diesem Kind sagt: »Steh auf und geh los.« Das tut es auch, wieder und wieder – egal, wie oft es hinfällt. Das ist wahre Begeisterung – und Übung.

Bei dieser neuen Art zu denken und zu sein spielt Übung eine große Rolle. Muss es auch, denn es ist uns zu neu, zu fremd. Im Moment besteht dieses Konzept noch aus vielen geschriebenen Worten, die vielleicht verlockend klingen, aber Probieren geht über Studieren. Und das heißt üben!

Üben Sie es, Ihre Energie ins Fließen zu bringen. Versuchen Sie, Ihre Wünsche mit Energie aufzuladen, oder laden Sie sich einfach selbst damit auf. Üben Sie es, positive Schwingungen willentlich in Gang zu setzen – in jeder Situation, wo auch immer Sie gerade sind, mit wem auch immer und was auch immer um Sie herum geschehen mag. Sie beherrschen Ihr Leben, indem Sie Ihre Reaktionen auf das Leben beherrschen. Also üben Sie!

Wenn Sie die dreißig Tage geschafft haben, entwerfen Sie Ihr eigenes Programm, damit Sie dranbleiben. Beispielsweise eine Woche lang Dankbarkeit fühlen. Dann eine Woche des Staunens über alles auf der Welt oder der Achtung, der Ehrfurcht oder der Begeisterung. Danach eine Woche der Heiterkeit, eine Woche der Entzückung, eine Woche des Verliebt-Seins, eine Woche mit dem Gefühl »Mein Gott, wie schön es ist, am Leben zu sein« – ganz unabhängig davon, *was* um Sie herum passiert.

Üben Sie in ganz abwegigen Augenblicken: auf der Toilette, wenn Sie Ihren Kindern die Meinung sagen, wenn Sie an der Steuererklärung sitzen, eine Vorstandssitzung leiten oder am Fließband stehen.

Es ist neu für uns, uns mit der scheinbar rückschrittlichen Vorstellung auseinander setzen zu müssen, dass im wirklichen Leben zuerst die Gefühle kommen und dann die Taten. Das entspricht unserem Denken überhaupt nicht. Nur durch viel Übung wird es uns gelingen, die Früchte dieses umwerfenden neuen Konzepts zu ernten.

Es reicht nicht, nur an etwas zu denken; Sie müssen es fühlen! Üben Sie sich also darin zu lieben. Wenn Sie sich etwas unbedingt wünschen, fangen Sie an, es zu lieben. Streicheln Sie es mit Ihren Gefühlen, mit zärtlichen, aber leidenschaftlichen Schwingungen. Umarmen Sie es in tiefster Hingabe. Wiegen Sie es an Ihrer Brust.

Umhüllen Sie es mit einer Liebe, die so strahlend, so glühend, so wunderschön ist, dass Ihnen die Luft wegbleibt. Üben Sie sich darin, Schwingungen leidenschaftlicher Liebe auszustrahlen. Dann erleben Sie das höchste der Gefühle!

Ja, vielleicht wird das Leben zeitweise etwas unruhiger, weil Ihr Verlangen intensiver geworden ist und damit auch Ihre elektromagnetische Frequenz. Aber dieses Verlangen führt zu einem authentischen Leben.

Lernen Sie, zu fühlen, immer wieder zu fühlen – gut oder schlecht, positiv oder negativ. Wenn ein Gefühl tatsächlich die Türen zu den Schätzen des Universums öffnet, kann es sicherlich kein schlechtes sein. Wenn Sie etwas wirklich wollen, werden Sie lernen, es zu fühlen.

Lernen Sie dann, sich gut zu fühlen, egal wie. Ihr Verhalten muss bewusst und gut durchdacht sein. Gewohnheitsmäßige, automatische Reaktionen können Sie vergessen. Wenn Sie die Umstände in Ihrem Leben verändern wollen, müssen Sie Ihre Schwingungen verändern; üben Sie also, bis Sie es mit links schaffen. Wenn Sie kein wohliges, warmes Gefühl hervorrufen können, sind Sie entweder im Leerlauf, oder Sie fühlen sich daneben. Und beides heißt, dass Sie auf einer negativen Schwingungsebene gelandet sind.

Wenn Sie ein Problem haben, diskutieren Sie es für etwa zehn bis fünfzehn Minuten täglich mit sich selbst. Sprechen Sie laut darüber, bis Sie herausgefunden haben, was Sie beunruhigt; reden Sie sich dann gut zu. Ihr Widerstand verringert sich dabei mit jedem Mal ein wenig mehr, bis Sie schließlich genug Ballast abgeworfen haben, um Ihre Schwingungen – und Ihre Erfahrungen! – zu verändern.

Vergessen Sie nicht: Was Sie denken, fühlen Sie auch, was Sie fühlen, strahlen Sie aus und was Sie ausstrahlen, ziehen Sie an!

Wenn Sie sich etwas wünschen, dann fühlen Sie es, *füüüühlen* Sie es, bis Sie ein warmes, wohliges Gefühl empfinden. Wenn Sie es spüren können, können Sie es auch bekommen. Sie können alles erreichen, wenn Sie es erst einmal fühlen können.

Die ganze Welt steht Ihnen offen. Sie brauchen Ihre Aufmerksamkeit nur auf das zu lenken, was kommt, anstatt auf das, was nicht vorhanden ist. Sind Sie erst einmal damit vertraut, werden Sie durch die Kraft, die Sie sind, das Leben zu leben beginnen, weshalb Sie hergekommen sind. Damit erfüllen Sie den Sinn Ihres Daseins.

Alles ist Energie. Das ist alles, woraus diese Welt und das Universum bestehen. Sie können entweder der Meister oder das Opfer dieser Energie sein. Wenn Sie lernen, die Schwingungsebene und das Fließen Ihrer elektromagnetischen Energie bewusst zu beeinflussen, lernen Sie auch, Ihr Schicksal selbst in die Hand zu nehmen und die Reise nach Ihren Vorstellungen zu gestalten. Wenn dann ein Sturm über Sie hereinbricht, wissen Sie, wodurch er entstanden ist und wie Sie ihn meistern können. Sie haben die absolute Kontrolle und können die kostbaren Geschenke des Lebens, dessen Möglichkeiten Sie endlich voll ausschöpfen, in Empfang nehmen.

Anhang

Vieles von dem, was ich in diesem Buch geschrieben habe, fordert den Verstand bis aufs Äußerste heraus. »Ereignisse anziehen? So ein Quatsch!« »Gute Zeiten verhindern und schlechte erschaffen? Wachen Sie doch auf!« Für diejenigen, die das Ganze als Herausforderung empfinden, wie es mir damals ergangen ist, könnte die »Do-it-yourself«-Methode, die auf einfache Weise den Energiefluss verdeutlicht, eventuell eine kleine Hilfe sein.

Besorgen Sie sich zwei Drahtkleiderbügel und schneiden Sie aus jedem der beiden Bügel ein »L« heraus, wobei der längere Teil jeweils etwa dreißig Zentimeter lang sein sollte und der kürzere – der Griff – etwa dreizehn Zentimeter. Dann stutzen Sie einen Plastiktrinkhalm so zurecht, dass er um die Griffe passt und diese leicht schwingen können. Nachdem Sie den Plastikhalm angebracht haben, biegen Sie den unteren Teil des Drahtbügels nach oben, um den Strohhalm zu fixieren. Die Griffe schwingen dann im Strohhalm, jedoch nicht so frei.

Sie haben sich jetzt zwei Wünschelruten gebastelt. Halten Sie sie vor sich, als ob Sie mit einer Pistole schießen wollten, und zwar in Brusthöhe und etwa fünfundzwanzig Zentimeter vom Körper entfernt. Die Wünschelruten werden zunächst einmal wild ausschlagen, als Reaktion auf Ihre Energie, also warten Sie ein wenig, bis sie zur Ruhe gekommen sind und nicht mehr hin- und herschlagen. Dann können Sie mit dem Spiel beginnen.

Blicken Sie nun geradeaus, denken Sie an ein sehr unangenehmes Ereignis aus Ihrer Vergangenheit und lassen Sie die Gefühle dazu hochkommen. Je nachdem, wie intensiv die Gefühle sind, die sich auf dieses Ereignis beziehen, werden die Wünschelruten entweder geradeaus zeigen (wenig Intensität) oder nach innen weisen und sich an den Spitzen berühren. Sie reagieren auf das elektromagnetische Feld Ihres Körpers, das sich aufgrund der negativen Frequenz, die durch die unangenehmen Gedanken und Emotionen ausgelöst wurde, zusammengezogen hat.

Verändern Sie jetzt Ihre Schwingungen ins Positive, indem Sie an etwas ganz Wunderbares, etwas Liebevolles oder etwas Erheiterndes denken. Oder Sie konzentrieren sich auf eines Ihrer Kinder, vielleicht auch auf ein Haustier, und überschütten es regelrecht mit Liebe. Die Wünschelruten werden sich recht schnell nach außen drehen, da sich Ihr Energiefeld aufgrund der positiven Schwingungen ausweitet.

Um deutlich zu machen, wie Energie den Gedanken folgt, richten Sie Ihre Aufmerksamkeit auf ein Objekt in der hintersten rechten oder linken Ecke des Raumes und beobachten, wie die Wünschelruten Ihren Gedanken folgen. Oder Sie konzentrieren sich auf Ihr Höheres Selbst, Ihre innere Führung, und beobachten, wie sie sich auseinander bewegen als Reaktion auf den enormen Energieschub, der durch den gefühlsmäßig stark aufgeladenen Gedanken ausgelöst wird.

Je öfter Sie mit den Wünschelruten spielen, desto deutlicher werden Sie die Veränderung der Energiefrequenzen, die in Ihnen stattfindet, wahrnehmen können.

Kontaktadresse

Wenn Sie dieses Buch kommentieren möchten oder Interesse an Lynn Grabhorns Seminaren haben, schreiben Sie bitte an:

Lynn Grabhorn
PMB 244
800 Sleater-Kinney Road S.E.
Lacey, Washington 98503
USA